LES
Meubles du XVIIIᵉ Siècle

par Henri CLOUZOT

Conservateur du Musée Galliéra

ÉTUDE TECHNIQUE DES MEUBLES
DU XVIIIᵉ SIÈCLE — ÉTUDE GRAPHIQUE
DES ÉLÉMENTS ET DE L'EXÉCUTION
RÉPERTOIRE DES ÉBÉNISTES DU TEMPS

ÉDITIONS ALBERT MORANCÉ

LES MEUBLES DU XVIIIe SIÈCLE

OUVRAGE IMPRIMÉ
PAR LES SOINS DE
ALBERT MORANCÉ
ÉDITEUR A PARIS
3o-32, RUE DE FLEURUS

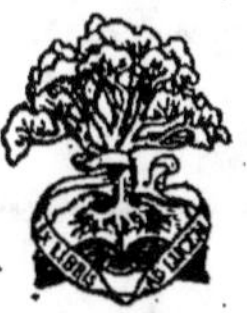

1780

LIBRAIRIE CENTRALE
D'ART ET D'ARCHITECTURE
ANCIENNE MAISON MOREL
FONDÉE EN 1780.

ARCHIVES
DE L'AMATEUR ET DU PROFESSIONNEL

LES
Meubles du XVIIIe Siècle

par Henri CLOUZOT

Conservateur du Musée Galliéra

ÉTUDE TECHNIQUE DES MEUBLES
DU XVIIIe SIÈCLE — ÉTUDE GRAPHIQUE
DES ÉLÉMENTS ET DE L'EXÉCUTION
RÉPERTOIRE DES ÉBÉNISTES DU TEMPS

ÉDITIONS ALBERT MORANCÉ

AVANT-PROPOS

L'amour des choses du passé n'échappe pas aux fluctuations de la mode, comme le voudrait une saine logique. A l'aurore de la collection, vers 1825, on s'est engoué du mobilier gothique ; quinze ans plus tard, on n'a plus voulu que du Henri II, jusqu'à ce que la passion de l'impératrice Eugénie pour Marie-Antoinette ait lancé les amateurs vers les élégances du XVIIIᵉ siècle.

Sous la Troisième République, où l'éclectisme le plus large donne droit de cité aux meubles anciens de tous les styles, y compris l'Empire et le Directoire, c'est toujours les chefs-d'œuvre des époques Louis XV et Louis XVI qui sont l'objet des recherches les plus passionnées. Et c'est justice.

« L'ouvrier, dit Michelet (1), naît au XVIIIᵉ siècle, et la machine au XIXᵉ. Notable différence. Les œuvres industrielles, l'ameublement surtout, les arts de décoration intérieure portent alors l'empreinte vive de la main de l'homme, souvent exquise et délicate, parfois quelque peu indécise, avec certains légers défauts qui ne sont pas sans grâce, indiquant que la vie a passé là, l'émotion, et que l'œuvre en palpite encore. »

Faut-il croire, cependant, qu'en dépit de tant de ventes retentissantes et d'expositions suggestives, la totalité des gens de goût, qui aiment ou désirent aimer les meubles du XVIIIᵉ siècle, en connaissent les formes et le décor de façon simplement à ne pas commettre d'anachronismes ? Il n'en est rien, inutile de le dire. Les amateurs ne sont pas tous des

---

(1) MICHELET, *Histoire de France*, t. 18, p. 367.

érudits, ni des habitués des salles de ventes et des expositions, pas plus qu'ils n'achètent tous les coûteux albums où la librairie, depuis un quart de siècle, reproduit les chefs-d'œuvre des musées et des grandes galeries.

A côté des princes de la collection, il y a la foule des amoureux timides du XVIIIe siècle qui ne demandent qu'à s'instruire. Ne méritent-ils pas qu'on les guide et qu'on leur permette de distinguer l'ivraie du bon grain dans la moisson de meubles anciens que des milliers d'antiquaires déversent sur Paris comme sur la Province ?

C'est pour eux que nous écrivons, tout autant que pour les amateurs di primo cartello. A tous nous voulons fournir un manuel précis et commode, une sorte de guide pratique résumant toutes les matières indispensables à l'achat ou simplement à la connaissance de l'ameublement du XVIIIe siècle. Nos renseignements sont puisés autant que possible aux ouvrages de l'époque et complétés par des fac-simile de gravures également de l'époque. Un guide n'étant pas uniquement un livre d'art, de luxueuses reproductions de pièces de musée ne sauraient remplacer, pour l'enseignement des commençants, des figures multipliées et réduites au trait, ni, pour les connaisseurs, des fac-simile datés par la signature du dessinateur et pouvant servir, à leur tour, de critérium pour préciser l'époque d'un meuble ancien.

Nous n'avons pas craint, en faisant bon marché de toute prétention littéraire, d'entrer dans des détails précis et techniques sur la charpente des meubles, et nous sommes allés de ce côté jusqu'à donner les dimensions conseillées par les traités du temps. Ces chiffres paraîtront peut-être superflus.

On préférera, cependant, nous l'espérons, les voir prendre dans notre texte la place de généralités admiratives que l'on trouve partout et qu'il nous a semblé inutile de rééditer sous une nouvelle forme. L'ameublement du XVIIIe siècle est une merveille. Nous en sommes tous d'accord. Au lieu de surenchérir sur les éloges qu'en ont fait nos devanciers, tâchons de le faire mieux connaître.

Pour des raisons de même ordre, nous avons exposé les méthodes de peinture, de dorure, de vernissage employées à l'époque, et nous avons donné des indications sur la manière de garnir les meubles d'étoffe ou de tapisserie. Ces détails ne sont pas indispensables pour acheter un meuble, mais si l'on sait par quels procédés, à l'aide de quels matériaux, on exécutait ces différents ouvrages, on pourra mieux reconnaître si la pièce a conservé sa parure de l'époque, ou si elle se présente revêtue d'une peinture ou d'une garniture modernes.

On s'étonnera peut-être des nombreux emprunts que nous avons faits à Roubo. Nous avons suivi pas à pas le maître menuisier, estimant qu'on ne saurait mieux s'adresser, pour étudier les meubles du XVIIIe siècle, qu'à un des professionnels qui les fabriquaient si bien. Il s'est trouvé, par surcroît, que ce contemporain de Diderot maniait aussi bien la plume que le rabot. Nous aurions eu mauvaise grâce à ne pas en profiter.

Une difficulté se présentait. Comment limiter notre terrain d'exploration ? Où commence et où finit l'ameublement du XVIIIe siècle ? Nous croyons avoir bien fait d'en détacher les vingt premières années qui appartiennent au style Louis XIV et les toutes dernières qui, quoique étroitement apparentées au Louis XVI, sont influencées par les mœurs de l'époque révolutionnaire et du Directoire et laissent déjà pressentir le style napoléonien. Nous nous servirons, au cours de notre travail, des divisions en styles Louis XV et Louis XVI, généralement adoptées, mais seulement comme des étiquettes commodes pour désigner, d'un côté, les formes chantournées et bombées, de l'autre, les formes droites et planes. Dès 1760, tous les éléments du style improprement appelé Louis XVI sont constitués, de même qu'on retrouve encore çà et là, en 1780, les pieds de biche et les formes ventrues du règne du feu roi.

Quant aux divisions du sujet, nous les empruntons à notre guide Roubo. Au XVIIIe siècle, les professionnels partagent les meubles en deux catégories : les sièges de toute espèce, les lits, les écrans et les paravents, dont l'exécution appartient aux menuisiers, et les autres meubles, qui rentrent dans la compétence des ébénistes, aussi bien en bois précieux (plaqués, incrustés ou pleins) qu'en bois communs, tels que le noyer ou le hêtre. A cette division empirique, nous préférons celle de Roubo qui considère tous les meubles d'usage comme formant deux familles distinctes : les meubles à bâtis (1) — sièges, lits, écrans, paravents, tables et bureaux — et les meubles à bâtis et à panneaux — armoires, buffets, commodes, secrétaires, bureaux fermés. — Nous établirons seulement une sous-division dans les meubles à bâtis en faveur des tables et des bureaux qui présentent des différences de construction assez notables pour qu'on puisse les séparer des sièges et des lits.

(1) On entend par ce terme l'assemblage des montants et des traverses d'un meuble, la *carcasse* qui doit recevoir les cadres et les panneaux.

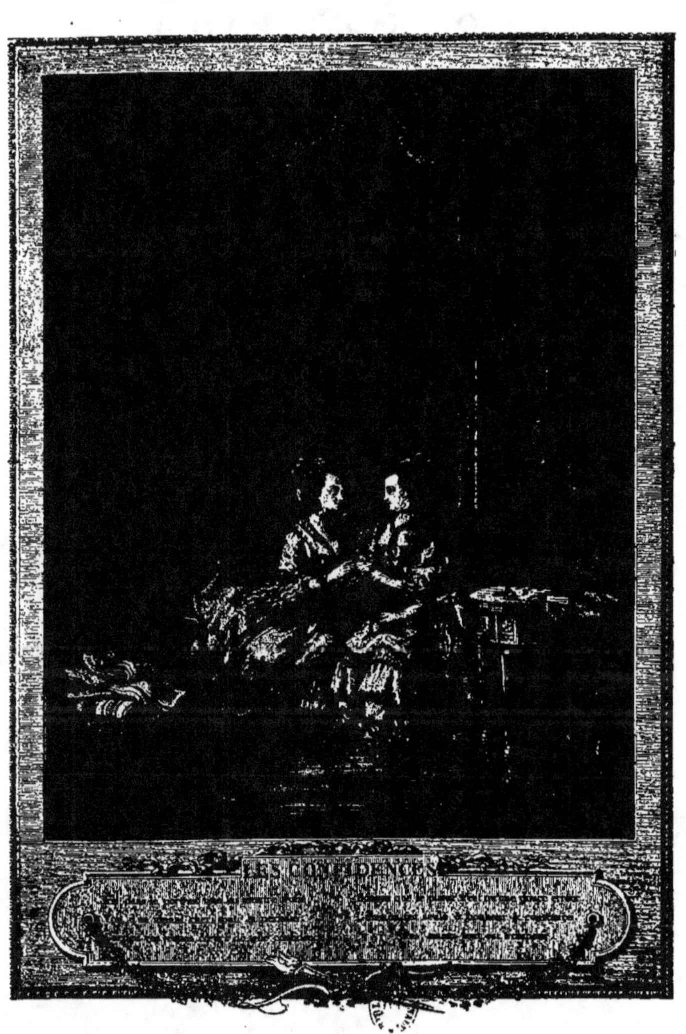

LES CONFIDENCES

LES MEUBLES

DU XVIIIe SIÈCLE

PREMIÈRE PARTIE

ÉTUDE TECHNIQUE DES MEUBLES DU XVIIIe SIÈCLE

I

LES SIÈGES VOLANTS

De toutes les catégories de meubles, aucune ne présente plus de variété que les sièges. Entendons-nous. Il ne peut être question ici que des sièges de bon ton, qui, depuis les hôtels des princes jusqu'aux appartements des bourgeois aisés, suivent les variations de la mode presque avec autant d'empressement que le costume masculin ou l'habillement féminin. Les sièges d'usage pour la petite bourgeoisie, la domesticité des grandes maisons, les ménages d'artisans et même d'artistes, les sièges de paille, en un mot, ignorent cette versatilité de forme. Ils ont adopté une fois pour toutes les lignes simples et logiques qui se sont perpétuées jusqu'à nos jours dans les provinces. Le siège est carré, le dossier droit (1), les pieds de derrière s'élèvent au double de la hauteur des pieds de devant et forment les montants du dossier, amortis généralement au sommet par des boules très simples. Des barreaux relient les pieds, trois ou même quatre traverses chantournées constituent le dossier. Les assemblages, au lieu de se faire à tenons et à mortaises comme dans les sièges plus soignés, sont à simple tourillon. Le siège est garni de paille nattée. Le bois employé est le hêtre ou le noyer ciré. C'est la chaise des intérieurs de CHARDIN.

Les menuisiers en meubles dédaignent un si mince ouvrage dont les tourneurs font leur affaire et que le vulgaire appelle « chaises à la capucine », sans doute parce que, comme les disciples de saint François, elles poussent le défaut d'élégance jusqu'à la pauvreté (2). Cela n'empêche pas ce siège léger, solide et peu coûteux, de se répandre dans tout le royaume. On confectionne sur son patron des tabourets, des fauteuils, des sophas et même des lits de repos, qui, garnis de carreaux (coussins), attachés au dossier et aux accotoirs par des rubans, ne manquent pas autant de confortable qu'on pourrait le croire.

La Curiosité ne s'est cependant pas encore emparée de ces sièges simplets qu'on trouve encore dans certaines habitations rustiques, cirés et polis par plusieurs générations de ménagères, mais qui deviennent de plus en plus rares et cèdent la place à des meubles de pacotille plus prétentieux et moins solides. Aussi, dans ce guide, sans négliger absolu-

(1) L'ouvrier parfois lui donne un léger renversement.

(2) C'est l'explication de ROUBO. Il est plus probable que le nom provient soit de la courbe des traverses du dossier, soit de la couleur donnée au bois, suggérant dans les deux cas un rapprochement avec le capuchon du capucin.

ment le mobilier rustique, donnerons-nous la préférence aux sièges d'une exécution plus soignée, garnis d'étoffes ou cannés, tels que les œuvrent les menuisiers en meubles. Nous les décrirons le plus fidèlement possible en passant du simple au composé, des sièges sans dossiers ni accotoirs (pliants, tabourets, banquettes), aux sièges pourvus de dossiers et privés d'accotoirs (chaises de toutes sortes), pour arriver aux sièges munis de dossiers et d'accotoirs (fauteuils, bergères, duchesses ou chaises longues, canapés, sophas, veilleuses, ottomanes, lits de repos).

Une question préliminaire se pose et qui intéresse toute la série. C'est le classement chronologique, l'évolution successive des formes et en particulier des pieds. A quelle époque commence le pied chantourné Louis XV, à quelle époque le pied droit Louis XVI ?

Le pied de siège Louis XIV par excellence est droit, en forme de balustre et relié à la base par une entretoise ou croisillon. Vers la fin du règne, à l'imitation des coffres et des tables dessinés par BÉRAIN et ses émules, apparaissent le pied en console et le pied cambré, sans pour cela faire disparaître complètement la forme en balustre. BOULLE, en 1725, donne encore à un tabouret des pieds de ce genre.

C'est seulement vers 1730 que le pied cambré par en haut et un peu lourd, que l'on qualifie à tort de pied Louis XIV, devient d'un usage général (1).

Vingt ans plus tard, c'est le pied de « biche », c'est-à-dire le pied cintré en S, sur toutes ses faces, qui règne sans par-

---

(1) Nous savons que nous sommes en désaccord avec l'opinion commune, mais la plupart des sièges munis de pieds cambrés sont *cannés* et le cannage, nous le verrons en son lieu et place, ne se répand en France qu'après 1725.

tage (1750). Il va en s'amincissant jusqu'au bas où il n'a plus que le tiers de sa grosseur totale, et se termine ordinairement par une volute (1), élevée sur un petit socle d'environ 0^m027 pour la préserver de l'usure du frottement. En haut, le pied se relie à la ceinture du siège par une plinthe droite et unie. Il est orné sur toute sa longueur de moulures et parfois d'un motif sculpté sur l'épaulement.

Le retour aux formes classiques en architecture fait rentrer les pieds dans la droite ligne vers 1760. ROUBO présente en 1772, « le pied à l'antique » comme une mode nouvelle dont il dessine à peine une figure tandis qu'il entre dans les moindres détails de construction pour le pied de biche. Au contraire, BOUCHER FILS, vers 1775, ne figure plus le pied chantourné, qui commence à n'être plus de mise pour ceux qui veulent mettre leur mobilier à la mode de demain. Mais la forme est si heureuse, si logique, si élégante, qu'elle restera en usage bien des années dans les meilleures maisons concurremment avec la forme à l'antique. Voyez plutôt la gravure de la *Petite loge*, de MOREAU LE JEUNE (1776) et celle de la *Partie de Wist* du même artiste.

Le pied à l'antique est en forme de colonne diminuée ou de carquois, avec rétrécissement au sommet et anneau. Il se termine à la hauteur de la ceinture par une plinthe généralement amortie par une rosace. Le fût est le plus souvent décoré de cannelures droites ou torses. Aux approches de 1789, on fait des pieds tout à fait droits, à quatre pans, se coupant à angles droits.

(1) On trouve déjà sous la Régence un pied en S terminé par une volute, mais l'enroulement est à l'intérieur. Exemple à Chantilly, sur le tableau de LANCRET, l'*Hiver*, etc.

PLIANTS

Le *pliant* ou ployant, — Saint-Simon emploie les deux formes, — est l'ancêtre des sièges. Il continue le faudesteuil en X du moyen âge, qui lui-même se rattache au bisellium antique. Mais au XVIIIe siècle il a perdu la vogue que l'étiquette lui avait donnée au temps de Louis XIV. LALONDE le définit : « tabouret distingué qui ne sert qu'à la cour et chez les princes ». Il consiste en deux châssis carrés qui entrent l'un dans l'autre et sont reliés au milieu de leur hauteur par des boulons. L'X ainsi formé se plie et se déplie autant que le permet l'étoffe tendue sur les deux traverses du haut, formant le dessus du siège. Vers 1770, le pliant est un siège élégant, à pieds chantournés et sculptés qu'on fait entrer en entaille les uns dans les autres pour que les deux châssis aient la même largeur. Jusqu'à la fin de la monarchie, on en fabrique de riches modèles pour la cour, les princes, les ambassadeurs, partout où s'observe l'étiquette. MOREAU LE JEUNE ne manque pas de figurer un pliant comme attribut de charge à côté de la *Dame du palais de la reine* (1776). Sa hauteur varie ordinairement de 0^m380 à 0^m430. Le siège a pour dimensions le carré de la hauteur.

TABOURETS

Avec le *tabouret*, nous abordons le plus simple des sièges dans ses éléments constitutifs indispensables : quatre pieds, quatre traverses de ceinture ou de siège, parfois une entretoise ou croisillon par le bas pour retenir l'écart des pieds. Ceux-ci suivent l'évolution générale des formes au cours du siècle. Massifs et architecturaux à la fin du règne de Louis XIV, ils épousent les courbes en S sous la Régence et dans la première partie du règne de Louis XV, pour adopter ensuite les lignes droites qu'ils n'abandonneront plus.

Très simples et sans décoration pour les antichambres, on fait les tabourets plus luxueux pour les grands appartements. Leur hauteur est de 0^m350 à 0^m460, sauf chez le roi, où on les tient très bas : 0^m215 à 0^m270 (1). Le tabouret Louis XV a un siège carré et des pieds de biche pourvus d'entretoises. Le tabouret Louis XVI a le siège carré, circulaire ou même octogonal; les pieds sont droits et sans croisillon. Vers 1785, on imagine des tabourets d'encoignure dont le siège, cintré par devant, forme, par derrière, un angle droit pour épouser la forme d'un coin de salon. Un pied marque le sommet de l'angle, un autre lui est opposé sur le devant, les deux autres sont placés de chaque côté.

On fait aussi de petits tabourets ou *marchepieds* de 0^m160 de hauteur qui servent à poser les pieds. Ils suivent la construction et les formes des grands tabourets.

BANQUETTES

Les *banquettes* sont des sortes de tabourets dont la longueur se prolonge depuis 0^m975 jusqu'à 2^m90, 3^m90, 5^m20. Elles ne diffèrent en rien des tabourets pour la

---

(1) Faisons remarquer une fois pour toutes qu'en réduisant en mesures actuelles les anciens pieds, pouces ou lignes, nous arrondissons les chiffres de quelques millimètres en plus ou en moins.

construction et la décoration, et suivent les mêmes évolutions. Très simples au début, lorsqu'elles ne passent pas le seuil de l'antichambre, elles revêtent une livrée luxueuse en pénétrant dans les grands appartements où elles prennent place dans l'embrasure des fenêtres. Les banquettes Louis XVI se font à l'ordinaire sur deux longueurs, les plus petites de 1^m30 à 1^m50, les grandes de 1^m95. Elles sont munies, aux deux bouts, de dossiers ou d'accotoirs de hauteur variable. Dans le modèle « à la Dauphine », vers 1774, les dossiers sont peu élevés et leurs montants se retournent en volute, de même que dans « l'Italienne » dessinée par Boucher fils. Dans la banquette « à la Royale », les montants sont renversés en crosse ou « à la Turque », pour adopter cette dénomination de l'époque, charmante et parfaitement impropre. Le nombre des pieds est proportionnel à la longueur du meuble. Il est généralement de quatre sur le devant.

CHAISES

Les *chaises* ne diffèrent des tabourets que par la hauteur de leurs pieds de derrière, qui s'élèvent de 0^m485 à 0^m515 au-dessus du siège pour former le dossier. Au siècle passé, ce dossier montait parfois jusqu'à un mètre et surpassait la tête de la personne assise qui pouvait l'y appuyer. Ce siècle-ci adopte un tout autre parti en abaissant le dossier d'un tiers ou de moitié pour qu'on puisse reposer commodément les épaules sans faire porter la tête de crainte de déranger la coiffure des dames... et même des hommes, ou de gâter par la poudre et la pommade le haut de la garniture du siège. Mais la mode est longue à s'implanter : dans l'*Hiver*, de LANCRET (1738), les hauts dossiers carrés des sièges surpassent la tête des jolies femmes qui y sont assises.

Vers 1720, la chaise en usage est encore carrée, aussi bien en plan qu'en élévation. Le siège est légèrement évasé vers le devant. Le dossier rectangulaire, à peine plus haut que large, n'est cintré que sur le dessus. Les pieds un peu lourds, cambrés d'avant à arrière et droits sur les faces, sont ordinairement réunis par un croisillon. La ceinture est droite, mais découpée en cintre sur le dessous. Beaucoup de ces sièges sont cannés, ce qui empêche de les faire remonter plus haut que 1720, malgré la coquille Louis XIV qui les décore. Exemple de plus de la persistance des motifs d'une époque d'art décoratif à l'autre !

On donne au siège 0^{m}485 sur chaque face et au dossier 0^{m}510 à 0^{m}580 de hauteur.

Dix ans plus tard (1730), la chaise à la mode est chantournée sur toutes ses faces. L'œil y cherche en vain une ligne droite. Les menuisiers lui donnent le nom de chaise « à la reine », délicate flatterie pour Marie Leczinska, au moment de la naissance du dauphin. Elle restera en usage concurremment avec les formes à l'antique jusque vers 1775 et personnifiera aux yeux de la postérité le type même de la chaise Louis XV (1).

Comme ses congénères, la chaise à la reine (2), est

(1) Voyez les gravures de MOREAU LE JEUNE que nous avons déjà citées (1776).

(2) Vers 1785 on donnera également ce nom à un siège à dossier ovale, de plan circulaire, qui restera seul pour les antiquaires la chaise « à la reine », au détriment de son ancêtre de 1730.

composée de deux pieds de devant qui ne vont qu'à la hauteur du siège, de deux pieds de derrière qui s'élèvent de toute la dimension du dossier et de quatre traverses de ceinture. Le dossier, outre les deux montants constitués par les pieds de derrière, comprend deux traverses, celle du bas, appelée petit dossier, celle du haut nommée grand dossier ou cintre. Les formes sont toutes chantournées. Les quatre pièces du dossier, comme celles du siège, sont bombées en S et s'assemblent à angles arrondis. Les pieds dits de « biche » sont également contournés en S et terminés par une petite volute.

La hauteur du siège, pour une chaise à la reine garnie en canne, est de 0^m485 à 0^m490. La hauteur totale, de 0^m865 à 0^m920. Légèrement évasé sur le devant, le siège mesure 0^m350 à 0^m380 sur 0^m460 à 0^m485. Le dossier n'est pas entièrement perpendiculaire au siège, mais incliné d'environ 0^m080, mesure prise du dessus du siège au sommet. Quand la chaise doit être garnie d'étoffe, on tient le siège plus bas de 0^m055, et la traverse du bas du dossier est rapprochée à 0^m025 du siège de façon qu'il ne paraisse pas de vide. Dans les chaises de canne l'intervalle est de 0^m040.

Tel qu'il est, le meuble est susceptible de plus ou moins de décoration, mais le soin n'en revient pas au menuisier, qui se contente d'assembler et de chantourner son ouvrage. C'est le sculpteur qui pousse ensuite des moulures tout autour du dossier du siège et sur la face extérieure des pieds. Les moulures des pieds de devant se continuent sur la ceinture de façon à dessiner une M, plus ou moins accusée. Des motifs de sculpture de style Louis XV, plus ou moins riches, s'ajoutent au sommet du dossier, au centre de la ceinture, sur l'épaulement des pieds.

Vers 1774, le prix moyen d'une chaise à la reine est de 6 à 9 livres (BIMONT).

La chaise la plus à la mode, de 1755 à 1775, est la chaise « en cabriolet ». Cette appellation, empruntée à la légère voiture à deux roues qui porte le même nom — une innovation elle-même de l'époque — indique un progrès dans le confort. Le dossier, légèrement renversé, fait la « hotte » pour épouser la forme du corps. La personne assise s'y trouve mieux à l'aise. Le terme de cabriolet désigne donc un dispositif spécial de construction et non un siège particulier, car après s'être appliqué aux sièges à pieds de biche, il survivra dans les sièges Louis XVI à pieds droits.

La chaise Louis XV en cabriolet a le siège chantourné en S sur le devant et demi circulaire ou plutôt demi ovale par derrière. Le dossier, renversé d'environ 0^m160 (mesure prise du dessus du siège au sommet), forme une partie de la surface d'un cône. Les pieds de biche sont de la forme ordinaire, mais ceux de derrière s'évasent en dehors d'au moins 0^m055 pour donner plus d'assiette au meuble. Les dimensions du siège sont d'environ 0^m565 en largeur, sur 0^m515 en profondeur. Il est élevé à 0^m350 du sol. La hauteur totale du meuble est de 0^m755 (LIARD). Son prix moyen est identique à celui de la chaise à la reine, 6 à 9 livres, 11 livres avec garniture de canne.

La chaise « ovale » entre en vogue vers 1770. ROUBO lui fait place dans ses planches, sans croire utile d'en donner les détails de construction aux menuisiers, preuve indéniable que le modèle est encore peu répandu (1772). Le dossier étroit est en forme de médaillon ovale, le plan du siège circulaire, bien que légèrement élargi sur le devant. Les pieds sont droits, en forme de colonne diminuée, avec rétrécissement au sommet. Des cannelures longitudinales ou en torsade les décorent, avec, au sommet, l'amortissement d'une rosace inscrite dans un carré. La ceinture, le pourtour du dossier présentent les moulures et motifs de sculpture de l'époque. Le siège se fait aussi en cabriolet. Hauteur du siège : 0ᵐ380; largeur : 0ᵐ515 sur 0ᵐ460 à 0ᵐ485 de profondeur; hauteur totale : 0ᵐ890 à 0ᵐ975.

Telle est la chaise Louis XVI par excellence, la plus élégante et la plus répandue. Mais les variantes de construction sont innombrables. Le plan du siège peut être droit par derrière, évasé par devant, cintré sur les côtés. Il peut affecter la forme d'un carré ou plutôt d'un trapèze. Le dossier peut être en écusson, en rectangle allongé ou carré, en médaillon ovale ou circulaire accosté de deux montants improprement appelés colonnettes, et même offrir le dessin élégant d'une lyre. Le cintre est régulièrement courbé en anse de panier ou agrémenté de deux brisures sur les côtés (1). On trouve des montants arrasés au sommet ou amortis par des rosaces, des graines, des pommes de pin, des panaches. Le caprice des ornemanistes ou des sculpteurs préside seul à ces combinaisons et donne lieu à des désignations « à la romaine », « à la dauphine », « à l'italienne »,

---

(1) Certains antiquaires appellent cette disposition « forme à chapeau ».

bien impossibles à justifier. DELAFOSSE appelle «duchesse» une chaise à siège circulaire reposant sur trois pieds, posés 2 et 1 ou 1 et 2, dont nous ne connaissons aucun exemple exécuté.

VOYEUSE

Rare aussi la chaise de forme ingénieuse et singulière appelée *voyeuse*, que LALONDE nomme *voyelle* et BIMONT *délassante*. On s'y assied à califourchon, jambe d'un côté, jambe de l'autre, et l'on s'accoude sur le dossier pour «voir» jouer. Le siège est étroit du côté du dossier, large sur le devant. Le dossier, plat et légèrement incliné, est recourbé de dedans en dehors dans les modèles de 1770 (1). Il est plat au sommet vers 1786. Hauteur du siège : 0^m325 ; largeur : 0^m405 et 0^m325 ; hauteur de l'accoudoir : 0^m865. C'est le modèle qu'on verra reparaître, avec un accoudoir plus bas, au milieu du XIXe siècle sous le nom de «fumeuse» ou de «causeuse».

FAUTEUILS

Les descriptions des chaises peuvent s'appliquer aux *fauteuils* qui n'en diffèrent que par l'adjonction, de chaque côté du siège, de deux accotoirs ou bras (destinés à reposer les coudes de la personne assise) et par les dimensions données au siège, tenu plus large pour que les habits puissent s'y ranger commodément. On lui donne généralement de 0^m595 à 0^m700 de largeur sur 0^m485 à 0^m540 de profondeur. Quant aux accotoirs, leur longueur est d'environ 0^m325 et leur hauteur au-dessus du siège de 0^m245 pour les fauteuils

(1) Les chaises à la lyre du palais de Fontainebleau sont des «voyeuses».

cannés. Dans les fauteuils garnis d'étoffe, cette hauteur est portée à 0ᵐ295, pour regagner l'épaisseur de la garniture du siège.

Dans le fauteuil « à la reine », les accotoirs sont soutenus par des consoles en S. Ils s'assemblent avec les montants du dossier soit en S, soit à angle droit. Le siège mesure 0ᵐ700 de largeur sur 0ᵐ595 de profondeur. Il s'élève à 0ᵐ350 du sol et le meuble au total mesure 0ᵐ920 (LIARD).

Dans le fauteuil en « cabriolet », les bras sont évasés et retournés en dehors par leur extrémité, ce qui leur donne une forme creuse en rapport avec la forme en hotte du dossier. Le siège, de petite dimension, mesure 0ᵐ540 de largeur sur 0ᵐ430 de profondeur. Il monte de 0ᵐ325 à 0ᵐ330 du sol. La hauteur totale du meuble varie de 0ᵐ920 à 0ᵐ975 et son prix de revient, en 1770, est d'environ 8 à 12 livres, 14 livres garni de canne. La date de sa vogue nous est fournie par les *Mémoires secrets* de 1759, où BACHAUMONT relate leur entrée à l'Académie française : « On a déjà transformé, dit-il, les antiques fauteuils, auxquels l'Académie était si fort attachée, en fauteuils moins volumineux. Par une nouvelle métamorphose, on les a changés en cabriolets, petits sièges de boudoirs qu'on trouve d'ordinaire dans les appartements des filles ».

Ajoutons qu'au moment de la mode des paniers, les menuisiers assemblent les consoles des accotoirs en retrait sur le siège de façon à lui laisser un dégagement sur le devant et à permettre aux dames d'étaler leurs jupes. BARBIER enregistre la trouvaille dans son *Journal* en 1728, mais quand apparaît la mode des jupes plates, cette disposition n'a plus de raison d'être. Dès 1772 on voit des fauteuils où la console de l'accotoir et le pied de devant du siège sont en prolongement l'un de l'autre, et même faits d'une seule pièce. Cette disposition s'appelle fauteuil en « bidet ».

Les variétés des fauteuils sont aussi nombreuses que celles des chaises. Le modèle le plus répandu est le fauteuil « ovale », ou fauteuil « médaillon », à dossier circulaire, soit droit, soit renversé en cabriolet. Le fauteuil « carré » a une vogue presque égale. Le siège atteint parfois jusqu'à 0ᵐ650 de largeur, sur le devant, avec une profondeur de 0ᵐ565 à 0ᵐ785. Il a la forme légèrement trapézoïdale, droit par derrière et sur les côtés, à peine cintré sur le devant. Le dossier, droit sur tous ses côtés, sauf au sommet où il est cintré en anse de panier ou en chapeau, mesure 0ᵐ595 à 0ᵐ650 de largeur. Hauteur totale un mètre. Les bras, cintrés par devant, s'assemblent avec le dossier en S adoucie et montent aux deux tiers de sa hauteur. C'est un type très à la mode vers 1785, et qui finit par adopter les formes droites sur toutes les faces, dossier, siège et ceinture, avec des pieds droits et carrés (1).

L'antique fauteuil « à joue » ou « confessionnal » n'a rien de spécial comme dessin. On le fait droit ou en cabriolet, mais il est entièrement garni d'étoffe. Les accotoirs montent de chaque côté de façon à former de petits panneaux appelés joues, sur lesquels on peut appuyer la tête, et

(1) Les prix de revient des fauteuils sont très variables. En 1770, un grand fauteuil sculpté vaut de 10 à 40 livres, un simple fauteuil de canne, 8 à 10 livres.

laissent un creux très accusé à l'endroit des coudes. Le dossier atteint 0^m810 de hauteur pour que la tête puisse s'y reposer, et son inclinaison est plus prononcée que dans les autres fauteuils. Le siège ne dépasse pas 0^m325 de hauteur et mesure environ 0^m650 sur 0^m540, 0^m595 et même 0^m650 de profondeur. La hauteur des accotoirs est de 0^m270 à 0^m295. La plus forte saillie des joues est de 0^m270. Prix moyen : 12 livres; en cabriolet : 18 à 20 livres.

FAUTEUIL DE CABINET

Par contre, le *fauteuil de cabinet* forme espèce à part, aussi bien pour le plan que pour l'élévation. Le siège, en demi-cercle par derrière, forme sur le devant, au moins vers 1770, un angle arrondi en saillie qui permet aux cuisses de porter également à droite et à gauche sans être blessées par la traverse de ceinture. En outre, le cintre du dossier se prolonge jusqu'aux accotoirs, de sorte que le dossier semble se continuer tout autour du siège. Les pieds présentent la même disposition que ceux des tabourets d'encoignure. Par devant, un pied soutient l'angle saillant, un autre lui est opposé par derrière. Les deux autres sont placés à droite et à gauche et tiennent aux consoles des accotoirs comme dans les fauteuils en bidet. Certains modèles ont deux pieds de derrière au lieu d'un, ce qui leur donne cinq pieds. Dimensions du siège : 0^m675 de largeur sur 0^m620 de profondeur; hauteur totale du dossier : 1^m10. Le siège est un peu plus élevé qu'à l'ordinaire : 0^m405.

On garnit ces fauteuils de canne ou d'étoffe, mais quand on veut les employer pour la toilette, on les recouvre de cuir en dedans et parfois en dehors, pour empêcher la poudre de gâter les garnitures. C'est ce qu'on désigne dans le commerce de la Curiosité sous le nom de fauteuil « de toilette » ou fauteuil « à poudrer ». BOUCHER FILS appelle « cabriolet » un véritable fauteuil de cabinet (1).

Vers 1785, dans le fauteuil de bureau dit « gondole », l'angle saillant de la ceinture disparaît et fait place à un cintre régulier. Les pieds reprennent leur position habituelle. Le siège mesure 0^m641 de largeur sur 0^m730 de profondeur, mais le dossier, évasé par le haut, ne dépasse pas 0^m890 (LALONDE).

Une combinaison ingénieuse conduit au fauteuil « sur pivot », composé d'un tabouret de plan circulaire, aux quatre pieds diamétralement opposés, muni à son centre d'un pivot sur lequel repose un siège en gondole mobile. La personne assise peut ainsi, sans déplacer son fauteuil, se tourner dans tous les sens. Diamètre du siège : 0^m620 ; hauteur du tabouret : 0^m380 ; hauteur totale : 0^m970.

---

(1) C'est un exemple entre cent de l'imprécision des appellations mobilières, même à l'époque de leur apparition.

II

LES GRANDS SIÈGES ET LES LITS

Avec les grands sièges, bergères, sophas, duchesses, lits de repos, nous arrivons aux créations les plus originales du XVIIIe siècle. La métamorphose est plus incroyable encore que dans les sièges volants. Les ornemanistes en ont fait les meubles par excellence des poses gracieuses et des conversations galantes. Ils ont su unir la grâce et le confort, tout en donnant à leurs modèles une richesse et une élégance incomparables.

BERGÈRES

La bergère doit sa naissance au fauteuil « à joue » et au fauteuil « à panneaux », dont nous avons omis, à dessein, de parler parce qu'il ne diffère de ses congénères que par ses accotoirs qui sont entièrement pleins, grâce à une garniture en étoffe formant panneau. Ce joli meuble, dont le nom apparaît vers 1735, ne diffère des fauteuils ordinaires (1) que par la grandeur du siège (0^m650 de largeur sur 0^m540 à 0^m595 de profondeur) et par les accotoirs qui non seulement sont tout à fait garnis d'étoffe, mais encore

(1) Les bergères peuvent être ovales, droites, en cabriolet, en gondole, en un mot présenter toutes les variétés des fauteuils.

sont quelquefois cintrés en adoucissant jusqu'à environ les deux tiers de la hauteur du dossier. Le dossier est en outre plus renversé que celui des fauteuils.

La bergère, meuble d'usage sous Louis XV, devient un des sièges les plus riches et les plus à la mode sous Louis XVI. Vers 1785, on en compte au moins quatre variétés : la bergère « droite », telle que nous venons de la décrire, mais avec des motifs de sculpture décorative à l'antique et des pieds droits cannelés; la bergère « à joue », dont les accotoirs, comme dans le fauteuil confessionnal, au lieu de se raccorder en adoucissant aux deux tiers de la hauteur du dossier, viennent se rattacher au cintre par un petit panneau en demi-circonférence (hauteur du siège : 0^{m}295, profondeur 0^{m}595 sur 0^{m}565 et 0^{m}700); la bergère en « cabriolet » de forme ovale, qui présente les mêmes particularités que le fauteuil du même nom, siège arrondi par derrière, cintré par devant, dossier renversé faisant la hotte, accotoirs évasés en prolongement du dossier (hauteur du siège (1) 0^{m}270, profondeur 0^{m}700, largeur 0^{m}540); la bergère « à la turque », de forme carrée, dont les montants du dossier se terminent par un enroulement en volute et dont les accotoirs se rattachent au sommet du dossier par une courbe en S (hauteur du siège 0^{m}324, largeur 0^{m}705, profondeur 0^{m}595). La hauteur totale, uniforme pour les quatre variétés, est de 1^{m}030 (LALONDE).

ROUBO (1772) donne aussi le nom de bergère à un fauteuil à dossier bas (0^{m}325 à 0^{m}350), mais dont le siège

---

(1) Le peu d'élévation du siège s'explique par le carreau ou coussin obligé, qui hausse la garniture.

en revanche ne mesure pas moins de 0^m810 de largeur. « Ce meuble, dit-il, ne sert qu'aux dames dont l'ajustement nécessite ces ménagements et se place dans les salons de réception ou de compagnie ». Il ne dût pas survivre à la mode des paniers.

CHAISES-LONGUES ET DUCHESSES

La bergère devient *chaise-longue* quand le siège présente assez de profondeur pour que les jambes de la personne assise y reposent entièrement, c'est-à-dire quand il atteint 1^m15 et jusqu'à 1^m60. Vers 1750, on donne à la chaise-longue le nom de *duchesse* ou «duchesse à bateau», quand le siège dépasse 1^m60 et qu'on y fait à l'autre extrémité un petit dossier de 0^m325 à 0^m405 de hauteur.

La bergère peut également servir de duchesse si on y ajoute un ou deux bouts. On dit alors que la duchesse est « brisée » en deux ou trois. Le siège de tête est coupé carrément sur le devant pour se raccorder avec le bout. Le dossier est généralement en gondole. Quant au bout, dont la longueur ordinaire est de 1^m30, il se termine par un dossier plus petit mais de même forme.

Le prix de la menuiserie d'une duchesse ordinaire est de 30 à 36 livres, d'une duchesse à bateau : 40 à 50 livres, d'une duchesse en deux : 40 à 60 livres.

CANAPÉS

Toutes ces variétés de grands sièges sont des modifications du fauteuil par l'allongement du siège en profondeur.

Lorsqu'au contraire le siège s'étend sur les côtés et devient plus large du double au moins que de coutume, on obtient les canapés, les sophas, les ottomanes, les veilleuses, etc.

Les *canapés* sont les plus anciens de ces sièges où plusieurs personnes peuvent s'asseoir à la fois et qui sont capables de servir au besoin de lit de repos. Mais au XVIIIe siècle, ils ont perdu leurs dimensions démesurées du Grand Siècle. On leur donne de 1^{m}625 à 2^{m}10 de largeur, 0^{m}650 de profondeur, 0^{m}325 de hauteur de siège. Le dossier est d'environ 0^{m}485. Les bras ou accotoirs ont la hauteur de ceux des fauteuils et ne sont pas garnis. Le nombre des pieds est d'ordinaire de quatre sur le devant.

Au point de vue des formes, les canapés subissent les mêmes modifications que les fauteuils. Jusque vers 1735, le dossier reste droit et élevé, les pieds sont à peine cambrés sur le devant. De 1735 à 1775 environ, toutes les lignes sont chantournées : le cintre du dossier, les accotoirs, la ceinture du siège, les pieds de biche prennent les contours les plus fantaisistes, sous un revêtement de sculpture rocaille parfois exubérant. A partir de 1770, le meuble revient aux formes droites, aux dossiers carrés ou régulièrement cintrés ou arrondis, aux pieds droits et cannelés, à la sobre décoration des motifs Louis XVI, mais l'imagination des ornemanistes ne s'arrête pas toujours aux modèles les plus simples. On connaît des canapés où le dossier est fait de deux médaillons accolés, comme si on avait réuni deux fauteuils. A la même époque, on fait des petits canapés à deux places (largeur 1^{m}20) qu'on appelle « marquises » ou « causeuses ».

Vers 1730, on donne à certains canapés un siège à angles arrondis et on y élève une séparation ou joue à la hauteur du premier pied. Ce panneau chantourné est à peu près semblable aux joues du fauteuil confessionnal et se raccorde à angle droit avec le dossier. Le canapé « à joue » ou « confident » présente donc de chaque côté du siège principal un petit compartiment où peut s'asseoir une personne. Il prend aussi le nom de « duchesse avec encoignure ». Vers 1785, le confident a conservé les mêmes dispositions, avec les formes droites du jour. On lui donne 2^{m}950 de longueur, la partie du milieu mesurant 1^{m}650; la profondeur du siège est de 0^{m}750; hauteur totale 1^{m}135 (LALONDE).

SOPHA

Le *sopha* ou *sofa* est aussi un legs du XVIIe siècle. DE CAILLÈRES, dans ses *Mots à la Mode*, en 1692, le définit : «une espèce de lit de repos à la manière des Turcs». A ne s'en tenir qu'à l'usage, c'est en effet un lit de repos; mais pour la forme il ne diffère du canapé qu'en ce que ses accotoirs sont pleins et garnis comme ceux des bergères et des duchesses et que son siège est légèrement plus bas (0^{m}295). Il présente les mêmes variétés. On fait des petits sophas à deux places. Voici ses dimensions vers 1785 : hauteur du siège 0^{m}295, longueur 1^{m}625 à 1^{m}895; profondeur 0^{m}650; hauteur totale 1^{m}055 à 1^{m}080.

OTTOMANE ET PAPHOSE

Canapés et sophas se font ordinairement de forme droite par derrière. Vers le milieu du XVIIIe siècle, pour s'accorder au plan des niches ou même des appartements à la mode, on s'avise de les faire cintrés, ce qui, en variant les formes du dossier et de la ceinture, donne lieu à une kyrielle de termes plus ou moins bizarres : ottomanes, veilleuses, sultanes, turquoises, paphoses, etc., au gré du caprice des menuisiers et des marchands.

L'*ottomane* est un petit canapé gondole où l'on peut se coucher ou s'asseoir à un bout comme à l'autre. Le plan du siège est un ovale allongé. Le dossier vient en diminuant de hauteur se réunir aux accotoirs, de sorte que le cintre du dossier et les bras sont d'une seule pièce ou du moins semblent l'être, comme dans le fauteuil gondole. Le dossier forme ainsi un demi-cercle, dont les extrémités font légèrement retour sur le devant. C'est un meuble à place fixe dans l'appartement, souvent disposé en niche. On lui donne à l'ordinaire 1^{m}95 à 2^{m}10 de longueur sur une profondeur de 0^{m}675. Le siège a 0^{m}325 de hauteur, le meuble entier 1^{m}135. Le prix moyen de la menuiserie est de 45 à 60 livres, mais la sculpture, la dorure, les garnitures en font un objet d'un bien plus grand prix.

Il en est de même de la *paphose*, que DELAFOSSE appelle une ottomane cintrée. ROUBO une sorte d'ottomane dont les accotoirs « viennent à rien » par devant. En réalité, autant qu'on peut espérer donner une définition précise dans des meubles de fantaisie et de luxe, il semble que la paphose est une ottomane dont le siège est creux sur le devant, en forme de demi-lune, ou si l'on préfère de haricot, disposition tout à fait convenable à la posture d'une jolie femme à demi couchée. On donnera cependant sous l'Empire le nom de paphose à un sopha droit.

VEILLEUSE

C'est encore une sorte de lit de repos, que la *veilleuse* où l'on peut se coucher à demi, c'est-à-dire les jambes et les cuisses à plat, la partie du corps soutenue par des coussins ou des oreillers. Le meuble figure une duchesse dont le grand dossier serait relié au plus petit par un troisième dossier en pente douce du côté du mur, la partie de face restant libre pour laisser pendre les jupes. On ne peut donc pas se placer dans la veilleuse, comme dans l'ottomane, indifféremment aux deux bouts, et, du temps de ROUBO, l'usage est de commander à la fois deux veilleuses, l'une à dossier disposé à gauche, l'autre à dossier disposé à droite, pour pouvoir rapprocher deux personnes en vis-à-vis dans la conversation, ou pour permettre à la même personne de changer de position à volonté en se plaçant alternativement dans l'un ou dans l'autre sens (1772).

Le plan du siège est quelquefois de forme droite, arrondi aux deux bouts et plus étroit d'environ 0^m160 au bout où le dossier est le moins élevé. Mais le plus souvent le siège est creux sur le plan, régulièrement arrondi, en forme de haricot, comme la paphose.

C'est un meuble qu'on transporte d'une place à l'autre.

On fait aussi des veilleuses dites « à la turque » dont le dossier est cintré de même hauteur aux deux bouts, en sorte qu'on peut s'y placer indifféremment d'un côté ou de l'autre. On nomme également « turquoises » ces lits de repos luxueux qui ne diffèrent pas sensiblement des ottomanes.

La veilleuse reparaîtra sous le nom de « méridienne » vers l'époque du Consulat, et subsistera sous cette dénomination jusqu'en 1830.

LIT DE REPOS ET DIVAN

Tous ces grands sièges sont destinés à une personne assise ou à demi couchée. Les dimensions du *lit de repos* permettent de s'y allonger complètement pour se reposer dans la journée. Ce meuble commode, qui a fait ses preuves dès le XVIIe siècle et qui survit à tous les caprices de la mode, a les mesures d'un véritable lit à une place : 1^m950 de longueur sur 0^m650 ou 0^m810 de largeur. Le siège est élevé de 0^m325. On lui donne un ou deux dossiers de 0^m405 à 0^m485 de hauteur, droits ou retournés en crosse (1772).

BIMONT (1774) applique le nom de « sultane » à un lit de repos à deux dossiers, cintrés et retournés en volute. LALONDE (1788) décrit un lit de repos « à la turque » moins long et plus large, à un seul dossier cintré, les montants renversés en crosse. Tous ces sièges, où les LAWRENCE et les BAUDOIN se plaisent à disposer en poses gracieuses leurs belles amoureuses, se font à bois apparent, peint ou doré, et reçoivent une décoration conforme au rang ou à l'opulence de ceux qui les commandent.

Tout à la fin du siècle, on voit se produire le *divan*, canapé où le dossier est remplacé par des coussins fixes ou mobiles, sans bois apparent. Le premier exemple, à Paris, est le divan du *Café Turc*, boulevard du Temple, une curiosité de 1782, dont on dit qu'elle revient à 80.000 livres. Le meuble ne sera véritablement à la mode dans les appartements que sous le premier Empire.

LITS

La diversité et la richesse ne sont pas moindres dans les *lits* proprement dits que dans les sièges de repos, mais dans ce genre de meubles, tous destinés à un même usage, les dimensions, les formes, les modes de construction restent forcément plus uniformes et la variété dépend surtout des détails de sculpture et des garnitures. En dernier ressort, on peut ramener les lits du XVIIIe siècle à deux catégories : les lits « à la française » (lits à colonnes, lits à la duchesse), autour desquels on peut tourner et qui ont leur unique chevet au mur, et les lits « de travers » (lits à la polonaise, à la turque, à l'italienne, à la romaine), adossés au mur et munis de deux chevets comme les canapés. A cette distinction, qui est celle de nos lits de milieu et de nos lits de côté, s'en ajoute une autre : le ciel des lits à la française, qu'il soit porté sur des colonnes ou qu'il soit suspendu au plafond, est de mêmes dimensions que le bois de lit ; le ciel des lits de travers est d'un tiers ou de moitié plus petit.

LITS A LA FRANÇAISE

L'ancêtre de toute la famille, le lit à « colonnes », est l'ancien lit d'apparat du XVIIe siècle à peine modifié. Il se compose de quatre pieds reliés par deux pans et deux traverses et d'un chevet ou dossier. La fonçure est formée par sept barres de bois ou « goberges », entrant en entaille dans les pans et soutenues elles-mêmes par deux fortes barres d'enfonçures entrant dans les traverses. On remplace souvent cette fonçure par un châssis garni de sangle qui rend le lit plus moelleux. Les pans sont montés à vis, les traverses chevillées. Les pieds s'élèvent jusqu'à environ 2^m10 du sol pour porter un dais ou impériale rectangulaire de même dimension que le lit. On donne à ce bois de lit ou châlit, lorsqu'il est destiné à deux personnes, 1^m95 de longueur sur 1^m30 de largeur, et même sur 1^m460 à 1^m625 « pour les personnes qui cherchent leurs aises ». Le lit à une seule place n'a que 0^m810 à 1^m135. Le pan et les traverses mesurent 0^m080 à 0^m095 de largeur. Le dossier est fixé derrière les pieds à l'aide de crochets et de pitons, ou mieux pénètre dans des coulisses ménagées à l'intérieur des colonnes. La menuiserie revient à 28 livres pour un modèle à deux places, à 15 livres pour un modèle à une place.

Au siècle précédent, on faisait ces lits en noyer poli et sculpté, avec des colonnes très ornées, parfois torses, et une «impériale» presque toute en menuiserie apparente. Sous la Régence et sous Louis XV, le bois de la couchette disparaît sous la courte-pointe et les colonnes elles-mêmes sont dissimulées par des « cantonnières ». En 1774, on en fait

encore des modèles très riches, où la menuiserie commence
à reparaître, aussi bien pour la couchette que pour les
colonnes et pour l'impériale, dont le pourtour s'agrémente
d'un léger chantournement. Mais les jours sont comptés
de ce lit solennel et peu maniable en dépit des roulettes
dont on le munit. Après 1785, on n'en trouve plus d'exemples
que dans les intérieurs rustiques ou chez les artisans (1). Il y
a près de quarante ans qu'on n'en voit plus à la cour.

Les *Mémoires* du duc de LUYNES nous apprennent la
date où cette révolution s'accomplit dans l'appartement de
Marie Leczinska (1743) : « Le nouveau lit, dit-il, n'est
point à quatre quenouilles, comme tous les lits de la reine
ont été jusqu'à présent : il est ce qu'on appelle à la duchesse. » Une nouveauté? Pas tout à fait. On en relève des
exemples dès 1705 et le lit « à l'ange » de MAZARIN, sans
colonnes ni quenouilles, surmonté d'un dais, dont les rideaux se retroussent sur le côté, est la même chose sous
un autre nom. TRÉVOUX l'atteste (1771). On peut l'en croire
quand il définit : « On appelle lit d'ange celui qui n'a point
de quenouilles ou piliers et dont les rideaux se retroussent.
On l'appelle encore lit à la duchesse » (2).

Les dimensions du lit « à la duchesse » sont les mêmes
que celles du lit à colonnes, mais les pieds de devant sont
arrasés à 0^{m}705 ou 0^{m}730 et ceux de derrière, qui portent le
dossier, s'arrêtent à 0^{m}890 ou 0^{m}920. Le ciel est formé par
un dais ou impériale, suspendu au plafond. C'est un bâti de

---

(1) RANSON en présente cependant un exemple dans son *Premier cayer de lits à la mode* vers 1780.

(2) DE LAFOSSE donne un modèle de lit d'ange et le célèbre lit de Marie Antoinette, à Versailles, en est un.

menuiserie rectangulaire, de même dimension que la couchette et entièrement garni d'étoffe. Dans ce genre de lit, tout au moins sous Louis XV, il n'y a pour ainsi dire pas de bois apparent. Les pieds eux-mêmes, ordinairement tournés en balustre, sont entièrement cachés par la courte-pointe, et même les traverses et les pans, par une fausse courte-pointe. Vers 1772, la mode commence à évoluer. On montre le cintre chantourné du dossier et parfois les pans et les traverses sculptés. Quinze ans plus tard, le bois paraît partout : dossier cintré, pans, traverses, montants. Les pieds de devant, arrasés dans le modèle de 1750, lorsque la courte-pointe les recouvre, se terminent par un amortissement en pomme de pin ou par tout autre motif.

LITS A LA POLONAISE

Les lits à la mode, depuis 1750 environ, sont adossés de côté au mur de la chambre ou disposés en niche. La couchette a les mêmes dimensions que celle des lits à la française, mais on lui donne deux dossiers, parfois trois, comme aux canapés. Le type le plus caractéristique de cette série, aux variétés nombreuses, porte le nom de « lit à la polonaise », sans doute en l'honneur de Marie Leczinska. Les pieds s'élèvent jusqu'à une hauteur de 1^m95 à 2^m40, après quoi ils forment des courbes pour soutenir l'impériale, plus petite d'un bon tiers que le lit. Ces courbes en fer, cintrées en S et d'une hauteur de 0^m865 à 1^m, convergent vers le milieu du lit qui se trouve en quelque sorte couronné par un pavillon en dôme. La hauteur des dossiers est d'environ 1^m30.

Dans ce lit, toute la menuiserie est apparente et richement décorée. Au pourtour du dossier, plus ou moins cintré ou chantourné, règne une cimaise sculptée ou une moulure qui en suit les contours et s'harmonise avec les ornements des traverses ou des pieds. Les panneaux des dossiers sont remplis par des bâtis qui servent à fixer une garniture d'étoffe. Souvent le lit présente un troisième dossier, adossé au mur comme dans les canapés, cintré et surélevé avec un motif important de décoration à son couronnement. Cette luxueuse disposition est surtout à la mode à partir de 1774. Quant à la forme du baldaquin, elle varie, pour ainsi dire, avec le caprice du tapissier, mais la corniche reste toujours apparente.

La menuiserie d'un lit à la polonaise, à deux places, est évaluée de 80 à 110 livres, à une place de 70 à 100 livres.

Les lits « à la turque » ne diffèrent des lits à la polonaise que par leurs pieds qui se terminent au sommet par un enroulement en volute. Ils ont le plus souvent trois dossiers : celui du fond est plat, ceux de côté sont cintrés sur le plan (tout au moins jusqu'en 1775). Le pavillon, suspendu au plafond et adossé au mur, n'a que trois faces visibles. C'est un meuble coûteux dont le prix de revient, pour un modèle à deux places, n'est pas moindre de 100 à 110 livres, pour un modèle à une place, de 70 à 80 livres.

Les différences sont encore moindres dans les autres variétés de lits à la mode de 1775 à 1789. Le plus souvent c'est la disposition des draperies et des garnitures qui fait toute la distinction. On fait des lits « à la chinoise », avec baldaquin à clochettes et rideaux découpés en festons, des lits « à la romaine », où les courbes du pavillon au lieu d'être cintrées en S forment un arc de cercle renversé, des lits à « l'italienne » à deux ou trois chevets, dont le baldaquin porté par deux courbes, partant des pieds adossés au mur, ne présente que trois faces visibles, des lits « à la Panurge », inspirés des décors de l'opéra de Grétry : *Panurge dans l'île des lanternes*, 1785, des lits « à la militaire », en forme de tente, des lits en forme de nacelle, en «chaire à prêcher », avec baldaquin imitant l'abat-voix d'une chaire, à «la grecque» ou « à l'antique», avec des motifs de sculpture appropriés. Nous ignorons ce que ROUBO entend par un lit « dans le goût pittoresque ».

Quant au lit « à tombeau », c'est une espèce de lit dont le ciel tombe vers le pied en pente diagonale, soutenu du côté de la tête par deux colonnes plus hautes que celles du côté des pieds. Dans le lit à « double tombeau », le baldaquin a son point culminant au centre de la couchette, avec une pente vers la tête et une pente vers les pieds. Ni l'un ni l'autre de ces lits n'a son entrée dans les appartements de parade. C'est le lit des artisans, des petits bourgeois. Il meuble la loge du suisse dans les hôtels des grands seigneurs.

Nous ne parlons ni des lits « de camp », ni des lits «de veille », ni des lits « à l'anglaise » qui sont des lits pliants sans caractère. Cependant, on peut les garnir d'étoffes assez riches et les employer comme sophas (BIMONT). Le prix d'un lit à l'anglaise, à une place, est de 40 livres, celui d'un lit à simple tombeau, de 10 à 14 livres, à double tombeau de 18 à 19 livres.

III

TABLES — BUREAUX — GUÉRIDONS — ÉCRANS

Avec ses besoins nouveaux de confort et d'intimité, le xviiie siècle multiplie à plaisir les tables. On rencontre dans les appartements des tables à manger, des tables à jouer, des tables à écrire, des tables de toilette, des tables de nuit, des tables consoles, toutes composées d'un dessus et de plusieurs pieds, mais suffisamment variées de forme, de décoration, de matériaux pour satisfaire tous les goûts de la clientèle.

TABLES A MANGER

La *table à manger*, telle que nous la concevons aujourd'hui, n'existe pas dans l'appartement du xviiie siècle. Aussi bien la salle à manger elle-même est-elle inconnue. Au moment du repas, on dresse, dans la chambre ou l'anti-chambre où l'on va servir, un ou plusieurs plateaux de sapin, emboîtés de chêne, sur des pieds mobiles en X que l'on replie une fois la table levée. La nappe tombante ne laisse apercevoir aucune menuiserie. Au début du siècle, les plateaux ou ais sont indifféremment ronds ou ovales. La forme adoptée vers 1770 est un carré allongé. Hauteur 0^m675 à 0^m700.

A la même époque, et peut-être quelques années auparavant, on place à côté des convives, dans les dîners et dans les petits soupers, des «servantes» qui peuvent éviter le service des domestiques. Ce sont de petites tables, rondes à l'ordinaire, bien qu'on les fasse aussi carrées et même triangulaires, de 0m325 de diamètre et de 0m650 de hauteur. La partie supérieure forme une boîte découverte où l'on met un caisson de plomb ou de fer-blanc destiné à servir de rafraîchissoir pour les bouteilles. Entre les pieds sont fixées deux ou trois tablettes à 0m135 ou 0m160 d'intervalle pour recevoir les assiettes blanches ou sales.

En même temps, la manie d'imitation des modes d'outre-Manche fait naître les petites tables volantes, de la dimension d'un guéridon, où l'on sert, dans la chambre à coucher, le déjeuner à l'anglaise. Leur description viendra à sa place avec les guéridons.

TABLES A JEU

On ne connaît pas non plus, au XVIIIe siècle, notre table de salon. En dehors des tables consoles, fixées à une place invariable le long des murs et qui font pour ainsi dire partie de la décoration, les seules tables mobiles de cette pièce sont les *tables à jeu*. Leur nombre et leur variété sont assez considérables. Comme on les fait toujours à bois apparent, l'exécution en est soignée. On emploie des bois de rapport, on les rehausse de filets de cuivre ou de bronze. Les principales sont les tables à quadrilles, brisées ou non brisées, les tables de brelan, les tables de tri ou triangulaires.

Les tables « à quadrilles » sont carrées, et servent, comme leur nom l'indique, à jouer à quatre personnes. Le dessus, garni de drap et à angles arrondis, mesure environ 0m810 sur chaque face. Le pied, élevé de 0m70, est formé de quatre pieds de biche très légers et de traverses dans lesquelles s'ouvrent quatre petits tiroirs. Comme ces tables ne servent pas toujours et deviennent embarrassantes hors le temps du jeu, on imagine de briser le dessus en deux sur la largeur, et de disposer le bâti du pied à coulisse, comme on fait encore de nos tables de jeu. Remarquons que la cambrure des pieds, donnant plus de liberté aux jambes des joueurs, résiste à la mode des formes droites qui s'empare des tables vers 1770, et que les tables à jeu Louis XVI aussi bien que les petites tables de dame, les tables de toilette, etc., conservent le pied de biche jusqu'à la Révolution. On en trouve la preuve dans *La Partie de Wist*, de MOREAU LE JEUNE (1776).

Le dessus des tables « de brelan » est circulaire et d'environ 1ᵐ135 de diamètre. Au milieu, dans un trou rond d'environ 0ᵐ270 à 0ᵐ295 de diamètre, on ajuste un corbillon avec cassetin où l'on place le flambeau et tout autour des jeux de cartes dans des cases. On fait généralement ces tables brisées.

Les tables « de tri » représentent un triangle équilatéral de 1ᵐ135 de diamètre. Elles n'ont que trois pieds et peuvent parfois se replier en suivant la ligne médiane. Le dessus prend alors la forme d'un triangle rectangle.

Vers 1780, on fait de petites tables, avec damier en marqueterie sur le dessus, et de grandes tables aménagées pour le trictrac de 1ᵐ30 de longueur. Les pieds sont droits et dans le goût du jour. Comme pour toutes les tables à jouer, l'exécution en est soignée et met en œuvre des bois de rapport.

TABLES A ÉCRIRE

La spécialisation des tables en *tables à écrire* date de la fin du XVIIe siècle. Leur vogue commence vers 1725 et diminue progressivement à mesure que l'usage des bureaux fermés se répand. Ce sont les grandes tables de l'époque, puisqu'on leur donne depuis 1^m30 jusqu'à 1^m95 et même 2^m60 de longueur sur une largeur proportionnée, c'est-à-dire 0^m65, jusqu'à 0^m975 et même 1^m30. Le dessus est composé d'un bâti de 0^m08 à 0^m110 de largeur encadrant un panneau de sapin sur lequel on colle du maroquin, du chagrin, de la basane ou du veau.

Le pied des tables à écrire n'a rien de particulier. Il se compose des quatre pieds et des quatre traverses obligées, avec trois tiroirs disposés en largeur sur la traverse de devant. Sous la Régence et sous Louis XV, les pieds sont contournés en S et rehaussés de bronze. C'est la table-bureau du portrait de *Samuel Bernard*, par RIGAUD (1725). Plus tard, ils obéissent aux formes droites. Les ornemanistes Louis XVI en dessinent d'élégants et sobres modèles à l'antique, à la financière, à la chancelière, à la française, à l'anglaise, à l'italienne, à la royale.

Quand on veut faire servir les tables à écrire à plusieurs personnes, sans accroître démesurément leurs dimensions, on les munit de tablettes à coulisse, une à chaque bout, et deux par derrière. Dans ce cas, comme les coulisses sont disposées sous le dessus de la table, il ne reste pas assez de place pour mettre des tiroirs. Cet inconvénient conduit de bonne heure à l'invention du « cassetin » ou « serre-papiers », simple gradin à cases ouvertes qui remplace les tiroirs absents et se fixe à volonté sur le dessus de la table à l'aide de goujons à vis. BOULLE en a dans ses ateliers avant 1720, et l'on peut croire qu'il en fait des ouvrages soignés d'ébénisterie. Vers 1740, le serre-papiers est devenu un petit meuble à part, qui présente non seulement des cases vides pour les papiers sans importance, mais aussi, pour les papiers secrets, des tiroirs fermant à clef de 0^{m}350 à 0^{m}405 de longueur sur 0^{m}245 à 0^{m}270 de largeur. On en fait en bois de placage et même en laque : on les surmonte de pendules ou de groupes de bronze.

Au milieu du siècle, on imagine de protéger le serre-papiers par un volet mobile qui, soit en s'abattant, soit en se relevant, assure le secret des casiers. De là, le bureau à cylindre pour les tables à écrire de grande dimension et le secrétaire à abattant pour les petites tables à écrire.

BUREAU A CYLINDRE

Le *bureau à cylindre* ou à *panse* se compose d'un pied de table pourvu de tablettes à coulisses par les bouts et de tiroirs par devant, avec un dessus garni de cuir, quelquefois à glissière mobile pour compenser la place prise par le serre-papiers. Les dimensions de cette table, en 1770, sont à peu près celles des tables à écrire : 1^{m}515 à 1^{m}460 de longueur sur 0^{m}785 à 0^{m}810 de largeur et 0^{m}70 de hauteur ; hauteur totale : 1^{m}245 à 1^{m}30.

Le serre-papiers ou secrétaire garni de cases et de tiroirs

règne sur toute la longueur de la table et se ferme, ainsi que tout le bureau, par le moyen d'une trappe circulaire dite « cylindre ».

Ce cylindre peut être fait en deux parties brisées, dont une se replie derrière le serre-papiers, ou comporter une succession de petites alaises de 0^m055 à 0^m080 de largeur qui s'enroulent autour d'un cylindre à l'aide d'un ressort. Le dessus du secrétaire est le plus souvent terminé en forme d'amortissement avec plusieurs tiroirs sur la largeur.

C'est un meuble très orné, presque toujours couvert de bois de rapport et de marqueterie (témoin le bureau de Louis XV au musée du Louvre). Il suit pour le décor et pour les formes l'évolution des styles. Vers 1785, on donne au modèle en vogue plus de légèreté, 1^m30 et même 1^m15 de longueur sur 0^m650 de largeur. L'amortissement comporte un rang de tiroirs avec une galerie de bronze repercée. Parfois, il figure un petit gradin formant bibliothèque.

SECRÉTAIRE A ABATTANT

Les petites tables à écrire ne diffèrent des grandes que par les dimensions de leur dessus, réduit quelquefois à 0^m650 de longueur sur 0^m405 à 0^m485 de largeur, et par un petit rebord qu'on y ajoute de trois côtés. Ce dessus est tantôt garni de peau, tantôt en bois uni et apparent. Vers 1770, on le cintre par le devant, étrange anomalie puisque la position de la personne qui écrit semble plutôt exiger une forme creuse.

Au nombre de ces petites tables, il faut comprendre

les *secrétaires* de toute espèce, à la fois tables et meubles fermés, et que l'on désigne volontiers aujourd'hui sous le nom de petits bureaux de dames. Leur pied, d'une hauteur de 0^m650 à 0^m730 est fait de quatre pieds de biche très légers. Il comporte, sur le devant, deux rangées de tiroirs qui occupent 0^m245 à 0^m270 de hauteur. Le rang inférieur ouvre de toute la profondeur du meuble. Le premier rang n'a de mobiles que les tiroirs des bouts. Le tiroir du milieu est simulé, sa place étant occupée par une case ou cave qui s'ouvre par en haut pour les papiers secrets.

Le dessus de la table, qui mesure depuis 0^m650 à 0^m975 de longueur sur 0^m325, 0^m405 ou 0^m460 de largeur, est entièrement occupé par un serre-papiers de 0^m245 à 0^m325 de hauteur, composé de deux rangs de tiroirs étagés en pyramide aux deux bouts, avec tablettes ouvertes dans l'intervalle. Ce serre-papiers forme un coffre ou bâti à part (comme dans les bureaux à cylindre). Il entre à rainures dans le dessus de la table, sur lequel on le colle ou on l'arrête par des goujons, et se ferme sur le devant par une porte ou « abattant » incliné à 45°, servant de table à écrire quand il est rabattu. L'abattant se soutient horizontalement, soit avec des tirants de fer placés au-dessous de la table, soit avec des crochets attachés d'un bout au revers de l'abattant et arrêtés de l'autre dans une mortaise pratiquée à l'intérieur du bâti du serre-papiers où ils rentrent quand on ferme l'abattant.

Ce petit meuble, en grande vogue à partir de 1745, se fait de bois uni et sans moulures. Les modèles élégants sont recouverts de bois de placage ou de marqueterie. Certains sont chantournés sur le pourtour de l'abattant. Ils n'ont point d'amortissement. Vers 1780, on leur donne le nom de secrétaires « en tombeau », plutôt sans doute pour la forme en pente de leur abattant (1), que pour leur rôle de tombeau des secrets. Les ébénistes leur ont fait subir quelques modifications heureuses. Le pied comporte toujours deux rangées de tiroirs, mais la rangée inférieure n'a de tiroirs qu'aux deux bouts, l'espace du milieu restant libre pour le jeu des jambes. Le secrétaire est surmonté d'un amortissement présentant un rang de quatre tiroirs et une légère galerie de bronze. Les dimensions sont un peu plus grandes et la longueur atteint 1^m250 sur une hauteur totale de 1^m135.

Un compromis élégant de la même époque combine la petite table à écrire avec le casier de livres et donne le « bonheur du jour ». On le fait en acajou avec un rang de deux ou trois tiroirs selon la longueur de la table. La hauteur du casier, à portes vitrées, avec rideaux de taffetas vert, est également très variable. Elle ne dépasse pas parfois 0^m190. Tous ces petits bureaux de dame sont d'une grande variété et toujours d'une exécution soignée.

Roubo donne aussi la construction d'un secrétaire « à culbute », dont le serre-papiers rentre dans l'intérieur du pied de table « en faisant la culbute », ce qui permet d'utiliser la table tantôt pour écrire et tantôt pour jouer. Il est probable que ce meuble singulier fut d'un usage peu fréquent.

(1) Cf. pl. **XXVII** le lit à « tombeau ».

TABLES DE TOILETTE

Dans la même catégorie des meubles à bâtis simples rentrent les tables de toilette et les tables de nuit.

La *table de toilette* proprement dite, telle que nous la montrent les estampes de MOREAU ou de LAWRENCE, n'est qu'une table ordinaire dont les angles ont été arrondis et dont le pourtour est muni d'un rebord de 0^{m}065 à 0^{m}085 de hauteur. On la recouvre d'un tapis et d'une « toilette » (1) garnie de mousseline ou de dentelle. On y pose les ustensiles nécessaires à la parure et à l'ajustement : miroir, boîtes à poudre, flacons à odeur, pommades.

Vers 1770, on fait des tables de toilette « ouvrantes » à pieds de biche et à dessus divisé en trois parties sur la largeur. Le panneau du milieu, qui porte une glace, se relève verticalement ; ceux des côtés qui recouvrent deux caissons pour les flacons et les ustensiles de toilette, se rabattent des deux côtés de la table. Au-dessous de la glace est disposée une petite tablette à écrire, large d'environ 0^{m}325, que l'on tire quand on en veut faire usage. Au-dessous de cette tablette et des deux caissons sont ménagés trois tiroirs de 0^{m}06 à 0^{m}08 de hauteur. On donne au meuble environ 0^{m}975 de longueur sur 0^{m}755 de hauteur.

Cette table de toilette-ouvrante dite « demi-toilette » est encore en vogue sous Louis XVI. On en fait un petit meuble léger, à pieds de biche, recouvert en bois des îles

---

(1) C'est le sens propre « petite toile », ordinairement bordée de dentelle, qu'on étale sur une table.

et même en marqueterie. Nous mentionnerons, en parlant des meubles fermants, d'autres combinaisons servant au même usage, telles que les commodes-toilettes et les bureaux-toilettes.

TABLES DE NUIT

Inventée en 1717, selon Voltaire *(Dictionnaire philosophique)*, la table de nuit, « ce meuble commode qu'on place près d'un lit et sur lequel se placent plusieurs ustensiles », se compose de quatre pieds et de deux tablettes, l'une à 0^m485 de hauteur, l'autre à 0^m70, recouvertes parfois de marbre. L'espace compris entre ces deux tablettes est fermé sur trois côtés par des panneaux à jour. Au-dessous de la tablette du bas, on pratique un petit tiroir d'environ 0^m055 de hauteur qui s'ouvre à droite de la table. Les pieds et les trois côtés sont en saillie au-dessus de la tablette du haut pour retenir les objets qu'on y place. C'est un meuble léger, à pieds de biche et à formes chantournées jusque vers 1770.

Sous Louis XVI, la table de nuit est entièrement ouverte. Les tablettes ne sont reliées que par deux panneaux de côté, et la tablette du bas sert aussi bien à porter des livres qu'un vase de nuit. Sous la tablette du haut, dépourvue de rebord, on dispose un rang de deux petits tiroirs. Hauteur 0^m650, largeur 0^m515.

GUÉRIDONS

Avant l'invention des tables de nuit, c'est le *guéridon* qui sert à porter la lumière et tout ce dont on peut avoir besoin pour la nuit. Mais le guéridon du XVIIe siècle, de 0^m810 à 0^m975 de hauteur, s'est abaissé dès la Régence au niveau d'une table un peu élevée, 0^m70 à 0^m755. Son dessus, monté à vis sur une tige unique, est ravalé pour former rebord au pourtour que l'on décore ordinairement de moulures. Le pied, en forme de plateau et orné également de moulures, repose sur trois ou quatre boules. Vers 1770, le guéridon à la mode perd encore de hauteur. Le pied, au lieu d'un plateau plein, se compose de trois patins qui s'assemblent dans la tige. Comme il sert souvent à porter la lumière près du feu, on y ajoute une main en saillie pour tenir un écran qu'on arrête avec une vis à la hauteur convenable.

Sous Louis XVI, l'anglomanie fait créer de charmants modèles de guéridons ou de petites tables pour « le déjeuner à l'anglaise ». On les fait rectangulaires, avec rebords sur les quatre côtés, circulaires, avec tablette entre les pieds. On tient les pieds cambrés ou à l'antique (BOUCHER FILS). Aucun de ces petits meubles n'a de tiroirs.

CHIFFONNIÈRES

Les *chiffonnières* en ont. Ce sont de petites tables dont les dames se servent lorsqu'elles travaillent à coudre ou à broder. Elles ont ordinairement 0^m650 de hauteur, et leur dessus mesure 0^m325 à 0^m405 de longueur sur 0^m245 à 0^m325 de largeur. Sous ce dessus, recouvert parfois de maroquin comme pour les tables à écrire et muni de rebords sur trois côtés, on ménage deux ou trois tiroirs superposés dont l'ouverture se fait par devant ou par côté. Celui du haut est disposé pour recevoir un encrier. Le meuble tient donc autant des petites commodes que des tables. Sous Louis XV, il est chantourné et à pieds de biche. On le munit, à 0^m135 ou 0^m160 de la base, d'une tablette assemblée avec les quatre pieds, dont elle maintient l'écart, et garnie au pourtour d'un rebord pour retenir ce qu'on y met. Comme on s'en sert l'hiver, au coin du feu, on y adapte parfois un écran par derrière, à l'aide de deux coulisseaux.

Ce petit meuble léger, souvent monté sur roulettes de cuivre, est en grande vogue de 1775 à 1789. La fantaisie des ébénistes et des ornemanistes en multiplie les variétés.

On fait des chiffonnières rectangulaires, larges de 0^m485, hautes de 0^m730, avec un seul rang de tiroirs, une galerie en bronze repercée entourant le dessus, un filet garnissant la tablette du bas de façon à former une case pour les laines ou les chiffons ; les pieds droits sont à l'antique. On en fait aussi de circulaires, à 0^m325 de diamètre environ, hautes de 0^m755, avec deux tablettes entre les pieds.

Vers 1785, la mode amène la « chiffonnière ronde à l'anglaise », d'une construction un peu différente. C'est une table plus basse (0^m540 de hauteur), à pieds légers et droits montés sur roulettes, à tablette distante de 0^m215 du sol.

Le dessus peut-être carré (ou plutôt rectangulaire), avec deux rangs de tiroirs en dessous. Il peut être circulaire (diamètre 0^m430), avec un seul rang de tiroirs (1).

ATHÉNIENNES

Citons encore, parmi les petits meubles, l'*athénienne*, gracieuse et éphémère création de la mode à la « grecque ». C'est une petite table en forme de trépied, composée de quatre pieds et de trois tablettes circulaires, l'une à la base, la seconde au milieu, la troisième formant dessus, et de plus en plus grandes. Celle d'en haut contient une cave ronde pour recevoir des fleurs. WATTIN, qui s'en attribue l'invention, en donne une description détaillée dans *les Annonces* (1773). LALONDE appelle l'athénienne « petit pied » ou « caisse à bouquets » (hauteur 0^m920, diamètre 0^m430). En aucun cas, on ne lui donne le nom de brûle-parfums qu'on trouve consacré dans les catalogues de ventes.

PUPITRES A MUSIQUE

Nous laissons de côté les pupitres, simples ustensiles d'usage. Mais sous Louis XVI, on construit des *pupitres à musique* qui sont de véritables meubles. Ce sont de petites tables, montées sur un pied unique à patins, dont le dessus se

---

(1) Le terme de chiffonnière désigne aussi, à cette époque, un corps de tiroirs de 1^m30 ou 2^m50 de hauteur. C'est le meuble que nous appelons aujourd'hui « chiffonnier ». Cf. ch. IV, p. 59.

relève à 30 degrés pour servir de pupitre. On fait aussi de petites tables à quatre pieds sur lesquelles on dresse un pupitre à tige.

PARAVENTS ET ÉCRANS

Quant aux écrans et aux paravents, il y a peu de mots à en dire. Le *paravent* est ce meuble à bâtis, composé de plusieurs feuilles jointes par des charnières, que créa le XVIIe siècle finissant et que le XVIIIe multiplie étonnemment dans les intérieurs, autour des tables où l'on joue et des foyers où l'on cause. Les bâtis sont assemblés par une traverse médiane. Les feuilles, au nombre de 4, 5, 8 et même 10, sont ferrées en sens contraire pour se replier les unes sur les autres. On leur donne depuis 0^m975 jusqu'à 1^m950 et 2^m275 de hauteur, sur une largeur de 0^m485 à 0^m810, en proportion de la hauteur. La plupart des paravents des deux premiers tiers du siècle n'ont pas de bois apparent. Vers 1785, on en fait des modèles très riches, à bois sculpté et doré dans le goût du moment.

La variété est plus grande dans les *écrans*, et surtout la recherche du décor. Le type classique du XVIIe siècle, toujours en vogue, est composé de deux pieds ou montants montés sur patins et joints ensemble par deux traverses, l'une en bas, l'autre en haut, cette dernière faite de deux pièces pour laisser passer le châssis qui coule dans des rainures pratiquées dans les montants. On hausse ou baisse le châssis à volonté, et on le maintient en place à l'aide d'un cordon, ainsi que les glaces des voitures. Parfois on y adapte des tablettes à lire ou à écrire, qui se relèvent ou s'abaissent à volonté. Vers 1770, l'écran mesure de 0^{m}810 à 1^{m}135 de hauteur sur 0^{m}650 à 0^{m}775 de largeur. Le décor est très riche et suit l'évolution des styles.

Vers 1785, on fait des écrans circulaires montés sur pivot, de 0^{m}380 de diamètre environ. Le fût est cannelé et le pied en plateau ou à patin; mais ce modèle est moins répandu que les combinaisons ingénieuses qui adaptent l'écran aux guéridons, aux chiffonnières, dont nous venons de parler.

CONSOLES

Il ne nous reste plus, avant de passer aux meubles fermants, qu'à dire quelques mots de la *console* ou, pour parler comme les décorateurs du XVIIIe siècle, du « pied de table orné pour entre-croisées ». Le meuble est composé d'un dessus, le plus souvent de marbre, porté par quatre pieds dont les deux de derrière sont verticaux et plaqués au mur, et les deux de devant recourbés pour se rapprocher à l'entre-jambe et rentrer en quelque sorte sous la table. Cette forme « en console » des pieds donne son nom au meuble.

Comme la console est invariablement adossée à un trumeau, elle n'a que trois faces apparentes et son dessus présente la forme d'une moitié de table, ovale ou chantournée. Les pieds sont toujours reliés par une entre-jambe dont le centre porte un vase ou un motif de décoration important. Il s'agit donc moins d'un meuble que d'un élément fixe de décoration intérieure, dessiné par les architectes, en harmonie avec les moulures et les corniches de l'appartement, et destiné à occuper une place déterminée pour laquelle il est construit, au même titre qu'une glace ou un trumeau. Aussi l'architecte et le sculpteur, n'ayant pas à tenir compte des conditions de solidité, d'équilibre, de commodité qu'on exige d'une table d'usage, en font-ils une véritable fantaisie décorative. C'est très probablement dans les consoles que se manifestent, à chaque époque, les premières nouveautés de style.

Vers 1730, MEISSONNIER, SLODTZ et OPPENORD créent la console rocaille. ROUMIER, CUVILLIER, PINEAU, de 1745 à 1755, en varient à l'infini les végétations fabuleuses mêlées de dragons, les rinceaux à branches détachées, les chutes de fleurs s'échappant de rocailles à profil singulier. Ceinture, pieds, entre-jambe se contournent, se creusent, s'arrondissent avec des hardiesses de forme, des licences décoratives incroyables. Rien de droit ni de symétrique. Les cartouches et les écussons penchent sur leur axe. Il est impossible de diviser un ornement par sa ligne médiane en deux parties qui se répètent. Mais cette asymétrie ne compromet pas l'équilibre. Si les deux côtés ne se répondent pas, ne se répètent pas exactement, leurs masses se pondèrent et se balancent. L'œil ne s'aperçoit pas du défaut de symétrie (1).

Le retour aux formes droites est déjà très avancé dans la décoration architecturale intérieure sans que l'on ait encore renoncé à la console rocaille, de tous les meubles celui qui porte le mieux la marque du style

(1) H. CLOUZOT, L'*Ameublement Louis XV*. Paris-Vincennes, 1912, in-4°.

Louis XV. En 1772, ROUBO en donne des modèles d'une exubérance et d'une richesse de décor sans pareilles. Mais déjà DELAFOSSE, BOUCHER FILS et leurs émules prêchent par leurs exemples l'évangile des formes droites et des courbes régulières. Le dessus de leurs consoles prend la forme d'une demi-circonférence ou d'un rectangle. Les pieds droits sont cannelés. La ceinture également, quand elle n'est pas agrémentée de feuilles d'eau, de rubans ou de piastres. D'un pied à l'autre, au-dessous de la ceinture, se détachent des guirlandes de fleurs, des nœuds de ruban, des chûtes, reliés à des cartouches, à des médaillons. L'entre-jambe supporte un vase antique, une corbeille de fleurs, un trophée de flèches, de carquois, de flambeaux, de colombes. Parfois, la console repose sur trois volutes de forme architectonique, ornées d'acanthes et réunies en seul pied par la base.

IV

MEUBLES FERMANTS

Nous arrivons maintenant aux meubles à bâtis et à panneaux, aux meubles fermants, comme les armoires, les buffets, les commodes ou les secrétaires-armoires. Le Grand Siècle n'a connu que le cabinet, l'armoire et le coffre. Ces modèles classiques se métamorphosent dès la Régence en une prodigieuse quantité de grands et de petits meubles, aux usages nouveaux, aux noms inconnus. La plupart se font en bois de rapport ou de marqueterie. Nous sommes maintenant dans le domaine des ébénistes.

ARMOIRES

Les plus grands des meubles fermants, les *armoires*, sont en même temps les moins sujets aux transformations de la mode. Les modèles de 1770 diffèrent à peine de ceux de 1750, et même de ceux de 1720. N'en soyons pas surpris. Ce genre de meuble ne figure que dans les appartements des gens de condition médiocre, conservateurs par nécessité aussi bien que par goût. Les gens riches, qui ne peuvent se passer d'armoires, les relèguent dans la garde-robe, les offices ou les pièces de rebut, où la forme et le décor importent peu. Conséquence de ce rôle social : les plus beaux modèles se retrouvent dans les intérieurs bourgeois et rustiques, où ils tiennent la place d'honneur, comme c'est le cas pour les armoires normandes. Dans les hôtels riches, c'est un meuble d'utilité dont la peinture dissimule mal les matériaux communs et le défaut d'ornement.

Les éléments constructifs de l'armoire se composent de la devanture (deux portes, un chambranle et une corniche), de deux côtés, d'un derrière, de deux fonds. On les démonte à volonté à l'aide de vis à écrous, semblables à celles des lits. Elles sont garnies à l'intérieur de tablettes et de tiroirs. Quelquefois on y ménage à la partie inférieure des tiroirs apparents. Les corniches, construites à part, rentrent à rainure dans les traverses du haut. Elles ne retournent pas derrière l'armoire et sont coupées au ras des côtés. Le meuble mesure depuis 1^{m}95, 2^{m}275 et même 2^{m}60 de hauteur, sur 1^{m}135 à 1^{m}460 de largeur et 0^{m}460 à 0^{m}485 de profondeur. On le fait en chêne, en hêtre ou en noyer avec des tablettes en sapin. Pour les panneaux de derrière, on emploie souvent de vieilles douves de tonneaux.

Pendant le second quart du xviiie siècle, on cintre les corniches en S ou en anse de panier, non seulement en élévation, mais même en plan, de sorte que l'on voit des armoires bombées ou ventrues. Vers 1770, on les fait indifféremment cintrées ou droites. A partir de 1780, les corniches cintrées sont exceptionnelles. On ne les retrouve guère que chez les menuisiers de province, fidèles aux traditions. La traverse inférieure du chambranle reste également très longtemps chantournée, avec des pieds de biche. Quant aux vantaux, ils suivent le style général des portes et des trumeaux moulurés de l'appartement. Découpés sous

Louis XV en quart de cercle, chantournés à leur partie supérieure et sur tout le pourtour de leurs panneaux, ils ne présentent plus, vers 1780, que des lignes droites. Le meuble est devenu une construction architectonique, conformée aux règles des ordres antiques, avec frise, architrave, corniche, soubassement. Certains modèles, aussi bien Louis XV que Louis XVI, sont à pans coupés.

Les moulures faisant le principal ornement des armoires, les parties sculptées sont à l'ordinaire sobrement distribuées. Dans l'armoire normande, cependant, la frise, les champs autour des panneaux, le montant médian, la traverse inférieure sont chargés de motifs en relief assez accentués, d'une facilité et d'une abondance un peu banales mais agréables à l'œil. L'armoire Louis XVI à l'antique ne présente pour ainsi dire aucun ornement de sculpture.

On fait aussi des armoires de petite dimension dont la parure de marqueterie, de laque ou de bronze doré n'est pas évidemment destinée aux antichambres ni aux garde-robes. On en connaît de CRESSENT, avec des vantaux de laque chinoise, empruntés sans doute à des feuilles de paravent (hauteur 1^{m}50, largeur 1^{m}35, profondeur 0^{m}370). Ces meubles jouaient le rôle de « cabinets » pour certains amateurs.

BUFFETS

Après les armoires, les *buffets* sont les plus grands des meubles fermants. Mais on ne les trouve guère, non plus, que chez les gens de condition médiocre. Dans les intérieurs riches, l'architecte ménage dans la décoration de la salle à manger des placards avec des tablettes d'appui pour le service des plats. C'est la disposition adoptée par Bérain, qui dessine pour l'intendant Bégon trois placards à fonds de glace et à portes vitrées pour serrer l'argenterie, au-dessus d'une vasque et de deux tables de marbre soutenues par des consoles sculptées à hauteur d'appui. Blondel, à son tour, donne dans son *Architecture française* des plans de buffets fixes.

Les buffets mobiles sont divisés en deux parties sur leur hauteur, à l'endroit de la tablette d'appui, le corps du haut formant retrait sur celui du bas. On peut ainsi, quand on déplace le meuble, les porter chacune séparément. Les faces de chaque corps sont fermées par deux portes, comme les armoires. Le corps du bas renferme d'habitude à l'intérieur un rang de tiroirs d'environ 0^m110 de hauteur, placés au-dessous de la tablette d'appui et protégés par un bâti ou caisson. On y serre l'argenterie. L'espace qui reste dans le bas du buffet est coupé en deux par une tablette. Le corps du haut en comporte trois ou quatre, parfois chantournées, en tout cas munies d'un léger rebord pour retenir les porcelaines dressées debout. Car, pendant la durée des repas, le meuble reste ouvert, « plus, dit Roubo, par ostentation que par nécessité ». Il faut bien faire admirer sa vaisselle plate ou tout au moins ses porcelaines. On imagine même une disposition spéciale pour que les vantaux ouverts, pendant cet étalage, ne gênent pas le service. Deux pilastres, de chaque côté des portes, s'ouvrent à brisure avec les vantaux et permettent de les replier sur les côtés.

La largeur d'un buffet varie depuis 1^m135 jusqu'à

1ᵐ30, sur 1ᵐ95 à 2ᵐ435 de hauteur. L'appui est de 0ᵐ865 à 0ᵐ920 au plus. Quant à la profondeur elle est pour le corps du bas de 0ᵐ485 à 0ᵐ540 environ, le corps du haut tenu moins profond de 0ᵐ135 à 0ᵐ160. Comme les armoires, les buffets peuvent être cintrés ou chantournés, sur le plan comme en élévation.

Dans les modèles Louis XVI, les dimensions sont un peu moindres et ne dépassent pas 1ᵐ625 de hauteur sur 0ᵐ975 de largeur. L'exécution devient plus soignée, la tablette d'appui se fait en marbre. La décoration suit celle des armoires. Elle peut être très riche, mais les buffets à l'usage des gens du commun sont moins grands et moins beaux. Les panneaux des portes du haut sont remplacés par des portes de fil de laiton pour donner de l'air à un meuble qui sert en même temps de garde-manger.

BAS-DE-BUFFET

On fait également usage des *bas-de-buffets*, appelés aussi *bas-d'armoires* ou *bureaux*. Ils ne diffèrent des bas-de-buffets ordinaires que parce que leurs tiroirs sont apparents et que leurs portes ouvrent au-dessous de ces derniers. Leur vogue remonte à 1740 environ, mais ils ne sortent guère des intérieurs bourgeois ou populaires. Leur type s'est perpétué presque sans modification dans les demeures paysannes, avec de belles plaques en fer ou en cuivre repercé pour orner les entrées de serrures et servir d'attache aux tirettes de tiroirs.

Ce meuble simple et pratique s'introduit sous Louis XVI

dans les appartements riches. C'est l'époque de ces élégants bas-d'armoires à deux portes, sans tiroirs ou avec tiroirs, de 0^m970 à 1^m de hauteur sur 0^m760 à 1^m20 de largeur que le commerce d'antiquité appelle indifféremment meubles d'entre-deux, armoires basses, meubles de salle à manger. On peut les faire très luxueux, avec deux compartiments à glaces, ménagés aux deux bouts, comme le fameux bas-de-buffet de BENEMAN, pour Marie-Antoinette, conservé au musée du Louvre. La « commode à l'anglaise » en est une simple variante.

BIBLIOTHÈQUES

Une modification intéressante de l'armoire conduit à la *bibliothèque*. Jusque vers 1770, on ne connaît que l' « armoire à livres », placard ouvert pratiqué dans la boiserie de l'appartement avec tablettes superposées. C'est la seule dont parle ROUBO. Vers 1775, cependant, on commence à ranger les livres dans des meubles à deux corps qui ne diffèrent des buffets que parce que les portes du haut et du bas sont vitrées ou grillagées de fil de laiton, avec rideaux de taffetas vert. La bibliothèque Louis XVI est droite et de construction architectonique, avec pilastres, chapiteaux, entablement d'ordre corinthien (LALONDE). On lui donne environ 2^m à 2^m25 de hauteur sur 1^m20 de largeur. Mais on fait en même temps des petites bibliothèques « ambulantes » dont la hauteur varie de 1^m190 à 1^m405 et des bibliothèques « volantes » montées sur pieds, qui ne dépassent pas 0^m810 de haut. Il existe aussi des bibliothèques en « encoignures »

(BOUCHER FILS). Tous ces meubles légers, fréquemment munis de tiroirs, s'exécutent en bois de placage et en marqueterie.

COMMODES

Dès le début du XVIIIe siècle, on voit apparaître un meuble à hauteur d'appui, de forme analogue au bas-de-buffet ou bureau, mais muni, au lieu de portes, de tiroirs superposés, disposition « commode », qui permet d'y serrer beaucoup d'objets séparément.

L'armoire-commode ou *commode* date des premières années du siècle. BÉRAIN en dessine de fort belles avant de mourir (1711) et BOULLE en exécute avant 1720. RICHELET, dès 1728, en donne cette définition : « Commode se dit aussi d'une espèce de bureau dont on se sert à présent pour retirer les habits, coiffures et autres habits de femmes. » C'est encore une nouveauté. Vingt ans plus tard on en voit partout. Les commodes sont les meubles par excellence du siècle.

On peut les diviser en deux genres, les « grandes commodes », dont toute la hauteur est remplie de tiroirs, et les « commodes sur pieds. » — ROUBO les appelle « demi-commodes » ou petites commodes — qui n'ont de tiroirs que jusqu'à 0^m325 ou 0^m485 du sol, l'espace qui reste entre le dernier tiroir et le sol demeurant vide. Bien que l'on trouve des grandes commodes dans les modèles de BÉRAIN et que BOULLE exécute indifféremment une forme ou l'autre, il semble que la commode sur pieds soit la plus répandue au début (Régence, Louis XV). Elle dérive en tout cas, presque sans modification des grands coffres montés sur pieds et supportés par des cariatides de la fin du XVIIᵉ siècle, tandis que la grande commode se rattache plutôt au bas de buffet.

Vers 1740, les commodes sont bombées ou chantournées sur le plan par devant et quelquefois sur les côtés. Certaines même sont cintrées sur l'élévation, ce qui leur vaut le nom de commodes « en tombeau ». Les ébénistes ne leur donnent que deux tiroirs. Leurs pieds chantournés s'élèvent de 0ᵐ30 à 0ᵐ40 du sol. Les plus belles sont revêtues de bois de placage et disparaissent sur un véritable réseau de bronzes dorés, capricieusement modelés. Elles jouent, dans les entre-deux des fenêtres, un rôle décoratif analogue à celui des tables-consoles.

Vingt ans plus tard, la mode s'est assagie. Sans renoncer aux formes chantournées, la commode n'est plus démesurément ventrue comme sous la Régence. C'est un meuble de 0ᵐ865 à 0ᵐ920 de hauteur sur 1ᵐ135 de longueur et 0ᵐ485 à 0ᵐ540 de largeur. On en fait aussi de plus petites, mais leur hauteur, qui est celle du lambris des appartements au-dessus duquel elles doivent affleurer, reste invariable. Le meuble se compose d'un coffre ou bâti constitué, comme dans les bas-de-buffets, par quatre pieds ou montants, par des traverses qui servent à porter les tiroirs, et par un faux fond. Le dessus est fait d'un seul ou de deux panneaux de noyer joints ensemble et fixés sur le bâti par des chevilles. Quand le dessus est en marbre, on le fait reposer sur un double fond.

Vers 1770, la grande commode tend à devenir un

meuble d'utilité, banni des pièces d'apparat : on lui marchande le travail d'ébénisterie et les embellissements de bronze doré. En même temps, le cintrage commence à passer de mode. Le goût des formes droites prévaut, comme dit ROUBO, non seulement dans la décoration extérieure et intérieure des édifices quelconques, mais encore dans celle des meubles et des habits, « comme si chacune de ces choses, quoique très différentes entre elles, devaient se ressembler dans le genre, ou, pour mieux dire, la forme de leur décoration ». On adopte les formes carrées pour les commodes comme pour tout ce qui se fait « à la grecque ».

Dès lors, sous les appellations les plus diverses, c'est la commode droite qui règne, avec des angles arrondis, à arêtes vives, à pans coupés, avec un plan rectangulaire, demi circulaire, trapézoïdal, avec des montants en colonne, en pilastre, et même, dans la «commode à l'anglaise», en gaine.

Vers 1785, l'ingéniosité des décorateurs et des ébénistes crée une variété incroyable de petites commodes, presque toujours à pieds, d'une élégance et d'une richesse de décor parfaites, qui, sous les noms les plus divers redonnent de la vogue au meuble. Leur fantaisie échappe à toute description. On en fait à deux tiroirs sur pieds de biche, qui pourraient passer pour des chiffonnières. On en fait à trois tiroirs, sur pieds droits, peu élevés. Toutes les dimensions s'amoindrissent : la hauteur n'est plus que de 0^m755 à 0^m810, la largeur de 0^m540 à 0^m975. On imagine des commodes à la dauphine, à l'italienne, à la provençale, à la polonaise, à l'impériale, à l'antique, à la reine, à la française, à la romaine, à la chancelière (BOUCHER FILS), tandis que, plus simples, les grandes commodes droites, dites « commodes carrées », continuent à jouer un rôle utilitaire.

Grande ou petite, la commode Louis XVI remplace volontiers l'embellissement de bronze par le décor en bois de rapport, en laque de Chine, en vernis Martin ou en marqueterie. Aussi beaucoup de modèles substituent aux tiroirs apparents des panneaux ouvrants entre les traverses du haut et du bas et le milieu du meuble. Quand l'ébéniste juge à propos d'y joindre des tiroirs, il en dispose un rang dans la partie supérieure, au-dessous de la table, ou plusieurs rangs sur les côtés en réservant la partie du milieu pour un panneau droit ou cintré. Parfois même, il surmonte le meuble d'un petit secrétaire ou cartonnier à trois rangs de deux tiroirs, de 0^{m}975 de largeur sur 0^{m}160 de profondeur.

Sous l'influence de la mode anglaise, on ménage aussi dans les commodes des tablettes ouvertes qui remplacent les rangs de tiroirs de chaque côté du panneau central. Bien plus, on construit des commodes ouvertes dans le goût anglais, qui sont de vraies tables-consoles à dessus semi-circulaire, avec un seul rang de tiroirs au-dessous, et deux ou trois tablettes garnies d'un rebord de cuivre repercé entre les pieds.

N'oublions pas non plus les petites commodes d'angle, appelées *encoignures* ou *écoinçons*, triangulaires par leur plan et fermées de portes. On leur donne la hauteur des commodes, avec 0^{m}485 à 0^{m}540 de côté. L'angle, au lieu d'être droit, peut se conformer à la place que le meuble est destiné à occuper dans l'appartement. Vers 1785, on fait les encoignures indifféremment droites ou cintrées par devant.

CHIFFONNIÈRES

Quand les commodes ont plus de trois rangs de tiroirs sur la hauteur, elles prennent le nom de *garde-robes*. On les appelle *chiffonnières* — nous disons aujourd'hui « chiffonniers » —quand le corps de tiroirs atteint 1^m30 de hauteur. Sous Louis XVI, on en fait d'élégants modèles, décorés de marqueterie. Le meuble a franchi la porte des pièces d'apparat comme nous le montre Lawrence dans le *Directeur des toilettes*:

COMMODES-TOILETTES
ET BUREAUX-MINISTRES

Rattachons aux commodes, faute de pouvoir leur donner une meilleure place, quelques combinaisons plus ou moins ingénieuses des ébénistes de Louis XVI.

Le dessus des *commodes-toilettes* — on en a fait déjà sous Louis XV — s'ouvre comme celui des tables de toilette, avec glace, caves diverses pour les flacons et les ustensiles. Le coffre, fermé par un panneau ouvrant en son milieu, forme armoire. Certains modèles ont leur devant divisé en trois parties. Celle du milieu sert d'armoire, à droite et à gauche sont superposés quatre rangs de tiroirs.

Le *bureau-ministre* est une table à écrire, à huit pieds. La partie du milieu reste libre pour les jambes de la personne qui écrit. Sur les côtés, les pieds sont reliés deux à deux par des panneaux pleins formant armoires. Un rang de tiroirs est disposé sous le dessus, qui peut aussi être surmonté d'un serre-papiers à galerie. Parfois, le bureau n'a pas de pieds. C'est un véritable coffre dont le derrière est plein et dont le devant est divisé en trois parties. Le compartiment du milieu reste libre, les deux côtés présentent trois tiroirs superposés. On dispose en outre un rang de tiroirs sous le dessus.

Cette disposition peut s'appliquer à un bureau cylindre (voir le modèle de Riesener au Kunstgewerbe Museum).

SECRÉTAIRES-ARMOIRES

Le dernier genre de meubles fermants dont fait usage le xviiie siècle, c'est le secrétaire « en forme d'armoire » ou plus simplement le *secrétaire-armoire* qui peut servir à la fois de coffre-fort, de secrétaire et même de commode. Sa naissance se place vers 1740 environ, mais la grande vogue ne lui vient que vingt ou trente ans plus tard.

Bien que divisé en deux parties sur la hauteur, le secrétaire-armoire est fait d'un seul corps, dont le bâti, à peu près semblable à celui des armoires, mesure environ 1^m30 de hauteur sur 0^m810 à 0^m975 de largeur et 0^m325 à 0^m405 de profondeur. Il présente quatre portes sur le devant. Les deux d'en bas s'ouvrent comme dans les bas-de-buffets, c'est-à-dire verticalement. Les deux d'en haut, qui tiennent ensemble et par conséquent sont feintes, se rabattent horizontalement en un seul panneau pour servir de table à écrire. Au-dessus de cet « abattant », immédiatement au-dessous de la corniche, est disposé un tiroir qui ouvre de toute la largeur. L'abattant, abaissé, doit se trouver à 0ᵐ70 du sol. Les premiers modèles sont souvent terminés par un amortissement en retrait, en forme de doucine, qui sert à supporter une sphère, un buste, une pendule. Quelques-uns sont chantournés sur toutes les faces. A partir de 1770, la cimaise à angles droits ou à pans coupés est la règle générale. Sous Louis XVI, le dessus en marbre devient très fréquent et supprime toute cimaise.

La disposition intérieure est très variable. Les ébénistes se sont complu à modifier à leur fantaisie le nombre des tiroirs, des casiers, des cachettes à secret. Voici cependant l'arrangement le plus fréquent. Dans la partie du bas est disposé un caisson d'environ 0ᵐ325 de hauteur, contenant deux rangs de tiroirs ouvrant de toute la largeur, comme ceux des commodes, ou séparés en deux. Quelquefois, les tiroirs sont simulés et le caisson s'ouvre par devant en forme d'armoire ou par dessus. La partie supérieure est remplie, comme dans les autres secrétaires, par un serre-papiers comprenant deux rangs de casiers, au-dessus d'un caisson contenant deux rangs de tiroirs de chaque côté; un petit caisson au milieu, qui rentre dans le grand aussi juste que possible, masque deux petits tiroirs secrets au fond et ferme la « cave ».

Par la suite, l'imagination des décorateurs modifie le type classique Dans certains modèles, dits secrétaires « chiffonniers », la partie inférieure au lieu d'être disposée en armoire, contient trois rangées de tiroirs, ouvrant de toute la largeur, comme dans les commodes. D'autres, à côtés arrondis, présentent des rangs de tablettes de chaque côté de l'armoire, ouverts dans la partie supérieure, fermés par un panneau cintré dans le bas. D'autres sont entièrement garnis de tiroirs, en haut comme en bas, dissimulés par des portes à coulisse. D'autres enfin sont en trois parties au lieu de deux : au milieu le secrétaire à abattant, en bas des tiroirs ou une armoire, en haut une armoire plus petite dont les vantaux peuvent être vitrés.

SECRÉTAIRES-CABINETS

Sous Louis XVI, une modification du secrétaire-armoire donne le *secrétaire-cabinet* ou *serre-bijoux*. La partie supérieure est une armoire à abattant ou à vantaux, la partie inférieure une table à pieds droits, reliés souvent par une entretoise ou une tablette, avec un rang de tiroirs sous le dessus. C'est un meuble très riche, embelli de plaques de Sèvres, de marqueterie, de plaques de bronzes. Il est parfois arrondi sur les côtés, avec plusieurs rangs de tablettes ouvertes.

SECRÉTAIRES A ARCHIVES

Citons pour finir le *secrétaire à archives*, complément de la table à écrire ou bureau plat, au côté de laquelle on le range. C'est une armoire plate de 0^m350 à 0^m405 de profondeur, de même hauteur et de même largeur que la table, munie de portes latérales pour qu'on puisse les ouvrir aisément. Il est surmonté d'un casier contenant quatre cartons sur deux rangées et supportant un groupe de bronze ou une pendule. La hauteur totale du meuble est d'environ 1^m65.

Quand le secrétaire à archives n'est pas destiné à accompagner une table, l'armoire du bas s'ouvre comme un bas-de-buffet, et les cartons s'étagent sur cinq, six, et même huit rangs, à raison de deux sur la largeur. Le meuble, de construction architecturale, à pans coupés et à cimaise, mesure alors 2^m165 de hauteur sur 1^m30 de largeur.

On fait aussi des secrétaires à archives dont le dessus, en forme de pupitre incliné à 45°, ne dépasse pas 1^m20 ou 1^m135 de hauteur, de façon qu'on y puisse commodément écrire debout. Tout le corps du meuble est rempli par des cartons disposés sur cinq ou six rangées. Le dessus, en se rabattant, ferme le secrétaire comme dans les petits bureaux à dos d'âne.

V

LES BOIS D'ÉBÉNISTERIE

Nous avons donné, en décrivant les divers genres de meubles, quelques indications sur les bois employés à leur construction. On peut dire, d'une façon générale, que le hêtre et le noyer sont les seules essences utilisées par les menuisiers. Nous verrons plus loin qu'il n'en est pas de même des ébénistes. C'est exceptionnellement, dans les provinces où le poirier, le cerisier, l'alisier abondent, qu'on emploie ces bois pour des bâtis. Le hêtre est le bois des sièges par excellence, le noyer celui des tables et des commodes. Pour les armoires et les gros meubles, on évite de faire les panneaux en hêtre, parce que, si sec que soit ce bois, il se tourmente quand les panneaux atteignent une certaine dimension. Le chêne s'emploie pour le derrière des gros meubles, les fonds et les tiroirs, mais jamais pour les parties apparentes. On en fait cependant des armoires complètes, mais elles ne sortent pas des garde-robes. On les peint, on les vernit. On ne les polit pas, tandis que les meubles « parants » sont toujours polis.

POLISSAGE

Le hêtre et le noyer sont les bois qui prennent le mieux le poli, le premier et le plus simple des embellissements que nous ayons à envisager pour les meubles du

XVIIIe siècle. Il s'applique aux armoires, commodes, secrétaires, buffets, bureaux, tables à écrire, et autres meubles d'usage que les menuisiers mettent en vente, en bois apparent et naturel, à l'intention des gens de condition modeste, tandis que les ébénistes les présentent revêtus de placage et de marqueterie pour la clientèle riche. Voici comment on procède au temps de ROUBO.

Le meuble fini et passé au racloir, le menuisier le ponce à la peau de chien de mer et à la prêle, sorte de jonc très dur dont on fait un paquet serré. Puis il frotte la surface avec de la cire jaune, ordinairement mélangée d'un tiers de suif, qu'il échauffe en promenant le plus près possible du vase qui la renferme un poêlon de tôle, plein de charbons ardents ou un fer presque rouge. La cire bien entrée dans les pores du bois, on l'étend avec une brosse dure, puis on achève le poli en frottant avec un morceau de serge.

Le poli à l'eau s'exécute en raclant le meuble dans tous les sens avec un morceau de pierre ponce légèrement trempée dans l'eau, et on réitère l'opération jusqu'à ce que l'ouvrage soit parfaitement lisse, en le laissant sécher entre chaque reprise. On complète le travail en le « prêlant » — c'est-à-dire en le passant à la prêle — et en le frottant à la cire comme nous l'avons décrit. Pour les meubles communs, les menuisiers les imprègnent, à l'aide d'un linge ou d'une éponge, d'un mélange d'huile de lin et d'orcanette (racine colorante rouge) qui donne au bois une couleur brune et devient luisant avec le temps.

BOIS DE PLACAGE ET DE MARQUETERIE

Quand on veut donner aux meubles un embellissement de couleur ou de dessin, on a recours à la menuiserie de placage ou marqueterie, qui permet de revêtir un bâti de bois commun d'une enveloppe de bois précieux figurant des jeux de fond, des compartiments et même des dessins plus ou moins compliqués à l'aide de petits fragments découpés et collés. On emploie pour ce travail, réservé aux ébénistes, des bois indigènes et des bois rapportés des Indes.

Voici une liste des bois des « îles », telle que permettent de l'établir les traités du XVIIIe siècle. Nous avons essayé d'en identifier les essences, mais souvent sans succès, car, même encore aujourd'hui, on ignore de quels arbres proviennent certains bois importés des régions intérieures de l'Amérique. Nous imprimons en gros caractères les sortes les plus usitées en ébénisterie :

Acaja, rouge.

ACAJOU *(Swietenia Mahogani)*, rouge.

Aloès, bois d'aigle ou calambac *(Excoecaria agallocha, aquilaria agallocha, aloexylon agallochum)*, roussâtre et verdâtre, odeur aromatique.

AMARANTE *(copaïfera publiflora)*, violet brun, de couleur uniforme et sans veines (ce qui le distingue du bois violet), très en usage pour trancher avec le bois de rose.

Amourette, rouge brun.

Anis, badiane ou anisette *(illicium anisatum)*, gris brunâtre, odeur anisée.

5

Brésil, sapan, Fernambouc *(Cesalpina echinata)*, brun rouge.

Cannelle ou sassafras *(acrodiclidium chrysophyllum)*, blanc.

Cayenne, jaune, rouge, veiné — Voir Chine, œil-de-perdrix, épi de blé.

Cèdre *(laryx cedrus)*, rougeâtre et veiné, odeur forte et douce.

Cèdre jaune *(thuya excelsa ou orientalis)*, blanc roux, même odeur.

Chine ou bois de lettres *(brosinum Guyanensis et Machaerium Schombourgkii)*, rouge brun, marqué de taches noires imitant les lettres chinoises.

Citron ou bois de chandelle *(erithatis fructicosa)*, jaune roux, odeur de citron ou de muscade.

Campêche, bois d'Inde, ou laurier aromatique *(hoematoxylon campechianum)*, rouge, glacé de jaune, odeur forte.

Copaïba, rouge tacheté.

Copahu *(copaïfera officinalis)*.

Corail, rouge vif, veiné. — Voir Santal rouge.

Cyprès, jaune rayé.

Ebène *(Diospyros ebenum)* noir (tombé en désuétude).

Ébène de Portugal, noir et blanc, tacheté.

Ébène rouge ou grenadille *(astronium fraxinifolium)*, brun rougeâtre, rayé de noir, peut être le même bois que le courbaril.

Ébène verte, brun olive, rayé de vert.

Ébène blanche, blanc.

Épi de blé *(andira inermis)*, brun et rougeâtre, rayé.

Feréol ou bois marbré, blanc, tacheté de rouge: — Voir
 Satiné jaune.

Fer, fauve, brun et noir, un peu rayé (désigne toute une
 série de bois très durs).

Fustet *(rhus cotinus)*, jaune verdâtre vif, veiné de brun et
 de brun verdâtre.

GAYAC ou bois saint *(guaicum officinalis)*, vert et noir,
 rayé.

Gommier blanc, blanc veiné de noir.

Jacaranda, blanc et noir, de bonne odeur. — Voir
 Palissandre.

Lapiré, rouge et jonquille, de très bonne odeur.

Muscadier.

Œil-de-perdrix ou bois de perdrix *(robinia prouasensis)*,
 gris brun.

OLIVIER, jaune brun, rayé.

Oranger, jaune et blanc.

PALISSANDRE ou bois de Sainte-Lucie, gris brun, veiné,
 bonne odeur plus forte que celle du bois violet. Essence
 indéterminée qu'on croit appartenir au genre *dalbergia* et au genre *jacaranda*.

ROSE ou bois marbré *(physocalymna floribundum)*, jaune
 et rouge, rayé, odeur de rose, un des bois dont on fait le
 plus d'usage.

Rouge ou bois de sang, rouge foncé.

Santal citrin, jaune clair, et santal blanc, blanc roux
 (santalium album), odeur de musc et de rose.

Santal rouge ou caliatous, bois de corail *(pterocarpus
 indicus)*, rouge mêlé de jaune et de brun.

Satiné rouge *(ferolia guianensis)*, rouge et rouge veiné de jaune, très en usage.

Satiné jaune, fustoc ou clairembourg, dit aussi bois jaune *(morus tinctoria)*, jaune, couleur d'or ou veiné et ondé.

Violet, blanc vineux et violet rayé, odeur de violette très douce, arbre du genre *dalbergia*.

Les bois indigènes pouvant servir à la marqueterie sont moins nombreux et moins recherchés. On distingue :

Alisier, blanc.

Aune, rougeâtre.

Buis, jaune.

Cerisier, roussâtre, veiné.

Charme, blanc.

Cormier, rougeâtre.

Cytise, verdâtre.

Épine-vinette, jaune.

Érable, platane et sycomore, blanc roussâtre, veiné et ondé.

Faux acacia, jaune et verdâtre, rayé.

Frêne, blanc et jaune, rayé.

Fusain, jaune pâle.

Houx, blanc.

If, rougeâtre.

Merisier, rougeâtre, rayé.

Mûrier, blanc et jaune.

Noyer, noir veiné.

Osier, blanc.

Poirier, rougeâtre.

Pommier, blanc.

Prunier, blanc-roux et rougeâtre, veiné.
Sainte-Lucie, gris rougeâtre.
Sauvageon, blanchâtre.
Sureau, jaune.

L'apport des bois indigènes est, comme on le voit, à la fois inférieur à celui des bois exotiques par le nombre des essences et par la variété et l'éclat des nuances. Au bleu et au vert près, les bois des Indes fournissent aux ébénistes du XVIIIe siècle toutes les couleurs désirables. C'est une véritable palette du peintre en bois, que l'on peut composer ainsi :

Rouge : acaja, amourette, brésil, chêne, corail, campêche, rouge, santal rouge.

Rougeâtre : acajou, aloès, cayenne, cèdre, copaïba, lapiré, rose, satiné.

Jaune : citron, fustet, satiné jaune, canelle, santal citrin.

Jaunâtre : cyprès, olivier.

Fauve : fer, œil-de-perdrix.

Noir : ébène.

Violet : amarante.

Violet nuancé : palissandre, violet.

Verdâtre : aloès, gayac, cytise.

Blanc : canelle, santal blanc.

Blanc veiné : anis, cèdre, feréol, gommier, jacaranda.

TEINTURE DES BOIS

Les ébénistes suppléent aux nuances qui leur manquent en avivant par certaines teintures les couleurs des bois des îles, et en donnant des nuances variées, à l'aide également de teintures appropriées, à des essences indigènes incolores, l'alisier, l'aune, l'érable, le frêne, le houx, le poirier (pour le noir).

Vers 1770, voici les ingrédients en usage pour la teinture des bois :

Bleu. — Le bleu s'obtient avec de l'indigo délayé dans de l'acide sulfurique concentré, et étendu ensuite d'eau. Poudre d'indigo, 30 gr. 59, acide sulfurique, 122 gr. 36, eau 93 centilitres. Teinture à froid.

Jaune. — On teint en jaune en faisant bouillir ensemble : racine d'épine-vinette, ocre jaune et safran. La décoction de gaude donne également un très beau jaune. En l'additionnant de vert-de-gris, on obtient un jaune couleur de soufre. Le safran infusé dans l'alcool fournit un très beau jaune doré.

Rouge. — Pour avoir du rouge, on fait bouillir du bois de Brésil avec de l'alun. Sans alun, le brésil donne un rouge jaunâtre dit capucine (1). On obtient aussi une belle décoction rouge en faisant bouillir 500 gr. de laine à « débouillir » dans 372 centilitres d'eau.

Brun. — Le brun se tire d'une décoction de brou de noix, additionnée d'un peu d'alun.

Noir. — On fait un beau noir en trempant d'abord les bois dans une décoction de campêche, puis dans une décoc-

---

(1) Peut-être les tourneurs de sièges communs passaient-ils leurs bois à cette teinture, ce qui expliquerait le terme de chaise à la *capucine*.

tion de noix de galle et de sulfate de fer. On peut se contenter d'une seule teinture avec : noix de galle, une partie; sulfate de fer, une partie; campêche, six parties.

Gris. — Pour la teinture grise, on mélange une partie de sulfate de fer et deux parties de noix de galle.

Vert. — Le vert ne s'obtient pas directement. On teint d'abord en bleu, puis en jaune dans une décoction de gaude, ce qui donne un vert vif. Cependant, on peut faire une teinture en mélangeant de l'épine-vinette avec de l'indigo délayé dans l'acide sulfurique.

Violet. — On teint en violet avec une décoction de campêche mêlée d'alun. Mais on peut d'abord teindre en rose avec du débouilli de laine, puis en bleu, ce qui donne un violet clair.

Pour ces teintures, en somme assez restreintes et presque toutes tirées de colorants végétaux, les ébénistes emploient des pots de grès, — de préférence des pots à beurre — où ils laissent tremper les bois jusqu'à ce qu'ils soient profondément pénétrés, ce qui demande souvent quinze jours ou un mois et naturellement interdit l'emploi des teintures à chaud. Constatons toutefois qu'avec ces procédés bornés et minutieux, très loin des ressources infinies que la chimie met à la disposition de leurs successeurs, les ébénistes du XVIIIe siècle obtiennent des teintes séduisantes et capables, en même temps, de résister pendant des centaines d'années à l'action décolorante de la lumière.

MARQUETERIE

Tels sont les matériaux des ébénistes. Voyons maintenant comment ils les mettent en œuvre dans leurs ouvrages de marqueterie, opération fondamentale de leur art sous Louis XV et sous Louis XVI.

Les meubles destinés à être plaqués se composent d'un bâti en bois commun, construit selon les formes du moment et servant d'excipient au revêtement de bois précieux. Les ébénistes ne le font pas d'ordinaire eux-mêmes et en chargent les menuisiers qui emploient pour cet objet du chêne tendre, du sapin, du tilleul et même des sortes plus inférieures, telles que du bois de « bateau »(1), soit de chêne, soit de sapin, des douves de tonneau, du peuplier, du marronnier. Tout ce bois est présenté de droit-fil, pour prendre mieux la colle du placage.

On ne plaque généralement que des parties plates ou régulièrement cintrées. Aussi les meubles en marqueterie n'offrent-ils pour la plupart aucune moulure. Les saillies sont fournies par les ornements de bronze doré, et le décor emprunte son agrément aux combinaisons de dessin et de couleur des bois de rapport. Même lorsque l'ébéniste n'opère qu'avec une seule espèce de bois, le placage est susceptible d'une certaine variété de dessin par la disposition donnée aux joints et les figures formées par les fils du bois. Pour

(1) Bois provenant de la démolition des bateaux qui descendaient de la Bourgogne à Paris.

cela l'ouvrier a soin de rapprocher les feuilles (1), qui à la refente (c'est le découpage à la scie dans la pièce), se trouvaient l'une au-dessus de l'autre et présentent par conséquent les mêmes veines et les mêmes nuances. Puis il les réunit en croix, en pointe de diamant, en croix de Saint-André, en plate-bande, en rosace, en cœur, en losange, en damier, sans autre règle que son bon goût ou sa fantaisie. Chaque partie de la composition est généralement encadrée par des plates-bandes et des filets d'une autre nuance. Lorsque le marqueteur fait appel à des bois de nuances diverses, il procède de même par combinaisons géométriques, mais en compartiments plus petits. Le dessin est obtenu, comme dans la mosaïque, par la juxtaposition de petits polygones découpés dans des feuilles de placage d'épaisseur identique, mais de couleurs et de provenances diverses.

Quand on veut représenter des motifs plus compliqués: bâtiments en perspective, trophées de musique ou trophées champêtres, vases, oiseaux, paniers, fleurs, paysages, figures, on n'applique pas directement les découpures sur le meuble, mais on les assemble à l'envers sur une feuille de papier enduite de colle, et lorsque l'ouvrage est bien sec, on procède avec cette feuille de papier comme avec une feuille de placage ordinaire. Dans ce genre de marqueterie, que les traités de l'époque appellent « mosaïque ou peinture en bois », on donne à chaque pièce l'ombre qui lui est nécessaire par le moyen du feu ou des acides. Pour ombrer au feu, on

---

(1) L'épaisseur des feuilles de placage dans les ouvrages soignés du xviii* siècle est d'environ une ligne, 1 ⁒ 2266.

trempe à plusieurs reprises les pièces à ombrer dans du sable de rivière, très fin, porté à une chaleur capable de brunir le bois, sans cependant le brûler. Les acides en usage sont : l'eau de chaux additionnée de sublimé corrosif (deuto-chlorure de mercure), l'acide sulfurique concentré et l'acide azotique. On les emploie avec un pinceau ou le bout d'une plume, et on recommence l'opération autant de fois qu'il est nécessaire pour que les bois soient ombrés au degré convenable. Ce travail se fait avant l'assemblage des pièces sur le papier.

On arrive ainsi à de véritables mosaïques de bois de rapport, telles que les *intersiatori* d'Italie en imaginaient au xve siècle : « D'abord, dit A. JACQUEMART, ce furent des bouquets de fleurs avec leur coloris naturel, leurs feuilles variées de toutes les nuances de vert ; puis les trophées d'instruments de musique ou d'instruments champêtres se suspendirent à des rubans aux couleurs vives ; de la bergerie aux emblêmes amoureux, il n'y avait qu'un pas, et les carquois, les flambeaux couronnés par les colombes obligées, surgirent de toutes parts ; mieux encore, dans des médaillons entourés de guirlandes, on coucha les bergères aux robes de satin, parmi les verdures bocagères ; on vit les pastorales de BOUCHER envahir les panneaux des secrétaires, les flancs des commodes, et couvrir les bonheur-du-jour. »

Fait surprenant : tandis que les fameux placages d'écaille et de cuivre de BOULLE, exécutés sur des surfaces planes ou régulièrement arrondies, ne présentent qu'une solidité relative et demandent sans cesse des réparations, les ébénistes de Louis XV arrivent à plaquer leurs mosaïques, pour une durée presque infinie, sur les surfaces gondolées, boursouflées, tarabiscotées, de leurs commodes. Après des siècles d'existence, leur œuvre n'a pas plus souffert que ces mosaïques romaines, si solidement cimentées, que l'on met au jour dans les sables africains.

Il faut croire que la conscience du travail y est pour quelque chose, car les procédés de collage nous sont connus. Ils ne diffèrent guère de ceux d'aujourd'hui. L'ébéniste démonte le bâti du meuble pour plaquer chaque partie séparément : pieds, montants, dessus, etc. Il enduit la pièce de bonne colle forte dite d'Angleterre, bien chaude et un peu consistante. Il en fait de même de la feuille de placage, et rapproche exactement et rapidement les deux surfaces. Puis, à l'aide d'un outil spécial, le marteau à plaquer, il chasse la colle qui pourrait se trouver en excès en appuyant la panne du marteau sur la feuille et en le poussant en avant, jusqu'au bout, sans cesser d'exercer une pression égale. Quand il s'agit de grandes surfaces et que la colle devient mal coulante, on a recours au fer à chauffer, — masse de fer plate assez semblable au fer à repasser des tailleurs, — qu'on promène lentement sur les parties où la colle n'est plus suffisamment liquide. Si la surface à plaquer est cintrée, on colle la feuille de la même façon, mais on l'assujettit à l'aide d'une cale, serrée par des presses à vis, et d'un coussin ou sac de coutil rempli de sable, placé entre la cale et l'ouvrage dont il épouse toutes les sinuosités. Si la surface est par trop cintrée, on moule les feuilles à l'avance sur un fer chaud.

MARQUETERIE D'ÉCAILLE ET DE CUIVRE

Le marqueteur varie ses effets en faisant appel à d'autres éléments que la gamme des bois colorés. Il fait usage de métaux, cuivre jaune, étain, argent, or, de substances animales, écaille de tortue, ivoire, corne, nacre, burgaut, même baleine. Ces matières s'emploient par incrustation, et se fixent à l'aide d'un ciment ou mastic fait de quatre parties de poix résine, deux de cire jaune, une de poix noire.

D'ailleurs la marqueterie d'écaille et de cuivre découpés, en partie et contre-partie, n'est pas encore oubliée. Non seulement André-Charles Boulle ne meurt qu'en 1732, mais ses quatre fils, — ceux que Mariette appelle irrévérencieusement les singes de leur père, — travaillent dans le même style plus de vingt ans plus tard. Bien plus, on connaît des meubles décorés à l'imitation de Boulle — telle la commode droite, avec entrée de serrure au chiffre du comte d'Artois, de la vente Hamilton — jusque sous Louis XVI.

Le travail, chacun le sait, consiste à présenter à la fois au découpage une feuille de laiton et une feuille d'écaille, réunies l'une sur l'autre par quelques touches de colle, et à détacher à la scie le contours d'un dessin. Le découpage achevé, on procède au décollage et on obtient ainsi quatre feuilles, deux de fond et deux de dessin. En les rapprochant de nouveau et en les faisant alterner, on reconstitue sur le bâti du meuble deux plaques différentes, la première où l'écaille forme le dessin et le cuivre le fond, la seconde où inversement le cuivre forme le dessin et se détache sur le champ foncé de l'écaille. Cette marqueterie est la plus belle et s'appelle partie : l'autre se nomme contre-partie.

Ajoutons que l'écaille ne s'emploie pas toute nue, mais qu'on la double d'une couche de noir de fumée ou de vermillon, détrempée à la colle d'Angleterre et fixée par une feuille de papier que la couleur fait adhérer. On double de même la corne de bleu (indigo, bleu de Prusse), de vert (vert-de-gris cristallisé), de jaune et de vermillon, quand elle sert à faire de la fausse écaille.

POLISSAGE ET VERNISSAGE

Tous les ouvrages de placage, quelle que soit leur nature, doivent subir, quand ils sont parfaitement secs, un certain nombre d'opérations délicates dont le but est de faire ressortir leur veinage et de leur donner un brillant qui ajoute à la richesse de leur coloration.

Le replanissage s'effectue à l'aide d'un rabot de fer à dents et peu saillant. Il a pour effet d'enlever les souillures de colle qui peuvent rester à la surface de l'ouvrage et de le rendre tout à fait plan. Puis on exécute le polissage comme nous l'avons indiqué pour les ouvrages communs, mais avec plus de soin. Le racloir commence le travail. On passe ensuite la peau de chien de mer et la prêle. Le placage parfaitement uni, on en frotte toute la surface avec de la cire jaune, à l'aide d'un polissoir fait d'un faisceau de joncs imprégné de cire. La cire bien étendue, on en enlève le superflu au racloir et on achève le polissage avec un frottoir de bois. Pour les placages de bois rougeâtres, palissandre, amarante et autres, on sème sur la cire de la gomme laque en poudre qui avive la couleur. Pour les bois noirs, on emploie la colophane fondue avec du noir de fumée.

Comme les couleurs des bois des îles et des bois teints perdent leur éclat avec le temps, il est bon de les protéger par une couche de vernis. Pour cela, après avoir fini le meuble à la prêle et au tripoli, on le recouvre de vernis blanc ou vernis de Venise, ainsi formulé par Roubo :

Alcool	93 centil.
Sandaraque	152 gr. 95
Mastic en larmes	61 — 18
Gomme d'élémi	30 — 59
Huile de lavande	30 — 59

On peut mettre jusqu'à six couches de ce vernis sans obscurcir les couleurs. Quand la dernière couche est parfaitement sèche, on polit avec un tampon fait de lisières de drap roulées ou avec du buffle, sur lequel on met un peu de tripoli détrempé dans l'eau. On lave ensuite à l'eau claire et on essuie avec des linges blancs et fins.

VI

PEINTURE, DORURE ET LAQUE

La révolution opérée par l'architecte dans l'appartement du XVIIIe siècle est toute en élégance et en grâce. A la gravité des ornements dont on surchargeait les murs succèdent, dit Blondel, « toutes sortes de décoration de menuiserie légère, pleines de goût, variées de mille façons diverses ». Les sombres lambris, les énormes bas-reliefs de pierre ou de stuc ont fait leur temps.

Ce qu'il faut, ce sont des glaces, des murs peints en tons unis et clairs, encadrés de moulures et de baguettes sculptées et rehaussés d'or, décoration d'une distinction suprême dont le dessin de l'architecte fait tout le prix. « On colore presque tous les lambris en blanc, en couleur d'eau, en jonquille, en lilas... dont on dore les moulures et les ornements, ou bien l'on peint seulement les fonds d'une de ces couleurs, et la sculpture et les cadres d'une teinte plus pâle que le reste. »

Le mobilier se met à l'unisson et dans les intérieurs luxueux, le bois naturel est pour ainsi dire banni. Quand il ne se présente pas revêtu d'un placage de bois des îles, il figure sous un travestissement de peinture, de dorure ou de laque.

PEINTURE A LA DÉTREMPE

Les couleurs usitées pour peindre les meubles, et principalement les sièges, au XVIIIe siècle sont beaucoup plus variées qu'on ne pourrait croire. On emploie le blanc, le vert d'eau, le gris, le brun. On fait les ornements de sculpture et les moulures d'une couleur différente des champs : bleu sur blanc, jonquille sur vert, bleu sur jonquille, et ainsi de suite. Comme pour les lambris, on peint en « rechampi », c'est-à-dire qu'on détache les sculptures et les moulures en clair, et qu'on fait les champs de la même couleur, mais plus foncés.

Le procédé le plus en honneur pour les meubles soignés est une peinture à la détrempe que l'on revêt de vernis. WATIN lui donne le nom de « chipolin », de l'italien *cipolini*, peinture imitant le marbre à taches grisâtres dont on revêt les vestibules, les galeries, les escaliers. Résumons les opérations très minutieuses de ce chef-d'œuvre de la peinture industrielle.

Il faut encoller le bois avec de la colle de peau bouillante, mélangée avec du bouillon d'ail et d'absinthe, et additionnée de sel et de vinaigre, en ayant soin de bien imbiber les détails de sculpture. Puis on donne un apprêt de blanc, avec du blanc d'Espagne délayé dans de la colle chaude et non bouillante. On passe sept, huit ou dix couches de blanc, en ayant soin, pendant que les couches sèchent, de réparer les défauts avec un mastic composé de blanc et de colle. La dernière couche donnée, plus claire que les autres, on ponce l'ouvrage en mouillant, à l'eau très fraîche, la partie sur laquelle on opère. Il faut avoir soin d'atteindre le fond des moulures et des sculptures pour bien les vider. On achève ce nettoyage avec un fer à réparer et l'on dégorge tous les refends remplis de blanc, sans aller trop avant, de peur de faire des barbes au bois. L'ouvrage ainsi réparé, on pose la teinte choisie, détrempée à la colle, en l'étendant très uniment. On donne deux couches de couleur, puis deux couches d'encollage, d'une colle très faible, belle et claire, d'où dépend tout le succès du travail. Il ne reste plus, lorsque ces encollages sont secs, qu'à vernir à deux ou trois couches avec un vernis à l'alcool qui met la détrempe à l'abri de l'humidité.

PEINTURE A L'HUILE

La peinture à l'huile, vernie et polie, est presque aussi belle et présente de plus grandes garanties de durée. C'est celle qu'on emploie pour les équipages. L'ouvrage qu'on veut peindre reçoit une première couche de blanc de céruse broyé très fin, additionné d'un peu de litarge et détrempé à l'huile de lin coupée d'essence. Cette «impression» terminée, on fait un fond poli avec sept ou huit couches de « teinte dure », c'est-à-dire de blanc de céruse broyé à l'huile grasse et détrempé à l'essence. On ponce à l'eau et à la pierre ponce en poudre. Puis on peint de la couleur choisie, broyée à l'huile et détrempée à l'essence, à trois ou quatre couches. On donne ensuite deux ou trois couches de vernis blanc à l'alcool, et on termine par un dernier polissage avec de la ponce en poudre et de l'eau.

PEINTURE AU VERNIS

Quand on recule devant les difficultés et les longueurs de ces deux procédés, on emploie les couleurs au vernis, plus coûteuses, mais plus expéditives. Après avoir encollé, apprêté de blanc et réparé le bois, comme pour la peinture à la détrempe, on pose une première couche de la teinte choisie, broyée et détrempée au vernis, soit à l'alcool, soit à l'huile. Cette première couche bien sèche et frottée à la toile rude, on en étend une seconde, mais avec moitié moins de couleur dans la même quantité de vernis. La dose de couleur diminue encore dans la troisième couche. La dernière est du vernis pur.

Voici le prix moyen auquel on estimait, en 1774, la peinture en couleur rechampie des meubles les plus usités :

	Livres
Lit à la polonaise de deux places . . .	18 à 30
Lit à la turque de deux places	20 à 30
Fauteuil	2 l. 10 s. à 5
Chaise	2 à 3
Duchesse	10 à 15
Ottomane ou canapé	15 à 18
Écran	3 à 5

DORURE EN DÉTREMPE

Les apprêts pour la dorure en détrempe sont les mêmes que pour la peinture, mais il n'est pas inutile de les rappeler. Après avoir encollé, apprêté de blanc et réparé le bois, on le dégraisse pour lui rendre sa première propreté à l'aide de linges mouillés, de brosses douces et de petites éponges. Dès qu'il est sec, on le prêle légèrement, c'est-à-dire qu'on le frotte avec un paquet de branches de prêle en ayant soin de ne pas user le blanc. L'ouvrage apprêté, adouci, réparé, dégraissé et prêlé, on le jaunit à l'aide d'une teinture d'ocre jaune, délayé à la colle de peau, qu'on applique très chaude et qu'on prêle légèrement quand elle est sèche. Puis on pose trois couches « d'assiette ».

L'assiette est une composition qui sert à « asseoir » l'or. Les doreurs la composent de bol d'Arménie, d'un peu de sanguine, d'un soupçon de mine de plomb et de quelques gouttes d'huile d'olive. Ils la détrempent dans une colle de peau légère et un peu chauffée, et l'étendent avec une petite brosse de soie de porc, à poils doux.

Les trois couches d'assiette sèches, on frotte avec une toile neuve et sèche les surfaces unies où l'or doit rester mat, et l'on donne deux autres couches d'assiette aux parties que l'on doit brunir. On applique ensuite les feuilles d'or, en mouillant, à l'eau fraîche, la partie sur laquelle on opère; et en faisant passer sous chaque feuille posée une goutte d'eau qui l'étend et la fait adhérer, en évitant qu'il n'en passe au-dessus, ce qui tacherait l'or. Il ne reste plus qu'à polir et lisser avec un caillou uni, dit pierre à brunir, les parties qui doivent être brunies et à passer une couche légère et claire de colle sur les parties destinées à rester mattes. Si l'on découvre des endroits oubliés ou détériorés, on corrige ces petits défauts en remettant des parcelles d'or. On donne à l'ouvrage tout son feu et tout son éclat en le couchant de « vermeil », mélange de sang-de-dragon, de rocou, de gomme-gutte, de safran et de cendre gravelée (lie de vin calcinée), dans de l'eau gommée.

OR VERT, FONDS SABLÉS ET AVENTURINES

Si l'on veut obtenir de l'*or vert* ou des parties d'or vert, il faut remplacer tout ou partie de la couche d'ocre jaune par une couche de blanc de céruse, avec une pointe de bleu de Prusse et de stil de grain jaune (baies de nerprun ou graine d'Avignon), qui donnent un ton vert d'eau. Pour l'*or citron* on n'incorpore à la céruse qu'une pointe de stil de grain.

Pour avoir des *fonds sablés*, on sème sur la couche de blanc, avant de jaunir, du sable fin passé au tamis. On retourne l'ouvrage qui rejette le sable qu'il ne peut pas retenir. Quand il est sec, on y passe une seconde couche de blanc et l'on jaunit.

Les fonds *aventurinés* sont un peu plus délicats d'exécution. Si on veut les appliquer en détrempe, on donne les encollages et les blancs d'apprêt. Si l'on veut employer l'huile, on étend les couches d'impression et de teinte dure. Puis on passe une couche de la teinte choisie, verte, rouge ou bleue, et l'on saupoudre, avec un tamis, de l'aventurine argentée, que l'on laisse sécher deux ou trois jours. On donne ensuite une seconde couche de couleur très claire, qui sert à glacer l'ouvrage sans masquer l'aventurine, et l'on vernit à dix ou douze couches au vernis à l'alcool (mastic en larmes, sandaraque et térébenthine de Venise). Pour l'aventurine dorée, on couche du stil de grain et du blanc de céruse, et l'on glace avec du vernis à l'or.

DORURE A L'HUILE

Les premières opérations pour la dorure à l'huile sont les mêmes que pour la peinture, sauf que la première impression de blanc se fait par parties égales de blanc de céruse et d'ocre jaune.. Les couches de teinte dure données, et l'ouvrage bien sec, on le ponce à l'eau et à la pierre ponce en poudre, puis on lui donne quatre à cinq couches de vernis à la laque. Lorsqu'elles sont sèches, on polit à la prêle, puis à la potée et au tripoli, jusqu'à ce que le vernis soit uni comme une glace, et on donne une couche d' « or couleur ». C'est une mixtion grasse et gluante, faite avec les restes de couleur qui se déposent dans les pinceliers où les peintres nettoient leurs pinceaux, et qu'on expose au soleil pendant l'espace d'une année. Dès que cette couche d'or couleur donnée au meuble est suffisamment sèche et prête à « happer » l'or, on pose les feuilles les unes à côté des autres, en appuyant l'or dans les fonds et les détails de sculpture avec du coton. L'ouvrage sec est épousseté avec un blaireau très doux, on le vernit avec un vernis à l'alcool, spécial à l'or : gomme-laque, gomme-gutte, sang-de-dragon, rocou et safran, pour lui donner du feu et de l'éclat, puis avec un vernis gras blanc au copal, dont on donne deux ou trois couches. On polit avec une serge et on lustre avec la paume de la main, frottée d'huile d'olive.

Au moment de la mode des ornements à l'antique,

la dorure se fait « à la grecque », sans qu'il faille pour cela faire remonter l'honneur du procédé aux contemporains de Périclès. C'est une dorure à l'huile. L'ouvrage encollé reçoit deux ou trois couches de teinte dure à la colle, composée pour un tiers de blanc d'Espagne et pour deux tiers de blanc de céruse, de talc et de sanguine calcinés. On dégorge le bois, on le répare, on l'adoucit, puis on couche l'assiette sur les endroits qu'on veut brunir, on applique l'or et on brunit. Ceci fait, on donne trois ou quatre couches de vernis à la gomme-laque sur les parties qu'on veut tenir mates, on les polit à la prêle, on couche l'or couleur et on applique l'or comme nous l'avons dit plus haut. On pose un vernis à or à l'alcool et on donne deux ou trois couches de vernis gras. Cette dorure ne s'écaille pas et peut être lavée.

Le prix moyen de tous ces ouvrages est relativement élevé. En 1774, les tapissiers comptent :

	Livres
Fauteuil	21 à 30
Chaise	18 à 24
Lit à la polonaise de deux places	120 à 300
Lit à la turque de deux places	140 à 300
Duchesse	60 à 80
Ottomane ou canapé	60 à 90
Écran	10

LAQUAGE ET VERNIS-MARTIN

Un autre décor, très usité pour les meubles, est le *laquage* ou imitation des vernis de la Chine.

La mode commence par l'emploi de véritables laques

rapportées de la Chine ou du Japon à la fin du XVIIᵉ siècle. On en revêt des commodes, des secrétaires. L'ébéniste sacrifie des panneaux de cabinets ou des feuilles de paravent, venus d'Extrême-Orient, qu'il refend à moitié de leur épaisseur pour les diminuer ensuite au rabot jusqu'à 0^m0210. Il les plaque ensuite sur son bâti, en les entourant avec des ornements ou des cadres de bronze pour dissimuler les éclats inévitables.

Une matière aussi rare, et qu'on paie au poids de l'or, ne peut suffire à satisfaire les caprices du jour. Dès le second quart du XVIIIᵉ siècle on fabrique des ouvrages en imitation des vernis de la Chine. Voici comme on procède.

On emploie des panneaux de tilleul, d'érable, de buis, de poirier, bien secs et soigneusement polis. On y colle une mousseline très tendue pour empêcher le bois de se tourmenter (pour les grands ouvrages, on étend de la filasse), et on donne cinq ou six couches de blanc de Bougival, détrempé à la colle de peau et attiédi. Cet apprêt bien sec, poli à la prêle, puis à la pierre ponce et au tripoli, on prépare le fond noir avec du noir d'ivoire détrempé au vernis gras, au karabé ou au vernis de gomme-laque à l'alcool. On donne de huit à vingt couches de noir, en les faisant sécher au four pour le vernis gras, à une chaleur douce pour le vernis à l'alcool, et on polit. La pièce ainsi préparée est prête à recevoir le dessin qui s'exécute à la pointe de bois très dur ou même à la pointe de fer, puis le décor, qui se fait à plat ou en relief.

Pour le décor à plat, le laqueur repasse au pinceau

tous les objets dessinés, avec un mordant composé du même vernis que le fond, mais additionné de vermillon pour servir d'indication. Lorsque le mordant est aux trois quarts sec, on le saupoudre d'or ou d'argent. Quand tout est sec, on brunit.

Pour le décor en relief, on se sert d'une pâte composée de blanc d'Espagne et de terre d'ombre détrempés au vernis gras, suffisamment malléable pour pouvoir être distribuée au pinceau. On modèle ainsi en bas-relief : figures, animaux, paysages, montagnes, terrasses, maisons. Lorsque la composition est parvenue à l'épaisseur désirée, on laisse sécher la pâte, soit au soleil, soit à l'étuve ; on prêle, on polit, on ajoute au burin les plis de draperies, les traits des visages, les détails des paysages, on repolit et on passe sur les reliefs une couche ou deux de vernis de gomme-laque à l'alcool, dans lequel on a mis du noir d'ivoire. Pour les draperies, on emploie du vermillon. L'ouvrage ainsi disposé est prêt à recevoir l'or ou l'argent qui s'applique, comme nous l'avons dit, en poudre sur un mordant, et se brunit au brunissoir.

Laques à plat, laques en relief peuvent se faire en faux. Les opérations sont les mêmes, mais au lieu d'or, on se sert de bronze. On laque ainsi en diverses couleurs : rouge, vert, jaune.

VERNIS-MARTIN

C'est par cette imitation en faux des laques de la Chine et du Japon que commence la réputation du fameux MARTIN et de ses frères. Mais ils y joignent l'exécution des ouvrages de peinture vernissée, à motifs français, du genre BOUCHER ou PILLEMENT qu'on désigne du nom générique de *Vernis-Martin*.

Comme tous les artisans d'autrefois, les MARTIN ont leurs secrets d'atelier, leurs « tours de main », qui donnent l'excellence à leurs travaux. Mais ils ne méritent pas, à proprement parler, le nom d'inventeurs. Leurs procédés ne diffèrent guère de ceux que nous venons de décrire. Ils en font cependant mystère et l'arrêt en faveur de leur industrie, rendu en 1753, tout en prétendant les décrire, ne nous renseigne guère à leur sujet :

« Quand les ouvrages (ceux qu'on se propose de décorer) ont acquis leur premier état (c'est-à-dire la forme et la consistance nécessaires), on les polit et unit avec la lime ou la râpe pour recevoir les couleurs qu'on veut leur donner; ensuite, on les vernit. On peut appliquer les couleurs de différentes manières, soit en les alliant et les mêlant avec le vernis, soit en les appliquant par compartiment, en façon de guilloché, ou autrement, en y passant par dessus un vernis poli, soit enfin en mêlant avec un vernis gommeux des poudres et limailles de métaux qui s'incorporent avec le vernis, et par l'arrangement desquelles le peintre fait sur cet ouvrage tel dessin que son goût lui fait inventer. »

Tâchons de préciser. Le Vernis-Martin se fait sur panneaux de bois, préalablement recouverts d'un apprêt et poncés minutieusement. On peint sur fond de couleur, ou plus souvent, sur un fond métallisé en poudres d'or, de bronze ou d'aventurine, appliquées à la mixture selon les procédés que nous avons décrits. Les couleurs, délayées au vernis, sont ensuite recouvertes d'un vernis, secret de MARTIN, mais que le peintre-doreur WATTIN, après de longues recherches, prétend composé d'après la formule suivante :

« Sur 500 grammes de copal fondu, jettez 125, 184 ou 250 grammes d'huile de lin cuite et dégraissée. Quand l'incorporation est faite, retirez du feu en remuant toujours. Après que la chaleur est apaisée, jetez y 500 grammes d'essence de térébenthine. Si vous voulez qu'il se perfectionne, passez le par un linge et le gardez : plus il est conservé, plus il prend de qualité en se clarifiant. »

Le Vernis-Martin s'applique surtout aux équipages et aux menus objets, tels que tabatières, boîtes ou étuis. Mais on rencontre souvent certaines formes de meubles laqués par ce procédé, telles ces demi-commodes bombées et ventrues, de dimension restreinte, à deux tiroirs, haut montées sur des jambes graciles, que les MARTIN ou leurs émules semblent avoir particulièrement adoptées.

VII

BRONZES, MARBRES, PORCELAINES

Jusqu'ici nous n'avons passé en revue que les décorations du meuble tirées du bois lui-même où de son embellissement par la peinture et la dorure. Nous allons aborder maintenant les éléments étrangers : bronzes, marbres ou porcelaines, que l'ébéniste applique sur son ouvrage pour le rehausser et l'enrichir, et dont il tire d'heureux effets, à condition de ne pas les prodiguer au point de nuire aux lignes constructives.

BRONZES

De quelque nature que soient les ouvrages d'ébénisterie (marqueterie ou placage), ils sont presque toujours ornés de *bronzes*. Entendons-nous. Ceci ne veut pas dire que les menuisiers refusent à leurs meubles en bois plein : sièges, tables, armoires et le reste, tout décor de cuivre ou de bronze, mais comme ces ouvrages sont presque toujours ornés de moulures ou de sculptures, l'adjuvant de bronze, sauf aux entrées de serrures ou aux tiroirs, devient une superfétation. Au contraire, la marqueterie exigeant des surfaces planes et proscrivant sculptures et moulures, les rehauts de bronze deviennent presque une nécessité.

Jamais, en tout cas, on n'en fait plus fréquent ni plus heureux usage. Le XVIIIe siècle est le siècle des bronzes.

Comme le décor de métal est indépendant du bâti du meuble, et qu'il n'a à obéir à aucune considération de statique ou de technique de construction, la fantaisie et l'imagination s'y donnent libre carrière. On va même trop loin. Certaines commodes sont recouvertes d'un si exubérant réseau d'or moulu que les lignes architecturales disparaissent.

Nous parlons, bien entendu, des bronzes rapportés (rinceaux, agrafes, guirlandes) et non des bronzes ou cuivres incrustés (cadres, bordures à compartiments, filets) qui font partie intégrale de l'ouvrage.

L'exécution des bronzes dépend absolument du modeleur, du fondeur, du ciseleur, du doreur, mais tous ne travaillent que de concert avec l'ébéniste qui dirige leurs opérations, au moins pour la forme intérieure des pièces, celle qui s'applique sur le meuble dont elle doit épouser exactement les contours. Il décide aussi de leur relief ou de leur saillie. Il indique les endroits où ils doivent être coupés ou repercés pour les diverses ouvertures des tiroirs ou des portes. Non seulement l'ébéniste dessine lui-même ses bronzes, pour en réserver la place dans ses motifs de marqueterie, mais certains maîtres, on le sait, comme ANDRÉ BOULLE ou CRESSENT, les modèlent eux-mêmes et les fondent dans leur atelier.

En nous reportant au *Mémoire* d'ŒBEN, pour l'exécution du bureau de Louis XV, où les bronzes jouent un si grand rôle, on voit le maître ébéniste disposer d'abord ses bronzes, en cire, sur la maquette réduite du meuble, puis, le bâti construit, modeler sur l'ouvrage même tous les ornements : figures, guirlandes, fleurs, vases, cassolettes, pendule, moulures, quart-de-rond et palme, lès mouler en plâtre, faire les creux pour la fonte, les fondre à cire perdue et les ajuster une première fois sur le meuble au sortir du moule. Il les démonte ensuite complètement, les donne au ciseleur, les remet en place et les fixe à l'aide de vis et écrous non apparents. Soyons sûrs que, pour les ouvrages de luxe qui font la gloire de nos musées, la parfaite adaptation des embellissements d'or moulu au bâti d'ébénisterie n'a pu être obtenue différemment.

Les bronzes s'attachent habituellement avec des petits clous de cuivre ou des vis en bois, à tête ronde et dorée, qu'on place dans les endroits les moins apparents, tels que les fonds ou les revers de feuilles. Dans les grands ornements, le fondeur réserve des « jets » ou goujons, placés de distance en distance derrière les bronzes, et taraudés pour les faire passer à travers le bâti et les arrêter en dedans avec des écrous.

Les meubles qui se prêtent le mieux au décor de bronze sont : les tables à écrire (moulures au pourtour du dessus, sur l'arête des pieds dans toute leur hauteur, au pourtour des tiroirs, chutes ou motifs d'angle au sommet des pieds, mains et entrées aux tiroirs, sabots aux pieds);

les commodes (chutes au sommet des montants, rinceaux encadrant les panneaux et les tiroirs, mains et entrées aux tiroirs, sabots aux pieds);

les bureaux à cylindre (rinceaux ou moulures au pourtour de la table, entrées et mains aux tiroirs, chutes et sabots aux pieds, galerie au-dessus du serre-papiers, moulures et rinceaux sur les côtés) ;

les secrétaires-armoires (chutes au sommet des montants, moulures et rinceaux encadrant les panneaux, cimaise et galerie ajourée, rosaces sur les pieds et motifs sur la traverse du bas, entrées aux diverses ouvertures).

Généralement, les sièges ne comportent pas de bronzes.

STYLES DES BRONZES

Le modelé des bronzes suit l'évolution des styles : « D'abord, dit excellemment ALBERT JACQUEMART, les chicorées peu saillantes, dessinant des courbes agréables, s'unissent à des palmettes et à des lauriers, comme pour protester contre un divorce absolu avec le siècle précédent, tout en révélant des tendances nouvelles ; plus tard, sous l'impulsion de MEISSONNIER, toute timidité a disparu : les hardiesses de la forme sont tellement effrénées que la débauche du cuivre n'a plus rien qui surprenne ; elle se fait excuser d'ailleurs par l'immense talent du ciseleur... Vers la fin du règne on peut prévoir la réforme qui va s'accomplir, les chicorées se font plus sages, les frises à rosaces, les chutes de culots et les fleurs se soumettent à une sorte de discipline : le meuble prend une apparence plus tranquille et plus régulière. »

Dès 1760, les contours s'assagissent. On revient à la symétrie, à la mesure. Les bronzes sont aussi parfaits, mais ils n'envahissent plus le meuble. Ce sont des motifs à l'antique : frises, cannelures, moulures, bagues, chapiteaux, mêlés aux légers motifs des guirlandes, des fleurettes, des trophées de musique ou de jardinage, des carquois, des flèches, des torches ou des colombes. Beaucoup plus qu'aux époques précédentes, la partie incrustée ou rapportée en filets, plates bandes, moulures, cadres, joue un rôle important. On incruste des filets de cuivre jusque dans les cannelures des pieds. Tout cela constitue un décor discret et sans tapage, d'un relief beaucoup moins accusé que sous Louis XV, mais d'un goût et d'une élégance incomparables.

DORURE DES BRONZES

Les bronzes sont le plus souvent dorés. La belle dorure, dite « or moulu », s'exécute à chaud, à l'aide d'un amalgame de mercure et d'or (1 partie d'or contre 8 de mercure). On jette les deux métaux dans un creuset porté au rouge, on remue doucement, et quand l'or est fondu et incorporé au mercure on plonge l'amalgame dans l'eau pour l'appurer et le laver, puis on sépare l'excédent de mercure, qui n'est pas uni avec l'or, en pressant l'amalgame avec les doigts à travers un morceau de chamois ou de linge.

Pour l'appliquer, on commence par dérocher la pièce à dorer, c'est-à-dire par la décrasser à l'acide azotique ou à l'acide nitrique, on la frotte avec une brosse spéciale, la « gratte-boésse », et on la lave. On la couvre ensuite d'amalgame avec la gratte-boésse en l'étendant le plus également possible. Puis on la met au feu sur la grille à dorer, au-dessus d'une poêle pleine de feu, ce qui fait évaporer le mercure et ne laisse que l'or. Si, pendant la chauffe, on aperçoit des défauts, on répare en rajoutant de l'amalgame aux endroits où il en manque.

Pour les belles dorures, on ne s'en tient pas à une seule application. On frotte l'ouvrage au mercure et à l'acide azotique, et l'on redore deux, trois ou quatre fois, jusqu'à ce que la couche d'or atteigne l'épaisseur de l'ongle.

Il reste enfin à mettre en couleur, ce qui se fait avec une pâte dont on enduit la pièce dorée. On la porte ensuite au feu, on l'y laisse jusqu'à ce que la pâte soit brûlée, on « grattebosse » et on brunit. Les spécialistes ont chacun leur recette dont ils font mystère. Voici deux formules de pâte usitées en Allemagne et reproduites par le *Dictionnaire des sciences* :

Crayon rouge	30 gr.	59
Cire jaune	61 —	18
Vert-de-gris	22 —	95
Sulfate de zinc	22 —	95
Borax	15 —	30

Autre recette :

Cire jaune ou rouge	61 gr.	18
Sanguine	30 —	59
Sulfate de zinc	15 —	30
Vert-de-gris	3 —	82
Borax	3 —	82

CUIVRES

Les ouvrages de cuivre ordinaire se dorent à la feuille qu'on applique sur le métal, chauffé à la température convenable. On ne donne qu'une, deux couches au plus.

Roubo prône la recette suivante pour les vernir :

Ambre jaune	15	gr.	30
Gomme laque	15	—	30
Safran en poudre	0	—	45
Sang de dragon	0	—	50
Alcool	305	—	

Ce vernis, dit d'Angleterre, s'applique sur les pièces préalablement chauffées.

MARBRES

Le *marbre* s'emploie en tablettes pour les commodes, les consoles, les tables, les bas d'armoire, les secrétaires-armoires et autres meubles du même genre. La variété des teintes et des dessins est si considérable que nous ne croyons pas inutile de donner une liste des principaux marbres en usage au XVIIIe siècle, avec leur couleur et leur aspect :

Africain. — Rouge brun, veiné de blanc sale et couleur chair avec filets verts.

Auvergne. — Rose mêlé de violet, de vert et de jaune.

Barbesan. — Noir, taches et veines blanches.

Bleu turquin. — Gris bleu ondé, avec stries blanches et noires.

Bourbonnais. — Jaune, rouge et bleu.

Brèche. — Nom commun à plusieurs sortes de marbres, formés d'un aglomérat de cailloux par taches rondes et sans veines. On distingue :

Brèche d'Alep. — Gris brun noirâtre avec prédominance de jaune.

— antique. — Mêlée de blanc, de bleu, de rouge, de gris et de noir.

— coraline. — Avec quelques taches couleur de corail.

— dorée.

— isabelle. — Grandes plaques de couleur isabelle, avec taches blanc et violet pâle

— d'Italie. — Noir, blanc et gris.

— noire. — Mêlée de gris brun et de taches noires, avec quelques petits points blancs.

— des Pyrénées. — Fond brun, mêlé de diverses couleurs.

— savarèche. — Fond violet et brun, avec grandes taches blanc et isabelle.

— Sauveterre. — Taches jaune, gris et noir.

— de Vérone. — Mêlée de rouge pâle, de rouge cramoisi et de bleu.

— violette. — Gris, blanc et rouge sombre, reliés par une pâte violacée tirant sur la lie de vin.

Brocatelle ou brocatelle d'Espagne (semblable au brocard ou brocatelle). — Fond jaune, veiné de quelques couleurs plus brunes.

Campan. — Voir Vert campan.

Campan mélangé. — Fond rose, grosses veines rouges et réseau de petites mailles vert tendre.

Carrare. — Blanc.

Cipolin. — Tirant sur le vert par grandes veines concentriques qui ressemblent à des tuniques d'oignon.

Dinan. — Noir pur, blanc et noir, blanc et rouge.

Fleur de pêcher. — Mêlé de taches rouges et blanches, un peu jaunâtre.

Gauchenet. — Rouge brun, avec quelques taches et veines blanches.

Givet. — Noir, veiné de blanc.

GRIOTE D'ITALIE — Rouge foncé avec marbrures noires et œils de perdrix blancs.

LANGUEDOC. — Rouge vif, avec grandes veines et taches blanches.

Laval. — Noir, avec quelques veines blanches.

Liège. — Noir.

Lumachelle. — Mêlé de coquilles et de madrépores, gris, noir et blanc.

Margosse. — Fond blanc, avec quelques veines brunes.

Namur. — Noir tirant sur le bleuâtre.

Œil de paon. — Mêlé de taches rouges, blanches et bleuâtres.

Paros. — Blanc.

PORTOR. — Noir, veiné de gris et de blanc, jaspé de jaune orange.

Rance. — Rouge sale, mêlé de veines et taches blanches et bleuâtres.

SERANCOLIN ou marbre d'Antin. — Coulées jaunes, rouges,
 grises et violacées.
Signan. — Vert brun avec taches rouges.
Sainte-Baume. — Blanc et rouge, mêlé de jaune.
VERT CAMPAN. — Vert clair, avec marbrures vert foncé,
 coupées de traits gris.

PORCELAINES

Un dernier élément d'embellissement, — nous ne parlons pas des mosaïques en pierres dures dont le travail depuis
Colbert est retourné aux Florentins — vient de l'emploi
des plaques de *porcelaine* ou de biscuit de Sèvres. C'est le
directeur de la manufacture JEAN-JACQUES HETTLINGER,
qui a le premier l'idée, vers 1783, d'appliquer la porcelaine à
la décoration des meubles, tout au moins dans l'ébénisterie
de grand luxe. Sans doute ce Suisse se souvient des « cabinets » enrichis de plaques d'argent, de mosaïques et de
porcelaines que ses compatriotes fabriquent aussi bien que
les Munichois ou les Augsbourgeois. Les plaques de Sèvres
constituent le plus riche et le plus élégant décor de l'ameublement Louis XVI, mais on ne les voit figurer que sur les
ouvrages de choix. De grande dimension, lorsqu'ils doivent
garnir l'abattant d'un secrétaire ou le panneau d'une armoire, on les fait très réduits pour les enchâsser sur la
traverse d'une table. Les ébénistes les incrustent sur les
dessus de table, sur les traverses. Ils en décorent les caisses
à fleurs, les coffrets à bijoux, les bas d'armoire. Leurs cou-

leurs inaltérables et séduisantes reproduisent tous les motifs de style Louis XVI, corbeilles de fleurs soutenues par des nœuds de rubans, guirlandes de roses, bouquets, sujets galants ou champêtres, figures ou animaux. C'est d'un effet décoratif charmant.

VIII

GARNITURES DE SIÈGES ET DE LITS

Qu'il s'agisse de canapés, d'ottomanes, de duchesses, ou de banquettes, de chaises, de fauteuils, les sièges ne comportent ni décor de marqueterie, ni application de bronzes. En revanche, ils se prêtent à l'agrément de toutes sortes d'étoffes et sont susceptibles de recevoir, ainsi que les lits, un embellissement de soieries, de toiles peintes ou de tapisseries interdit aux autres meubles.

CANNAGE

Ce n'est cependant pas à l'art du tapissier que revient la plupart du temps, le garnissage des sièges d'usage, mais à celui des « canneurs ». Les sièges garnis de *canne* (chaises, fauteuils, banquettes, canapés), sont encore en 1723, un article d'importation. SAVARY, dans son *Dictionnaire du commerce*, écrit au mot CANNE : « Rotin... dont on fait, en les fendant par morceaux, ces meubles de canne, dont on fait un si grand usage et un si grand commerce en Angleterre et en Hollande, et qui commence à passer en France. » La grande mode du cannage ne remonte donc pas avant 1735, ou 1740, utile constatation qui oblige à rajeunir d'une vingtaine d'années des sièges cannés, manifestement construits pour ce genre de garniture et qu'on s'obstine à donner au règne de Louis XIV.

Le cannage se fait avec des brins de rotin, refendus à 0^m003 de largeur pour les brins principaux, à 0^m0021

pour les plus étroits. Les trous destinés à recevoir la canne sont disposés soit sur le siège lui-même, soit sur un châssis. Ils sont percés à 0ᵐ0105 d'intervalle l'un de l'autre. On leur donne environ 0ᵐ004 de diamètre et on les tient à 0ᵐ008 au moins du bord de la pièce. Ils ne sont pas percés perpendiculairement, mais dirigés les uns en dedans, les autres en dehors pour moins couper le fil du bois. Quant aux dossiers, on pratique des rainures dans lesquelles passent les brins de rotin qu'on recouvre ensuite par des morceaux de bois collés.

La contexture du cannage se réduit à une triple opération : « l'ourdissage », qui consiste à tendre dans le sens de la hauteur une série de filets doubles ; le « montage » où l'on dispose dans le sens de la largeur une seconde série de filets doubles en les faisant passer alternativement en-dessus et en-dessous des premiers ; la « garniture », qui consiste à placer des filets de canne d'un tiers plus larges que les autres dans une direction diagonale.

GARNITURES D'ÉTOFFE

La mise en place des *garnitures d'étoffe* ressortissant uniquement de l'art du tapissier, nous pourrions nous dispenser de lui donner place dans notre ouvrage, mais il ne nous semble pas inutile de fournir quelques notions sur cette pratique, ne serviraient-elles qu'à faire reconnaître si les meubles que nous achetons ont conservé leur ancienne garniture ou si on leur en a confectionné une nouvelle.

Pour garnir un siège, l'ouvrier commence par disposer

sur le fond un revêtement de sangles tendues à la tenaille et « broquetées », c'est-à-dire fixées par des broquettes ou petits clous de fer à large tête à pans coupés. La ceinture du siège est pourvue, sur le devant, d'un bourrelet de crin, puis le fond de sangle est garni d'une quantité suffisante de crin, qu'on recouvre d'une première enveloppe de toile (le fond du dossier se fait en toile à carreaux). Le tapissier tend ensuite l'étoffe de garniture, damas, velours, siamoise, toile peinte, tapisserie, la fixe de distance en distance par quelques broquettes, la coupe à la dimension du siège et la fixe sur les bords à l'aide de clous dorés, dont les trous ont été préparés au poinçon.

Certains fauteuils sont disposés à châssis pour les sièges et les dossiers, à mortaise pour les accoudoirs, de façon à pouvoir changer les garnitures selon les saisons. Les meubles en tapisserie sont presque toujours dans ce cas.

Bergères, ottomanes, duchesses, lits de repos passent par les mêmes étapes pour les premières opérations de garnissage. Mais une fois le revêtement de sangle et le bourrelet de crin posés, le reste de la garniture du siège devient mobile. C'est un simple carreau (coussin), mollement rembourré et reposant sur le fond des angle. Dossiers et accoudoirs, par contre, suivent les modèles de ceux des fauteuils.

Pour les lits, contentons-nous d'énumérer succinctement les diverses parties qui constituent les genres les plus à la mode, tout en faisant remarquer qu'il est à peu près impossible aujourd'hui de rencontrer un lit Louis XV ou Louis XVI qui ait conservé au complet sa garniture de l'époque.

Le lit à colonnes comporte une impériale, portée par les colonnes, avec plumets aux angles ; pente (bande d'étoffe pendante) extérieure, petite pente intérieure et ciel ; deux rideaux relevés par des agrafes ; un fond derrière le dossier ; quatre cantonnières (bandes d'étoffe recouvrant les colonnes) ; une garniture de dossier ; un traversin ; une courte-pointe ; une pente qui s'agrafe à la courte-pointe et aux colonnes pour cacher les pieds.

La composition du lit à la duchesse est sensiblement la même, mais, vers la fin du siècle, la pente extérieure de l'impériale et la pente des pieds sont relevées en feston par des agrafes avec glands. Les rideaux sont également retroussés au dessus du chevet par deux larges nœuds avec glands.

Le lit à la polonaise demande un baldaquin, surmonté de plumets d'autruche, avec pentes festonnées, épousant la courbe des S de soutien, et petites pentes extérieures ; quatre rideaux tenant aux colonnes, avec agrafe en étoffe, rosette et gland ; quatre cantonnières ; deux dossiers, deux traversins ; une courte-pointe ; une pente festonnée pour les pieds. Les panneaux du châlit sont généralement tendus d'étoffe.

Le lit à la romaine ne diffère de celui-ci que par la moindre hauteur des colonnes et par la forme des courbes, qui, au lieu d'être cintrées en S, ont la forme d'un arc uniformément renversé. Les rideaux présentent deux retroussis.

Enfin, dans le lit à tombeau, les rideaux sont réunis, deux à deux, par une pente qui enveloppe la tête et le pied du lit.

Sous Louis XVI, la mode des tentures de sièges se développe à un point incroyable dans les appartements luxueux. On drape de festons les entre-jambes des banquettes, des bergères, des chaises-longues. C'est un motif à gracieux retroussis dont les tapissiers-décorateurs tirent tout le parti possible.

SOIERIES

L'*étoffe* la plus en usage pour toutes sortes de meubles, c'est le damas. Rappelons-le. Il s'agit d'une étoffe de soie contrastée de parties mates (taffetas) et brillantes (satin) comme le damassé du linge de table. Elle est solide, résistante et réversible, ce qui permet de l'utiliser sur chaque face et de la retourner quand elle est usée ou tachée. La couleur la plus répandue est le rouge cramoisi. On fait aussi du damas jaune, du bleu, du vert, du damas de deux couleurs (le fond d'une couleur, le dessin d'une autre), du damas même de trois couleurs (le fond d'une couleur, le décor de deux couleurs).

Vers le milieu du siècle, on recouvre les beaux meubles en lampas, qui n'est qu'un damas plus riche, à fond de satin avec dessins de trames variées et opposées.

Le gros de Tours, dit quinze seize (de sa largeur qui fait les 15/16e d'une aune) est un beau taffetas, fabriqué à l'origine à Tours. Il s'emploie surtout en tentures ou en dessus de lit.

Le droguet, innovation lyonnaise, où la chaîne sert autant que la trame à rendre les effets du dessin, donne les plus charmants assortiments de décor Louis XVI.

Un meuble d'été se fait en taffetas à fleurs ou chiné. Sur les sièges couverts en tapisserie ou en damas qui servent pour l'hiver, on met d'habitude, pour l'été, des housses ajustées de taffetas.

Le velours ciselé ou uni, et même le velours ras de soie et coton servent à garnir les sièges. Le velours d'Utrecht, fil et poil de chèvre, est toujours recherché pour le même usage, car il est plus solide et moins cher que le damas. La moquette, fil et poil de chèvre, ne s'emploie que pour les sièges ou banquettes d'antichambre.

On use du satin pour les dessus de lit piqués et pour certains sièges d'apparat, de la moire, tout soie ou fil et soie, pour tous les meubles. La siamoise, fil et coton, sert rarement aux sièges, sauf pour les carreaux ou coussins. Mais le camelot moiré, tout laine ou laine et fil, est l'étoffe la plus estimée après la moire. La serge ne s'emploie que pour les lits.

En 1774, les prix courants des tapissiers cotent à l'aune :

		Livres
Damas de Gênes	. . . .	15 à 17
— de Lyon	. . . .	11 à 15
— de Tours	. . . .	10 à 14
— commun	. . . .	8 à 10
— de trois couleurs	. . .	20 à 24
Lampas	. . . .	24 à 30
Taffetas à fleurs	. . . .	8
Taffetas d'Angleterre	. .	7 l. 10 s. à 8 l. 10 s.
— de Florence	. . . .	5 l. 10 s. à 6 l.
Gros de Tours	. . . .	12 à 17

	Livres
Moire de soie	8 à 9
— fil et soie	6
Satin	3 à 5
— de Bruges	3 l. 10 s.
Brocatelle	8 à 11
Camelot moiré	2 l. 4 s. à 2 l. 12 s.
Velours ciselé	36 à 50
— uni	24 à 36
— de Hollande	9 l. 10 s. à 11 l. 10 s.
— d'Utrecht	7 à 10
— ras	5 l. à 5 l. 10 s.
Moquette	4 l. à 4 l. 15 s.
Siamoise	3 à 5
Serge	30 s. à 4 l.

Quant au dessin de ces étoffes, il suit l'évolution des styles. Au décor à retour symétrique du xviie siècle succède, sous Louis XV, la fantaisie et l'imprévu ; aux larges rinceaux conventionnels, aux gros fruits, aux grosses floraisons, se substituent des détails décoratifs légers, naturels où la fleur joue le premier rôle. L'ordonnance la plus courante est celle de lignes verticales sinueuses et parallèles, composées de rubans, dentelles, fourrures, plumes, cordelières, ou simplement florales. Des bouquets s'y relient ou s'isolent dans les vides. La chinoiserie, la turquerie, d'autres engouements passagers de la mode, y donnent leur note éphémère, jusqu'à ce que le retour à l'antiquité ramène les ordonnances classiques et la symétrie. Remarque curieuse, et que nous devons à la sagacité de Raymond Cox : on ne trouve, pour ainsi dire, pas de rocailles dans les soieries Louis XV. Les étoffes qui en comportent datent de Napoléon III où l'on eut la prétention de reconstituer un style qui n'en tissa pas.

Sous Louis XVI, le décor des soieries suit deux courants principaux. Le premier est caractérisé par les rayures verticales rigides, plus ou moins espacées, sur lesquelles viennent se jouer tiges fleuries, branches fruitées, bouquets, guirlandes, et tout le répertoire obligé des paniers, corbeilles, rubans, flûtes, tambourins, houlettes, instruments champêtres. Dans le décor Pompéien, la symétrie est la règle générale avec les compartiments lozangés, les médaillons, les arabesques imitées de l'antiquité, les attributs de dieux et de déesses, les vases antiques, les trépieds, les animaux fabuleux, les ruines, les architectures en perspective.

TOILES PEINTES

Les *toiles peintes* de toute sorte servent à garnir de beaux meubles, surtout à la campagne. Au début du siècle, on les importe encore de l'Inde, malgré les prohibitions. La marchandise de contrebande se vend librement dans les enclos de Saint-Germain-des-Prés, du Temple, de Saint-Jean-de-Latran, et autres lieux privilégiés. Ces « chittes » de l'Inde, ou ces Perses sont entièrement peintes à la main, sans le secours d'aucun bois d'impression. Le dessin lui-même, obtenu par un décalque au poncis, est tracé avec une liberté qui laisse voir des « repentirs », des traits croisés ou échappés, bref une composition où pas un motif n'est reproduit deux fois intégralement. Il en est de même des couleurs, qui, tantôt dépassent les contours, tantôt n'arrivent pas à les couvrir, et qui présentent une diversité incroyable dans les dispositions des détails. A partir de 1760, au contraire, on emploie des toiles peintes de fabrication européenne imprimées par bois gravés, dont les plus minutieux détails et jusqu'aux moindres défauts se reproduisent fatalement dans chaque report du dessin.

C'est le décor floral qui sert de thème aux toiles de l'Inde, grandes tiges arborescentes aux rinceaux largement étalés, sur lesquels s'épanouissent des fleurs d'un éclat et d'une grosseur irréels : mangliers, pavots, tulipes, anémones, œillets, chrysanthèmes, roses, daturas, pivoines, magnolias. Des oiseaux y mêlent leur plumage brillant. Les toiles françaises copient ce décor aux gammes lumineuses, mais elles cherchent surtout à imiter — à moins que l'inverse ne se produise — les soieries façonnées de Lyon, ou les tapisseries de Beauvais. Vers 1780, le plus fameux des indienneurs français : OBERKAMPF, imagine de faire graver de grandes planches de cuivre de plus d'un mètre, où s'étalent librement de grands dessins de fleurs ou de ramages, des scènes à figures et à animaux spirituellement groupées. De 1783 à 1789, la manufacture de Jouy met au jour les chefs-d'œuvre de HUET, ces camaïeux rouges, bleus, bistrés ou amarantes, représentant : *la Balançoire, les Délices des quatre saisons, les Plaisirs de la ferme, l'Hommage de l'Amérique à la France, Au loup !, les Quatre parties du monde, la Chasse au cerf, le Sacrifice à l'amour, l'Escarpolette, les Occupations villageoises, l'Aérostat dans le parc* du château, *l'Education maternelle*, *le Couronnement de la rosière*, *la Fédération*, sans parler d'autres compositions d'artistes plus ordinaires, telles que : *la Pêche maritime, le Départ pour le marché, la Kermesse flamande, le Ballon de Gonesse, l'Education à la campagne, le Mariage de Figaro.* Une centaine d'autres manufactures produisent, à la même époque, avec plus ou moins de perfection et de bonheur, l'indienne de meuble. La plus célèbre est celle d'Orange.

On estime en 1774 :

	Livres
Perse de choix (en pièce de 3 aunes et demie) .	144
— ordinaire (en pièce de 10 aunes)	192
— anglaise (— 10 —)	288
Toile d'Orange	3 à 10
Indienne	35 s. à 3

TAPISSERIES

Les *tapisseries* de haute et de basse lisse n'apparaissent pas avant la Régence dans la garniture des sièges. Peut-être même faut-il reculer jusqu'en 1720, l'exécution des premiers modèles de ce genre à Beauvais. Auparavant, les meubles sont recouverts de tapisserie au petit point et la Savonnerie fournit pour le roi ou les princes des « dessus de formes » (housses) en velours, avec chiffres, globes, casques, dauphins, cygnes, fleurs, et le reste. Mais on ne trouve sur les sièges ni haute ni basse lisse. Les bois de l'époque Louis XIV, que l'on présente garnis de tapisseries clouées, l'ont été, selon toute vraisemblance, ultérieurement à la date de leur exécution.

Les plus répandues et les moins coûteuses des tapisseries de sièges se font à Aubusson et à basse lisse. Les prix de la manufacture sont en effet quatre fois moindres que ceux des Gobelins. Malheureusement, nous sommes assez mal fixés sur les sujets tissés au XVIIIe siècle. Nous savons seulement qu'on reproduit les *Fables de la Fontaine* et les cartons d'OUDRY, *Animaux* et *Chasses*. HUET et RANSON, sous Louis XVI, fournissent de gracieux modèles de fleurs et d'arabesques.

L'assortiment de Beauvais est mieux connu. De 1722 à 1790, on peut passer en revue presque tous les sujets sortis de l'imagination des peintres de la manufacture, et destinés à recouvrir canapés, sophas, bergères, fauteuils, cabriolets, voyeuses, gondoles, banquettes, chaises, écrans ou lits. Deux canapés, peints par DUPLESSIS, entre 1722 et 1724, ouvrent la galerie, peut-être avec des sujets empruntés à l'*Ile de Cythère*, à moins qu'il ne s'agisse de vases de fleurs. En 1736, paraissent les *Fables de La Fontaine*, d'après J.-B. OUDRY, qui défrayent l'atelier pendant plus de quarante ans : *la Lice et sa compagne, les Deux chèvres, le Lion et le sanglier, le Renard et les raisins, le Loup et le renard, le Renard et le buste, les Poissons et le cormoran*. En 1755, c'est *la Noble pastorale*, d'après BOUCHER, qui, combinée avec les animaux d'OUDRY, fournit un sopha et huit fauteuils. On prend pour le dossier du sopha : *la Joueuse de flûte* ou *la Pipée aux oiseaux*, pour le siège : *le Brouetteur* ou *le Berger*. Les dossiers des fauteuils ont pour sujets : *le Pêcheur, la Pipée, le Déjeuner, la Dormeuse, le Pigeon portant une lettre;* les sièges : *le Faisan, le Dogue et la Cigogne, le Renard, les Canards, le Chien en arrêt, les Moutons, le Moulin à vent, le Moulin à eau, le Dogue et le cygne, le Chien et le faisan.* En 1761, le sopha dit d'*Apollon* s'accompagne de huit fauteuils : *l'Astronomie, la Comédie, l'Architecture, le Génie, l'Histoire, la Peinture, la Sculpture, la Musique.*

La suite des *Jeux russiens*, par LE PRINCE, remonte à 1769. Le sopha évoque la *Danse* ; les huit fauteuils : la *Petite fille et son chat*, la *Laitière*, le *Petit batelier*, la *Marchande de poissons*, le *Musicien*, la *Jardinière*, la *Bergère*, le *Petit officier*. L'écran représente le *Maître d'école*. Le meuble complet se vend 2456 livres.

Trois ans plus tard, FRANÇOIS CASANOVA donne une suite plus complète encore avec les *Amusements de la Campagne.*

Le sopha a pour dossier un *Homme à cheval* ou un *Ane portant des paniers d'œufs*; pour siège une *Femme conduisant son troupeau* ou un *Homme sur une bourrique*. Les dossiers et les sièges des huit fauteuils sont composés de sujets analogues : hommes, femmes, cavaliers avec des ânes, des chèvres, des vaches, des moutons, des chevaux, des mulets. Le paravent de huit feuilles représente un *Cavalier rouge sur un cheval blanc*, un *Maréchal*, un *Mulet abattu*, un *Mulet sur un pont*, une *Femme qui trait une chèvre*, un *Berger dormant*, une *Femme sur un âne*, un *Homme tenant un paquet dans les bras*. Les deux dormeuses — lisons sans doute veilleuses — ont pour dossier le *Maréchal et le mulet abattu*; pour siège *la Femme qui trait une chèvre* et la *Femme sur un âne*. Les deux bergères présentent sur le dossier : un *Cavalier et chien*, une *Femme avec une vache blanche*, et sur le siège : un *Homme sur un âne*, une *Femme à cheval*. Le meuble (canapé et huit fauteuils) vaut 2000 livres.

De 1778 à 1780, le même CASANOVA compose *l'Éducation ou les Quatre âges*, douze fauteuils à figures. Dossiers : *la Pêcheuse et son nègre, la Faiseuse de filet, la Femme debout qui tient son chien, la Dormeuse, l'Homme qui présente le bouquet, la Gouvernante qui promène l'enfant, la Femme au lit de repos, le Petit garçon et son âne, l'Homme habillé de bleu, la Femme qui dort, l'Agneau qui tête sa mère, la Laitière.* Sièges : *la Femme sur l'âne, la Femme couronnée par l'Amour, le Buveur, le Piqueur, la Balançoire, la Bouquetière, le Dénicheur d'oiseaux, la Femme qui tient une lettre, la Femme qui puise de l'eau, la Bergère assise, la Femme qui lit.*

En 1780, les charmantes pastorales de J.-B. HUET, à draperies bleues et arabesques : *la Pêche, l'Offrande à l'amour, l'Escarpolette, la Moisson, la Ferme, le Mai, la Danse à deux*, servent à garnir deux canapés, un écran, huit fauteuils et quatre bergères. Dossiers : *le Canard et le caniche, la Danse du chien, l'Amazone, le Joueur de musette, la Pêche à la ligne, la Chasse à cor, le Joueur de tambourin, la Joueuse de guitare.* Sièges : *Attributs champêtres, le Chien et les oies, Attributs de la musique, Repos de chasse, le Coq et la poule, le Chat et le paon, le Rendez-vous de chasse, le Coq d'Inde.*

L'amusante suite des *Convois militaires*, de CASANOVA, date de 1787. Deux sophas, huit fauteuils, deux écrans composent ce « meuble militaire », si souvent remis sur le métier sous l'Empire. Les dossiers figurent : un *Hussard le mousquet sur l'épaule*, deux *Cavaliers à la suite du chariot*, un *Hussard le sabre à la main*, la *Conversation sur la caisse*, le *Pourvoyeur*, un *Trompette*, la *Voiture de bagages*, un *Domestique le fouet à la main*. On voit sur les sièges : un *Officier à redingote bleue*, l'*Artillerie*, un *Officier à manteau écarlate*, un *Cavalier sanglant son cheval*, un *Berger*, un *Domestique*, un *Officier passant l'eau*, la *Cuisine*. Le meuble complet : 4000 livres.

Les *Sciences et les Arts*, d'après LAGRENÉE (1788), comprennent deux canapés ou sophas, figurant l'un *le Commerce*, l'autre, *l'Agriculture*, et douze fauteuils : la *Renommée*, la *Sculpture*, la *Peinture*, la *Géométrie*, l'*Optique*, la *Musique*, l'*Astronomie*, l'*Architecture*, la *Mécanique*, le *Génie*, le *Commerce*. Enfin en 1790, Le BARBIER donne les *Parties du monde*, deux canapés et onze fauteuils, les dossiers à figures, les sièges à paysages (1).

Nous ne parlons pas des compositions florales, guirlandes, bouquets, gerbes, entremêlées de rubans, d'arabesques, de trophées, d'animaux. Ils échappent à la description, à la fois par leur nombre et par leur variété.

Les Gobelins se montrent plus rebelles à la mode, et refusent longtemps leurs métiers aux tapisseries de meuble. C'est en 1748 seulement que la première commande, un canapé et quatre fauteuils, sort de l'atelier. Les dossiers des fauteuils sont d'EISEN, les sièges de LENFANT. Ils repré-

(1) En 1784, dans un inventaire des meubles de la manufacture, les canapés sont prisés de 300 à 460 livres, les fauteuils de 75 à 130, les écrans 72 livres.

sentent les *Quatre parties du monde*, avec paysages et animaux. Sur le canapé, un *Port de mer*. En 1750, la marquise de Pompadour fait exécuter, aux Gobelins, le meuble du château de Bellevue et quelques autres. CHARLES COYPEL et LEMAIRE CADET composent, pour le roi, le magnifique canapé à jour l'*Amour*. On fait des fauteuils à fleurs et à fond cramoisi pour accompagner les tentures de *don Quichotte*. On exécute également des meubles dans le style chinois. TESSIER et JACQUES, deux admirables peintres de fleurs, composent de 1753 à 1775, une série charmante de bouquets et de guirlandes, de rinceaux fleuris et d'arabesques qui défrayent, avec les modèles de RANSON, la manufacture dans le genre meuble jusqu'à la la fin du régime.

CUIR

Nous ne serions pas complet si nous ne mentionnions les garnitures de *cuir* très en honneur pour les fauteuils de toilette, où la poudre gâterait tout revêtement d'étoffe. On en fait aussi des carreaux ou coussins pour les lits de repos. On en garnit les dessus de tables à écrire, les tablettes mobiles, les abattants des secrétaires, les serre-papiers.

Le maroquin vert ou rouge (chèvre du Levant) est la seule peau employée pour les sièges et les coussins. Pour les tables à écrire, on use également du maroquin noir, et on le remplace dans les meubles à bon marché par la basane (peau de mouton) ou la peau de veau.

IX

VALEUR DES MEUBLES

Comme les objets d'art, les objets d'ameublement ont une *valeur* très variable et qui peut subir pour deux pièces de la même catégorie un écart non pas du simple au double, mais au triple, au quintuple, au décuple. Il est donc impossible de dire à l'avance aux acheteurs : une chaise Louis XV cannée vaut telle somme, un fauteuil Louis XVI, recouvert de tapisserie de Beauvais, n'est pas cher à tel prix. Le pourrait-on que l'estimation, exacte une saison, cesserait de l'être six mois plus tard, tant les fluctuations dans le monde de la curiosité et du bibelot sont soudaines et imprévues. Il suffit pour s'en rendre compte de voir quels écarts surprenants séparent parfois, dans les ventes à l'encan les appréciations des experts et les prix d'adjudication.

Tout ce que l'on peut donc faire connaître pour guider l'acheteur se réduit à quelques conditions de forme, de conservation, de rareté, qui peuvent influer, et influent en réalité, sur le prix des meubles. Il apprendra ensuite — par l'expérience personnelle, que rien ne peut remplacer — en marchandant, en achetant, en vendant ou en regardant vendre, à appliquer du premier coup d'œil un prix approximatif, sur un objet, tout au moins quand il ne sort pas de la catégorie courante. Pour les pièces exceptionnelles, les *rariora* de la curiosité, qui atteignent, dans les ventes, de sensationnelles enchères, seul les grands experts peuvent risquer une appréciation. Encore ne correspond-elle pas toujours à la réalité.

ÉTAT DE CONSERVATION

Avant tout, n'achetez que des meubles en très bon état. Le meilleur marché, quand il s'agit d'un bois vermoulu, d'un bâti disloqué, d'un assemblage incomplet, est encore trop cher. Même ancien, le meuble est un objet d'usage. Un siège Louis XVI est fait pour s'asseoir, tout aussi bien que le plus vulgaire fauteuil de la Troisième République. Si vous êtes obligé d'y faire des réparations vous ne pouvez jamais prévoir à l'avance comment elles seront exécutées, ni à quel prix le travail du praticien vous reviendra.

Il n'en est pas de même du meuble que l'on achète tout réparé. On peut se rendre compte de son état et l'on n'achète pas chat en poche. Mais il y a réparation et réparation. Il y en a de vénielles, telles qu'un éclat remplacé dans le placage d'une commode, une feuille ou un ruban refait dans un motif sculpté ; il y en a de graves, telles qu'un pied remplacé à un siège, un dossier refait, un panneau de marqueterie reconstitué. C'est affaire d'appréciation, et surtout d'observation, car souvent le vendeur n'avertit pas son client des réparations d'un meuble, ou s'il lui en fait remarquer quelques-unes, il dévoile les inoffensives pour ne pas avoir à répondre sur les autres.

On comprend donc qu'un bois, en parfait état de conservation, n'ayant subi aucune réparation, est une denrée rare et précieuse. Mais il y a tout intérêt pour l'acheteur à s'adresser au-dessus du panier plutôt qu'aux pêches à quinze sous. La belle marchandise, bien pure, ne perd jamais de sa valeur. Elle gagne, au contraire, avec le temps et avec la hausse croissante et interrompue des cours.

GARNITURES ET DORURES ANCIENNES

Il en est de même pour les garnitures et les revêtements de peinture, de vernis ou de dorure. Mais, sur ce point on peut se montrer moins difficile. Bien rares sont les bois qui sont parvenus jusqu'à nous avec leur dorure ou leur peinture primitive. Ceux qui ont gardé leur habit du temps, nous le présentent avec de telles détériorations qu'il est pour ainsi dire impossible de ne pas leur en donner un autre. D'ailleurs, il faut une grande habitude et même un coup d'œil de praticien pour discerner, sans se tromper, si une dorure est ancienne ou non. Exécuté d'après les procédés et avec le soin des artisans du XVIIIe siècle, l'ouvrage ne doit pas présenter de différence sensible, puisque l'or est une matière que le temps n'altère pas. Très rares, également, les sièges qui ont conservé leur garniture, et surtout qui l'ont gardée assez fraîche pour qu'on ne soit pas obligé de la jeter aux guenilles. Peut-on, raisonnablement, mettre dans un salon ces fauteuils vénérables au velours d'Utrecht, entièrement rapé, au rembourrage de crin tellement écrasé que le fond s'affaisse et s'effondre plus bas que le bois du siège? Mieux vaut un siège auquel on aurait redonné une garniture nouvelle, mais également ancienne, de velours de soie ou de toile de Jouy. Quant aux lits, c'est encore plus délicat. Il n'existe peut-être pas vingt lits du XVIIIe siècle, encore en place, avec leurs draperies primitives. Le soleil, la poussière, ou simplement le temps, ont fait justice des étoffes et ont obligé à les remplacer, ou bien, à un moment quelconque, l'intervention du tapissier a modifié la disposition primitive du décor.

Ne nous étonnons donc pas, devant la rareté du cas, si la conservation des garnitures : soieries, tapisseries, velours, toiles peintes, avec leurs accessoires de galons, de clous dorés ou argentés, l'intégrité de la dorure ou de la peinture de l'époque soient des éléments de premier ordre dans l'évaluation des prix.

BRONZES D'ÉPOQUES

Il en est de même des bronzes. Clairsemés sont les meubles qui nous sont arrivés avec leur embellissement de bronze fondu, ciselé et doré à l'or moulu par les émules de CAFFIÉRI, de GOUTHIÈRE et de THOMIRE. On peut même dire, en thèse générale, que plus ces bronzes sont beaux, plus il y a de chance pour qu'ils soient modernes. Dans la tourmente révolutionnaire, et plus encore peut-être dans la première moitié du XIXe siècle, où tout ce qui touchait au Louis XV ou au Louis XVI n'avait aucun prix, on avait relégué les commodes dans les greniers ou les chambres de bonnes, mais en les dépouillant de leurs bronzes dorés dont la matière était valeur monnayable.

Aussi, quand un bureau à cylindre, une commode Louis XV ou Louis XVI, une table à écrire ont gardé intact leur décor d'or moulu, les marchands en font-ils une condition d'élévation de prix. Bien entendu, cette majoration est en rapport avec l'importance des bronzes qui peut varier, par exemple, pour une même forme de commode Louis XV, depuis les simples poignées et entrées de tiroirs jusqu'à un véritable réseau de chutes, de sabots, d'appliques, de guirlandes, de frises, sous lequel disparaît presque le bâti de bois. De tels chefs-d'œuvre n'ont pas de prix (1).

ÉLÉGANCE ET BEAUTÉ DE TRAVAIL

A qualité égale de conservation, les meubles varient de valeur avec le fini et l'élégance des formes ou la beauté des matériaux.

La main-d'œuvre du XVIIIe siècle, pas plus que la nôtre, n'était partout de qualité égale. Il y avait des maîtres menuisiers excellents, d'autres médiocres, et quelques-uns mauvais. On travaillait mieux à Paris, à Lyon, à Bordeaux qu'à Quimper ou à Pézenas, et si l'on trouvait souvent dans de simples paroisses, aujourd'hui à peine pourvues d'une auberge et d'un bureau de tabac, d'excellents praticiens du bois, la production rurale ne valait pas la production urbaine. Certes, quand nous voyons à côté de notre fabrication mécanique, les meubles du XVIIIe siècle, nous aimons

, (1) Il en est de même des tapisseries de Beauvais et même d'Aubusson, des plaques de Sèvres, etc.

chez tous indistinctement ces légers défauts, ces hésitations, ces repentirs, ces gaucheries d'outil qui dénoncent un travail fait de main d'artisan. Mais, il faut en convenir, tout cela, c'est de la malfaçon, et si un peu de maladresse n'est pas faite pour nous déplaire, pas trop n'en faut. On descendrait facilement jusqu'au meuble rustique, et du meuble rustique on tomberait à la bûche.

On ne doit donc pas s'étonner *a priori* de la plus-value singulière que prend un meuble signé d'un nom fameux. Les maîtres-ébénistes avaient une marque qu'ils frappaient à froid au fond des tiroirs, dans les dessous des meubles ou sur le sommet des montants des commodes. Soulevez le marbre et vous trouverez souvent leur nom, précédé des initiales M. B. « maître-ébéniste ». C'est une garantie de fabrication soignée, et un meuble signé : Riesener, N. Petit, Carlin, P. Roussel, Migeon, Cressent, Leleu, ne peut manquer d'être, sinon un chef-d'œuvre, du moins un ouvrage d'excellente qualité. Mais il ne faut pas pousser trop loin la superstition de la signature, pour les meubles comme pour les tableaux. De ce qu'un bureau porte une signature, le plus souvent parfaitement inconnue, il ne s'ensuit pas qu'il vaille mieux qu'un modèle excellent qui se présente tout à fait dépourvu d'estampille. Et puis, il y a, comme nous le verrons tout à l'heure, les tours de Scapin, du truquage. Plus un meuble est faux, plus il est signé.

Ce qui ne trompe pas un acheteur suffisamment exercé, c'est l'élégance des formes. Avant tout, c'est à cette première recommandation des yeux qu'il faut se fier pour l'appréciation de la valeur marchande. Il y a, n'en doutez pas, commode et commode, et un modèle élégant, élancé de formes, dégagé sur des pieds élevés et bien cambrés, réduit aux proportions d'un meuble de boudoir, vaut dix fois un lourd modèle carré, d'énormes dimensions, et presque sans pieds, même s'il est d'aussi bonne exécution.

Pour la même raison, la qualité des matériaux employés donne un prix considérable à un meuble. Jamais un bureau de dame, en bois indigène : hêtre, noyer, poirier, cerisier, ne pourra rivaliser avec un modèle plaqué de bois des îles, encore bien moins, avec un ouvrage de marqueterie.

DEGRÉ DE RARETÉ

On pourrait donner aussi comme un élément de premier ordre dans la détermination du prix des objets d'ameublement leur degré de rareté. On ne se contente pas aujourd'hui de rechercher des pièces isolées : tables, commodes, consoles, bureaux ou sièges, et de les disperser dans un appartement pour le plaisir des yeux. On veut réunir un ensemble complet de l'époque : salon, chambre à coucher, cabinet de travail ou salle à manger. Depuis la paire de badines du foyer, jusqu'à l'écritoire du secrétaire à abattant, il faut que tout soit ancien, et l'on paie fort cher, — quand on les trouve, — des meubles que le collectionneur d'autrefois n'aurait jamais songé à rechercher, tels que des tables de nuit ou des bidets. Un petit fauteuil à coiffer est plus difficile à trouver qu'un simple fauteuil, une chaise-longue, qu'un canapé, un cartonnier qu'une commode, une bergère qu'une chaise.

Puis, il faut tenir compte de la mode. Si la belle marchandise se vend toujours son prix, il n'en est pas moins vrai que le goût des collectionneurs subit des flux et des reflux souvent inattendus, mais d'une sérieuse influence sur les cours des meubles. Aujourd'hui, par exemple, les modèles Renaissance ou Louis XIV sont moins recherchés que les délicates ébénisteries Louis XVI. Qui aurait songé, il y a quarante ans, à faire la chasse aux meubles Empire? Il a fallu les pièces de Sardou et les livres de M. Frédéric Masson pour nous faire trouver un charme à l'acajou de JACOB DESMALTER.

PROVENANCES CÉLÈBRES

Un dernier élément, et non le moindre, influe aussi sur la cote de l'ameublement ancien. C'est la provenance. Une pièce, qui provient d'une grande collection, acquiert par cela même, indépendamment de ses qualités intrinsèques de conservation, d'élégance, de richesse ou de rareté, une plus-value considérable, faite bien plus de la notoriété attachée au nom de l'amateur qu'au discernement qu'on suppose avoir présidé à son choix. C'est ainsi que certains meubles passent de cabinets en cabinets, de collections en collections, acquérant chaque fois un titre de noblesse de plus et un chevron d'enchère, à moins que, par des revirements de fortune, qui ne sont pas sans exemple, un expert plus avisé que ses confrères ne s'aperçoive que ce meuble, devenu presque historique par sa glorieuse carrière de surenchères, n'est qu'un faux-noble, un geai paré de plumes de paon, et, d'un seul coup, la lumière étant faite, le marteau du commissaire-priseur s'abat sur une dépréciation de plusieurs beaux billets de mille.

Tout cela, il faut le savoir pour pouvoir mettre un prix sur un meuble. Mais rien ne remplace l'éducation de l'œil. Il faut observer le plus possible, regarder dans les musées, chez les antiquaires, dans les collections particulières, dans les expositions qui précèdent les ventes aux enchères, et payer de sa personne et de sa bourse de nombreuses et coûteuses expériences. Quand vous aurez acquis trop cher une pièce médiocre ou douteuse, soyez tranquille ! vous trouverez toujours un ami assez charitable pour vous en prévenir. Si les loisirs vous manquent pour vous livrer à cet apprentissage, n'hésitez pas. Remettez-vous-en à un professionnel honnête, comme on en trouve plus souvent qu'on ne pourrait croire. Vous paierez cher, mais vous en aurez pour votre argent.

X

TRUQUAGE

Bien avant la crainte de payer trop cher, le collectionneur met la terreur de se voir colloquer du moderne pour de l'ancien. Autrement dit, sa bête noire, c'est le *truquage*. Ils ont fait du chemin, messieurs les faussaires depuis le jour où Paul Eudel, en créant le mot, dénonçait avec un sérieux qui pourrait passer pour de la mystification des ruses telles que les coups de bâton destinés à simuler des chocs et à avilir un meuble, ou les coups de fusil à charge de cendrée pour produire des trous de vers dans les pseudo-vieux bahuts. L'aimable père du *truquage* avait poussé l'enquête plus loin dans son second ouvrage de *Trucs et Truqueurs* auquel nous ferons d'autant plus volontiers appel que notre part de collaboration anonyme n'y fut pas négligeable. Mais déjà ce tableau des contrefaçons artistiques de 1912 est dépassé. Il faudrait le reprendre en entier avec de nouvelles couleurs. Nous nous contenterons d'une rapide esquisse.

RESTAURATIONS

Le truquage commence à la restauration et au complément pour aboutir à la fabrication intégrale, en passant par la surdécoration et l'assemblage. C'est une progression descendante, un dosage savant où les éléments authentiques tiennent de moins en moins de place, jusqu'à la copie entièrement moderne.

La *restauration* en soi ne mérite pas le nom de truquage. Les meubles sont des objets d'usage. Il est nécessaire qu'ils puissent remplir leur destination de siège, de bureau, d'armoire, de secrétaire ou de lit. Nous admettons très bien qu'on se refuse à refaire un nez cassé à un marbre grec, mais si le temps ou les injures des hommes ont privé un fauteuil d'un de ses accotoirs, une commode de sa tablette de marbre, une armoire de sa corniche, il est tout naturel de les remettre en possession de tous leurs membres avant de les exposer en vente. Cependant, comme un meuble complété vaut évidemment moins qu'un meuble intact de conservation, il devrait être également naturel d'indiquer à l'amateur le travail de restauration exécuté.

SURDÉCORATION

La *surdécoration* est moins innocente. L'opération consiste à faire d'un meuble ancien fort ordinaire, une pièce de prix grâce à une toilette savante. Un fauteuil canné, par exemple, perd sa garniture de rotin et devient un fauteuil doré, garni de velours figuré. Le bois est ancien, la garniture l'est également. Il n'en est pas moins vrai qu'en payant fort cher un meuble de l'époque Louis XV, l'amateur a droit à un ensemble authentique et non à un adroit rhabillage. Qu'il passe donc un examen rigoureux, en se souvenant des indications que nous avons données sur la façon de garnir les sièges au XVIIIe siècle. Qu'il voit si les sangles de dessous sont anciennes, si le crin n'est pas végétal, si les galons et les clous sont bien contemporains du bois.

La garniture est-elle de tapisserie? Qu'il passe la main négligemment sur la surface. Il sentira des parties rugueuses, celles qui sont neuves, d'autres souples, celles qui sont intactes.

Plus grave encore la métamorphose de certains meubles, exécutés en bois indigènes par de modestes menuisiers de province — mais à la belle époque — et que l'on revêt d'un précieux ajustement de bois de rapport, de marqueterie et de bronzes dorés. C'est la défroque de Peau d'âne changée en robe couleur de soleil. Petites commodes, bureaux de dames, tables de toilette, chiffonnières, sont démontés avec soin. Toutes les parties apparentes vont à un spécialiste qui exécute sur commande un placage en satiné ou en bois de violette, avec, aux bons endroits, des filets et des plates-bandes ou même des compositions de marqueterie copiées sur les originaux du temps. L'ouvrage parachevé, on remonte le meuble, et l'acheteur doit y regarder de bien près pour découvrir un travail moderne qui ne se révèle que par le « fini » de l'exécution, trop parfait pour l'époque, et par les surfaces trop « lisses », tandis que l'ancien placage se soulève presque toujours dans quelque endroit.

Plaqué ou non, un truqueur qui se respecte ne présente pas un meuble en vente sans lui avoir rajouté une riche parure de bronze : poignées, chutes, sabots, entrées de serrure, moulés sur des chefs-d'œuvre anciens. Comment les fondeurs se procurent-ils les modèles? En copiant les originaux des musées et des palais nationaux sur des reproductions photographiques ou des dessins. Moins légitimement en utilisant des empreintes à la cire, prises sur des pièces anciennes qu'on leur a confiées, ou levées subrepticement sur des meubles pendant la visite d'un musée, en profitant du moment où le gardien a le dos tourné. Certains marchands vont même jusqu'au délit en escamotant les bronzes des meubles que des amateurs confiants leur ont remis à réparer, et en les remplaçant par des surmoulages. En 1909, quand le ministre de la marine, alors Alfred Picard, estimant que la place du bureau de Colbert était plutôt au Louvre qu'au ministère, le fit transporter au musée et le remplaça par une copie, on s'aperçut, paraît-il, que les bronzes du fameux meuble n'étaient que des copies, et que les originaux avaient été volés sous le second Empire par un réparateur dépourvu de scrupules. Aimable surprise !

Les tribunaux ont condamné un trop ingénieux bronzier en vieux, du faubourg Saint-Antoine, Jean-Z., qui de 1912 à 1914, avait tranquillement cueilli sur les meubles ou les cheminées de Compiègne, de Bagatelle, de Fontainebleau, de Versailles, les appliques à sa convenance pour les reproduire dans son atelier. Le comble de l'audace, c'est qu'au cours d'une mésaventure judiciaire antérieure le quidam avait eu l'aplomb de rapporter ses propres surmoulages, en persuadant les Conservateurs qu'il leur restituait les originaux ! Allez donc après cela reconnaître à première vue si une commode porte des bronzes anciens, surtout si la dorure, faite au mercure, a subi la toilette d'usage, une teinte de brunissage donnée avec un vernis à l'alcool additionné de terre d'ombre, un frottement patient de toutes les aspérités, un semis discret de chiures de mouches à la nicotine, ou un séjour prolongé dans la terre. Le plus sûr, c'est de se reporter aux vis, aux filières, aux tarauds, aux écrous. Mais une expertise de ce genre exige un démontage complet.

Dernièrement, un amateur bien connu, le comte de N..., eut l'idée de visiter le magasin d'un antiquaire de banlieue, où un ami lui avait indiqué une belle commode Louis XV. Il sonne à la grille d'un élégant pavillon voisin du bois de Vincennes. Personne. Il resonne. Silence complet. Il entre, il visite les salons garnis en meubles d'un luxe inouï de beaux bronzes. C'est le château de la Belle-au-bois-dormant. Ennuyé cependant de l'attente, et ne voulant pas rentrer à Paris, sans avoir vu son marchand, de N..., descend au jardin. En dépit de la saison, — avril épanouissait tous les lilas d'alentour, — les plates-bandes ne contenaient aucune fleur. Mais divisées en petits carrés, comme un jardin botanique, elles s'hérissaient de minuscules étiquettes fichées en terre. On y lisait : *entrées de serrure, chutes, poignées, appliques, clefs, sabots, guirlandes.* C'est dans ce sol fertile et gras que vieillissaient bronzes, cuivres et ferrures, en attendant le moment d'être utilisés, après nettoyage et astiquage partiels, sur les meubles du pavillon d'à côté.

TRANSFORMATIONS ET ASSEMBLAGES

Difficiles, également à dépister, pour un acheteur novice, les *transformations et assemblages* d'usage courant à Trucopolis. D'une table de nuit Louis XV, avec ses pieds de biche, ses tablettes, ses panneaux ajourés, on fait, *pro pudor!* une table à ouvrage de dame (1). D'une minuscule commode modèle, telle qu'en exécutaient les compagnons menuisiers pour passer maîtres, on tire, en y ajoutant quatre pieds, une chiffonnière aguichante. Un fauteuil de commodité devient une bergère pimpante et parfumée, qui ne garde aucun souvenir de sa carrière antérieure de chaise-percée. Un secrétaire-armoire, de modèle trop ordinaire, est dépouillé de ses tiroirs, de ses compartiments, de son abattant, et devient vitrine, grâce à deux panneaux de verre rapportés.

Quant aux assemblages, c'est le triomphe du grand comme du petit truqueur, qui emprunte sans scrupule aux marchands de vin la méthode des coupages. Rien de plus simple. Il suffit d'acheter un meuble ancien, un fauteuil à médaillon par exemple, et en faire exécuter trois copies aussi fidèles que possible. Ceci fait, on démonte le fauteuil authentique et les trois copies, et l'on assemble quatre meubles nouveaux en ayant soin de faire figurer dans chacun d'eux une partie ancienne. L'un aura la moitié du dossier et un accotoir, le second, le reste du dossier et l'autre accotoir, le troisième, le siège et la ceinture, le quatrième, les pieds. C'est un jeu d'enfant de raccorder ensuite le bois neuf à la teinte du vieux, et si le client manifeste quelques doutes sur les parties modernes, on convient, avec une bonhommie parfaite, d'une légère restauration.

(1) Voyez plutôt la charmante parisienne photographiée dans le n° 168 (1917) des *Modes*.

Les plus malins habillent les bois d'une garniture d'étoffe ancienne, ou leur font subir le maquillage d'usage : vieilles sangles de lit, fixées à l'aide de gros clous rouillés et à moitié arrachées; lambeaux pendants d'étoffes et de galons, comme si l'on venait d'enlever l'anciennne garniture; traces de peinture échappées à un lavage à la potasse. Rien ne manque à la mise en scène. Une de ces plus ingénieuses transformations consiste à faire un petit canapé Louis XVI à deux places avec un fauteuil coupé en deux. On réunit les moitiés par un milieu moderne, et l'on a ainsi, avec un siège d'un prix modique, un meuble recherché et haut coté.

LE TRUQUAGE INTÉGRAL

Nous voici arrivés maintenant, d'étape en étape, à la création intégrale d'un *faux*, au summum du genre, à l'apogée du truquage et par cela même au plus difficile d'exécution. Jadis, l'entreprise eût été désastreuse. Les meubles anciens coûtaient moins cher que les neufs. Maintenant au prix où sont les chaises-longues et les bonheurs-du-jour, il y a de la place pour un honnête — disons plutôt pour un malhonnête — bénéfice entre le prix de vente au client et le coût d'une imitation exécutée au faubourg Saint-Antoine. Évidemment un amateur averti ne se laisse pas toujours prendre à l'hameçon. Mais il y a plus d'acheteurs que de connaisseurs. Le marchand en profite. Sans garantir précisément que la pièce est ancienne, il le laisse entendre. Le modèle est séduisant. L'état de conservation parfait. M. Gogo se laisse tenter, et le meuble mis en place dans son appartement, il découvre sous les coussins du siège ou la tablette de marbre de la commode la marque d'un ébéniste du XIIe arrondissement, inscrit au *Bottin* de 1914.

Ne croyez pas d'ailleurs ce genre de truquage aussi inoffensif qu'il en a l'air. Il y a des imitations de pacotille, bonnes tout au plus pour attraper la clientèle des classes laborieuses qui s'approvisionne au bazar. Mais on en réussit de si parfaites qu'un expert éprouvé peut s'y tromper et s'y trompe.

Quand on transporta au Garde-meuble, avant l'occupation prussienne, un certain nombre des objets d'art du château de Saint-Cloud, il s'y trouva un baromètre de style Louis XVI, sculpté et doré, qui faisait pendant à un remarquable cartel de CARLIN. Le baromètre suivit le cartel au Louvre, lors de l'installation des salles du mobilier, en 1900, et c'est là que Firmin Raimbeaux, l'ancien écuyer de l'impératrice, le reconnut pour un chef-d'œuvre de GROHÉ, l'ébéniste de Napoléon III. Inutile de dire que l'objet reprit le chemin du Garde-meuble. La fameuse commode Louis XV, du baron de S..., le grand collectionneur russe, n'eût pas même l'honneur d'un stage aussi court dans notre grand musée national. Cette belle commode mouvementée, en bois de rose satiné, ornée de bronzes ciselés et dorés, qui avait coûté au baron dans les 200.000 francs, ne trompa pas un instant l'œil avisé des conservateurs. Elle repassa en vente avec les objets que le Louvre n'avait pas jugé dignes de son choix et atteignit péniblement 7.000 francs. Supputer la quantité de ces brebis galeuses qui ont pu se glisser dans les grandes collections, et repasseront dans dix ans, dans vingt ans, au feu des enchères ! Le temps aura authentifié le faux, et les témoins qui pourraient parler seront morts depuis longtemps. Seuls les très vieux collectionneurs à la tête branlante, pourront répondre comme l'octogénaire LASSOUCHE à qui l'on demandait si une chiffonnière de sa boutique était ancienne : « Je crois bien ! je l'ai vue neuve dans mon enfance ! »

Ne soyons pas surpris du succès de ces truquages *di primo cartello*. Quoiqu'on puisse dire et écrire, il existe encore des praticiens capables d'exécuter les ouvrages les plus délicats du XVIIIe siècle. Ils les exécutent même trop bien, et c'est un peu ce qui doit guider un expert quand il se trouve en face d'une pièce douteuse.

Dans le travail ancien, on trouve des traces d'outil, des hésitations, de légers défauts, qui sont, nous en convenons volontiers, des malfaçons, mais qui donnent une saveur toute particulière à l'ouvrage. Un copiste veut aussi trop donner l'impression de l'époque. Il est toujours tenté, quand il reproduit un modèle, d'exagérer les caractères du style et de faire du Louis XV plus Louis XV que l'original. Il accentuera les courbes, multipliera les rocailles et les feuillages, amincira les pieds déjà frêles, poussera à l'excès les formes bombées, comme l'ont fait, à l'époque du rococo allemand les maladroits continuateurs de MEISSONNIER, de STLODTZ ou D'OPPENORD.

TOURS DE PASSE-PASSE

Toutes ces remarques peuvent mettre sur la voie d'un truquage, mais avec des bronzes moulés sur les originaux, ciselés et dorés au mercure, allez donc reconnaître la mystification si vous ne pouvez vous livrer qu'à un examen superficiel, dans une boutique encombrée et mal éclairée? D'ailleurs, certains aigrefins ont trouvé un procédé qui défie toute concurrence. Ils présentent au client un meuble ancien irréprochable, et, la vente faite, ils lui glissent une copie à la place de l'original. C'est ainsi que deux chevaliers d'industrie, compatriotes de Tartarin, disposant d'une superbe table Louis XV authentique, louaient un vieux château où ils déposaient le meuble avec une dame d'aspect vénérable destinée à figurer la châtelaine. Puis ils cherchaient la dupe, qu'un rabatteur se chargeait d'amener au manoir. On lui vendait le meuble aussi cher que possible (la première demande était de 50.000 francs) et pendant le déjeuner, on le remplaçait par une reproduction exécutée par un industriel toulousain. Les vins étaient capiteux, les convives entraînants, la victime emportait la table sans nouvel examen, et le tour était joué.

Cette comédie, dont le parquet de Cahors interrompit les fructueuses représentations en arrêtant les principaux acteurs, se reproduit sous cent formes diverses. Tantôt c'est un concierge qui laisse voir négligemment dans sa loge une commode Louis XVI en marqueterie, — qui songerait à soupçonner un concierge! — tantôt, c'est la veuve d'un employé de ministère qui a conservé en héritage de ses parents un secrétaire à cylindre qu'elle vous invite à venir visiter à domicile.

Examinez donc de très près, les meubles dont l'état de conservation vous surprend. Reportez-vous aux endroits qui doivent présenter des traces d'usure, aux entrées de serrure, aux tiroirs. Retournez les sièges pour vérifier si le dessous des pieds est suffisamment poli par l'usage. Faites jouer les portes, soulevez les tablettes, inspectez surtout les bâtis. Nos pères ne donnaient de fini qu'aux menuiseries apparentes. Ils employaient des bois de rebut pour les dessous, les derrières, les intérieurs, tout ce qui ne se voit pas. Nos ébénistes contemporains soignent mieux leurs dessous, et nous pouvons en tirer une utile indication. Mais nos truqueurs ont des parades pour tous les coups de pointe. Ils achètent des carcasses de meubles sans valeur, des armoires de campagne, de vieilles commodes branlantes, et utilisent ces matériaux anciens pour toutes les parties apparentes de leurs bâtis, les fonds, les tiroirs, les tablettes. Ils vont même plus loin et imaginent des maquillages tels que celui qui réussit, il y a trente ans, à tromper un des plus fameux antiquaires parisiens. On lui fit acheter une admirable table dorée et sculptée aux armes du duc de Richelieu, dont tous les intérieurs, qui paraissaient en bois plein et vieux, n'étaient que des placages. On avait refendu des vieux bois en lamelles assez minces, et on les avait appliqués sur le bâti neuf, en présentant à la vue les surfaces jadis exposées à l'air. Après cela, il n'y a qu'à tirer l'échelle.

EXPERTISE PRÉALABLE

Arrêtons-nous. Un plus long exposé des ruses des truqueurs ne saurait beaucoup instruire les acheteurs, tandis que les contrefacteurs novices y puiseraient peut-être leurs premières armes de combat. Ce qu'on attend surtout de nous, c'est un moyen de se garantir de cette lèpre de la sophistication.

Le premier remède, nous ne saurions trop le répéter, c'est de se faire soi-même son éducation en regardant, en marchandant, en achetant, en revendant, bref en payant de sa personne et de sa bourse. Il faut savoir risquer, et même consentir à se laisser tromper. L'expérience seule instruit. Quand on a été dupé une fois, on ouvre mieux les yeux à la seconde affaire. Tous les manuels du monde ne remplacent pas les leçons vivantes. Si après plusieurs mésaventures cuisantes vous ne vous apercevez pas que vous ayez progressé dans la voie de la clairvoyance, n'hésitez pas. Faites expertiser les meubles que vous voulez acheter. Bien qu'aujourd'hui tous les marchands soient des experts et tous les experts des marchands, on rencontre encore dans chaque spécialité des priseurs érudits, avisés, très capables de séparer l'ivraie du bon grain. Ne regrettez pas de leur payer une honnête commission : vous y trouverez encore votre compte.

LE TRUQUAGE ET LA LOI

Si malgré toutes les précautions dont vous vous serez entouré, si vous vous apercevez que vous êtes dupe d'une audacieuse mystification, et que sans crainte d'ébruiter votre mésaventure, vous traîniez votre vendeur devant les tribunaux, qu'avez-vous à espérer de ce *recours à la loi?*

Ici encore il y a des espèces, comme disait Bridoison. La tromperie en matière de meubles anciens échappe à la loi de 1895, qui punit d'emprisonnement et d'amende, sans préjudice de dommages et intérêts, « ceux qui auront apposé ou fait apparaître frauduleusement un nom usurpé sur une œuvre de peinture, de sculpture, de gravure et de musique ». Un faussaire qui signe un dessin de STEINLEN, de dix louis, peut être condamné à deux ans de prison. La loi néglige l'aigrefin qui appose sur une commode de deux cents louis la marque de RIESENER.

En réalité, les truquages de meubles ne tombent que sous les articles du Code visant l'escroquerie, bien difficile à prouver dans la plupart des cas, et sous l'article 423, tromperie sur la marchandise vendue, le plus souvent invoqué par les plaignants. Il y a aussi l'article 1109 qui annule toute vente où le consentement du vendeur a été donné par erreur, extorqué par violence ou surpris par dol, et l'article 1641 sur les vices rédhibitoires.

Disons-le bien vite, même avec l'appui des lois, la lutte n'est pas égale entre le vendeur et l'amateur. Les marchés dans le commerce des objets d'art se font généralement au comptant ou par chèque à vue. Lorsque vous vous apercevez de la fourberie, le marchand a votre argent et vous son meuble de pacotille. Il n'est pas aisé d'opérer l'échange.

IMPORTANCE DU REÇU

La première difficulté consiste à prouver que le meuble contesté est bien celui que le marchand vous a vendu, et vous ne pouvez l'établir que par témoin ou par reçu en règle. Or, s'il est à peu près impossible, sur la description la plus minutieuse d'un catalogue de vente, de bien se représenter un meuble, à plus forte raison les termes très généraux d'une facture « commode en bois de rapport de l'époque Louis XVI, petit bureau de dame plaqué de bois de rose, fauteuil Louis XV, en bois doré, avec sa garniture de tapisserie », ne constituent pas des signalements permettant d'identifier ces objets d'art. Mais même si le vendeur ne conteste pas l'identité et ne vient pas vous dire : « Vous me présentez une commode Louis XVI, il ne s'ensuit pas qu'il s'agisse de *ma* commode Louis XVI », il faut établir que la vente a été faite avec garantie. Cette preuve ne peut également se fournir que par témoin et par reçu en règle. La première condition ne se rencontrant presque jamais, peut-on compter sur la seconde? Oui, si vous savez ne pas vous en tenir aux formules ambiguës affectionnées par les marchands qui se gardent bien de mettre sur leurs factures « sans garantie d'aucune sorte », mais qui savent trouver des termes suffisamment vagues pour ne pas les engager vis-à-vis de la loi, tout en n'effarouchant pas le client. Prenez donc garde aux qualificatifs, exigez des précisions et rappelez-vous que « style Louis XVI » équivaut à dire « copie moderne », que « Louis XVI » tout court, prête au doute, et que seulement « époque Louis XVI » implique l'authenticité de date.

ACTION JUDICIAIRE

Entrons dans l'action. Deux cas peuvent se présenter quand vous vous apercevez de la fraude. Le meuble a été acheté à crédit ou payé comptant. Dans le premier cas, tout à fait contraire aux usages du commerce des objets d'art, — à Paris, du moins, — vous n'avez qu'à refuser tout paiement et à faire signifier au vendeur, par exploit d'huissier, à avoir à reprendre sa marchandise. S'il refuse, ce sera à lui de vous actionner pour refus de paiement. Vous gagnerez aisément le procès, et même avec dommages et intérêts, en établissant devant le tribunal les cas de nullité de la vente.

Si le meuble est payé, comme le cas se présente presque toujours, c'est à l'acheteur à entamer l'action. Assurez-vous d'abord que vous êtes encore dans les délais légaux et que le délit ne tombe pas sous le coup de la prescription, — trois ans pour les faits d'escroquerie. — Assurez-vous aussi que votre vendeur se refuse à toute tentative de résolution du contrat par voie amiable, jugement d'expert, par exemple. Assurez-vous surtout qu'il est solvable, car c'est une action *civile* que vous allez intenter. Une plainte en escroquerie, à moins d'être entourée de circonstances particulières aggravantes, comme celles de l'affaire de Cahors, n'a guère chance d'être suivie par le parquet. Quatre-vingt-dix-neuf fois sur cent, le vendeur ne peut être considéré que comme détenteur — de bonne foi, affirme-t-il — et non comme auteur du faux. Il faut renoncer au doux espoir de voir le truqueur sur la paille humide des cachots, et se contenter de lui faire rendre gorge en faisant prononcer l'annulation de la vente.

Ce n'est pas tout. Comme le tribunal nommera des experts qui se prononceront sur l'objet du litige, ayez dix certitudes pour une, avant de vous lancer dans le maquis d'une procédure coûteuse et interminable. Il faut pouvoir prouver l'erreur, le dol ou, tout au moins, les vices rédhibitoires graves. C'est le seul moyen d'arriver à une résolution du marché.

L'erreur ne peut, bien entendu, porter sur des qualités matérielles, c'est-à-dire pour une commode d'être en bois, d'avoir des tiroirs, un dessus de marbre, des garnitures de bronze. Les qualités substantielles visées par la loi sont la garantie d'époque et d'authenticité qui ont déterminé l'achat. Le reçu servira de base d'appréciation, et même si les termes ne garantissent pas formellement ces deux conditions, le tribunal ne considérera pas toujours le vendeur comme dégagé de toute responsabilité, si le prix de vente présente un écart considérable avec celui d'un objet similaire n'ayant que sa valeur intrinsèque. La qualité d'expert, prise par le marchand, peut aussi influer sur la décision des juges.

Le dol ne provient pas seulement de l'erreur substantielle. Il peut aussi résulter de certaines circonstances qui ont amené l'achat, ou tout au moins notablement grossi le prix consenti. Par exemple le fait d'avoir présenté le meuble dans un château de province, loin de Paris, dans un cadre et une mise en scène pouvant faire croire à une œuvre inconnue sur le marché, tandis qu'elle aurait couru toutes les boutiques du quai sans trouver amateur. Par exemple, aussi, le fait de vendre un meuble après en avoir tiré cinq ou six copies qui lui enlèvent sa qualité de pièce unique et originale.

Quant aux vices cachés, qui n'entraînent pas en principe la résolution du contrat mais tout au moins une notable diminution du prix de vente, ils sont en général plus faciles à prouver. Compléments, surdécorations, restaurations graves, sont des vices cachés, visés par la loi. Vices cachés, également, les fausses attributions de provenance et d'origine, une table ayant appartenu à Marie-Antoinette, un secrétaire ayant figuré à la vente du baron Double. L'appréciation du tribunal variera avec les connaissances de l'acheteur. Un amateur connu, un expert juré, auront peu de chances d'obtenir réparation de défauts qu'un homme du métier doit savoir découvrir.

Tout ce que nous venons de dire s'applique aux ventes publiques, sauf le cas des ventes judiciaires qui sont toujours sans garantie. Les réserves imprimées en tête des catalogues portant qu'aucune réclamation ne sera admise après la vente n'ont aucune force judiciaire. L'acheteur a donc les mêmes recours que dans une vente à l'amiable, il bénéficie même d'une garantie de plus, celle du commissaire-priseur ou de l'officier ministériel chargé de la vente. Mais ceux-ci ne peuvent être actionnés que lorsque le vendeur est inconnu, insolvable ou disparu.

XI

ENTRETIEN ET PETITES RÉPARATIONS

En général, rien n'est plus délicat que la réparation des meubles anciens. Seul un professionnel habile peut se livrer à cette périlleuse opération, surtout si elle exige un démontage de l'ouvrage. Mais il y a des menues réparations et des nettoyages qu'un amateur adroit et patient peut parfaitement exécuter lui-même avec un peu de pratique, surtout s'il exerce son talent sur des meubles d'une valeur modique. Souvent même, il arrivera, dans des opérations où le temps et la patience sont les principaux facteurs, à de meilleurs résultats qu'un professionnel, obligé de faire vite pour économiser la main-d'œuvre.

Nous croyons donc utile de donner en appendice de notre ouvrage quelques recettes faciles à mettre en pratique, dont les amateurs pourront faire leur profit.

SOINS A DONNER AUX MEUBLES

Le premier soin pour *l'entretien* des meubles, c'est de les mettre bien d'aplomb en les installant à leur place définitive. S'ils ne sont pas calés, et placés bien horizontalement, ils risquent de se déformer.

Il faut choisir pour les meubles de valeur un emplacement approprié, à l'abri de l'humidité comme des rayons du soleil. L'humidité est le plus grand ennemi des objets d'ameublement, particulièrement s'ils sont plaqués ou marquetés. Le plus sûr, c'est de ne jamais les adosser complètement au mur et de laisser un intervalle où l'air puisse circuler. Quant à l'exposition au soleil, surtout en été et dans un climat méridional, elle exerce une action délétère sur les nuances fragiles des bois des îles, aussi bien que sur les couleurs des étoffes. On dit que le soleil les « mange ».

Il faut éviter pour les meubles anciens de se servir de l'encaustique ordinaire que les ménagères emploient pour tous les genres de meubles, qu'ils soient en chêne, en acajou ou en palissandre. Pour rendre aux bois anciens leur brillant, le point important c'est d'user de patience et surtout d' « huile de bras », comme on dit vulgairement. Voici une façon de procéder : Prenez un morceau de flanelle douce, roulez-le en boule ou en tampon, et enveloppez-le d'un morceau de toile usagée, bien tendue autour du tampon. Laissez tomber sur celui-ci deux gouttes d'huile d'amande et deux gouttes d'esprit de vin et frottez la surface à polir en ayant soin de toujours décrire des sortes de petits cercles jusqu'à ce que le polissage soit suffisant. Ne jamais attaquer qu'une petite surface à la fois, et n'employer que de la toile très propre pour l'opération (*Chaplet*). On peut aussi étendre avec un chiffon doux, un mélange d'essence de térébenthine avec deux fois son poids d'huile d'olive. On opère comme précédemment.

Pour enlever les *taches d'eau* sur le vernis des meubles, on verse un peu d'huile d'olive dans un récipient et on y râpe un peu de cire blanche. On chauffe jusqu'à faire fondre la cire, et on passe un peu de l'enduit sur les taches. Pour finir on frotte avec un linge de toile jusqu'à rendre au vernis le brillant primitif.

S'il s'agit d'une petite tache rebelle, on peut employer la composition suivante : Cire rapée, 100 gr., savon blanc, 15 gr. que l'on mélange en les faisant fondre au bain-marie. On y verse, *loin du feu*, un verre à bordeaux d'essence de térébenthine que l'on a fait chauffer dans un récipient entouré d'eau bouillante. On laisse refroidir et on applique sur les taches, après les avoir préalablement lavées avec un morceau de flanelle trempé dans de la bière chaude. Frottez et faites reluire *(de Savigny)*.

Si l'on veut boucher une fente dans le bois d'un meuble, on emploie de la cire à parquet où l'on introduit, en la faisant fondre, de la litharge et de l'ocre rouge, suffisamment dosées pour obtenir la teinte du bois à réparer. On malaxe et l'on fait des bâtons que l'on emploie comme de la cire à cacheter en les faisant fondre à la flamme. On peut aussi mélanger de la brique en poudre avec 8 % de litharge tamisée. On malaxe avec de l'huile de lin en quantité suffisante pour rendre la masse pâteuse. Les trous sont bouchés avec la préparation *(Chaplet)*.

Les bois anciens sont souvent criblés de trous minuscules qu'on dirait percés à la vrille. On dit vulgairement qu'ils sont mangés des *vers*. En réalité, ce ravage est l'œuvre des larves d'un genre de coléoptères nommés « vrillettes ». Quand les trous sont anciens et que l'insecte les a abandonnés, il suffit de les boucher avec un peu d'encaustique. Mais quand la larve est en travail — ce qui se reconnaît à la poussière qu'il rejette de son trou, — il est indispensable de le détruire. On peut y arriver en faisant pénétrer dans le bois, à l'aide d'un pinceau, de l'essence minérale, de la

10

benzine ou du pétrole, mais le procédé le plus sûr consiste à employer la liqueur de Van Swieten, achetée chez un pharmacien, ou préparée en faisant dissoudre 1 gr. de bichlorure de mercure dans un mélange de 100 gr. d'alcool et 900 gr. d'eau. On introduit dans l'orifice d'une poire en caoutchouc (de 25 à 30 gr. de capacité) un petit tube de verre effilé par le bout, mais suffisamment solide. Un tube de thermomètre est tout à fait propre à cet office. On emplit la poire de liquide par aspiration, on introduit la pointe de verre dans un trou de vrillette et on presse. La poussière et l'eau sortent aussitôt. On seringue successivement chaque trou jusqu'à ce qu'il ne sorte plus de poussière.

PEINTURE, DORURE ET LAQUE

Rafraîchir ou « aviver » un meuble *peint* ou vernis, c'est lui enlever la malpropreté occasionnée soit par le dépôt d'ordures qu'y font les insectes et les mouches, soit par la crasse de la poussière et lui rendre sa première propreté. On emploie une eau de lessive, très forte, faite de potasse et de cendres gravelées (lie de vin calcinée) :

Eau	6 kg
Potasse	1.500
Cendres gravelées	0.500

Quand on veut seulement « décrasser », — et c'est le cas le plus ordinaire, — on se sert de cette lessive en l'étendant d'eau (deux décilitres dans un litre d'eau). Trois ou quatre minutes après que cette lessive est étendue, il faut laver à grande eau. Si on la laissait séjourner, elle corroderait couleurs et vernis. Quand tout est sec, on donne une ou deux couches de vernis.

Si la peinture est enlevée soit par un éclat de bois, soit par l'action du feu ou de quelque corrosif, il faut la « raccorder », c'est-à-dire la remettre au ton de l'ancienne teinte. Cette opération demande beaucoup d'habileté pour que la couleur nouvelle s'accorde parfaitement avec l'ancienne et ne change plus. Il faut tenir la retouche un peu plus claire et mettre moins d'huile ou moins de colle.

Lorsqu'on veut détruire une couleur pour en substituer une autre, ou lorsque la peinture est trop endommagée pour pouvoir être réparée, le plus sûr est de tout enlever et de «lessiver» les vernis, les couleurs, les blancs d'apprêt, les encollages, les teintes dures et les impressions. On imbibe le bois de potasse, à plusieurs reprises, pour qu'elle pénètre jusqu'au tuf, on lessive et on lave, on dégorge les moulures et les sculptures avec les fers à réparer. Le bois redevient comme s'il n'avait jamais été ni peint ni verni. Quand il est bien sec on peut le repeindre en suivant les procédés que nous avons indiqués.

L'or ne s'altérant ni par l'air ni par l'humidité, ni par aucune des exhalaisons répandues dans l'atmosphère, la *dorure* d'un meuble ne peut être salie que par l'adhésion de substances étrangères. Il ne s'agit donc, lorsqu'on veut le faire reparaître sur un meuble que de nettoyer les parties sales et malpropres qui le ternissent et de lui rendre son premier lustre. Mais il n'existe naturellement aucun procédé pour faire reparaître l'or aux endroits où il est enlevé. Bien plus, un lessivage imprudent risque d'aggraver le mal au lieu d'y porter remède en enlevant de nouvelles parcelles d'or ou en détrempant l'assiette.

Les réparations dont les vieilles dorures sont susceptibles se bornent donc au « nettoyage » et aux « reprises ».

Les lessives alcalines doivent être employées avec la plus grande réserve, particulièrement pour les dorures à la détrempe. L'alcool rectifié suffit le plus souvent au nettoyage. Un procédé sans danger consiste à employer simplement de la mousse de savon, à éponger vivement à l'eau claire et à sécher avec un linge fin et chaud pour éviter de détremper l'assiette.

Autre recette : mélanger six blancs d'œufs dans un bol et y incorporer 30 gr. d'eau de Javel, sans faire mousser les blancs. Une couche du mélange appliquée au blaireau fera disparaître taches et noircissures. Rincer deux ou trois fois à l'eau pure et laisser sécher *(de Savigny)*.

On lessive plus aisément l'or à l'huile et on le revernit avec un vernis à l'alcool à or sur lequel on couche du vernis gras.

Quant aux reprises, elles se font avec les procédés que nous avons indiqués à propos de la dorure. Si l'assiette est intacte, on se contente de remettre des parcelles d'or où il en manque et l'on vernit. Si le dommage est plus grave, on refait l'assiette en ayant soin de la polir pour l'égaliser avec les parties intactes et on applique la feuille.

Pour raccommoder les *laques,* si la feuille d'or ou

d'argent est seule enlevée, on couche à l'endroit endommagé un mordant fait au vernis à la gomme-laque et on applique par-dessus la feuille d'or ou d'argent. Quand elle est bien sèche, on brunit.

Si l'ouvrage est emporté jusqu'au bois, il faut boucher le trou avec un mastic composé de blanc délayé au vernis ou à la colle de peau (le premier vaut mieux). Le trou rempli, on polit pour égaliser au reste de la surface et on y met le fond noir, or ou aventurine, en ayant soin de bien accorder les retouches avec les parties anciennes. On couche le mordant, on applique l'or, on polit et on brunit.

Il en est de même pour les laques en relief. Si l'or seul est emporté, on y met une couche de mordant et on le rétablit. Si le relief est lui-même enlevé, on ajoute une nouvelle pâte qu'on raccorde avec l'ancien décor, puis on y applique le mordant et l'or.

NETTOYAGE DES CUIVRES ET DES BRONZES

Pour nettoyer les *cuivres* ciselés, il faut éviter d'employer les mixtures à base de tripoli, les tailles et les parties creuses se rempliraient de poudre très difficile à enlever. On obtient de bons résultats en frottant avec une brosse imprégnée d'une solution concentrée d'acide citrique, ou tout simplement avec une moitié de citron. On rince à l'eau tiède, puis on sèche avec un linge. L'important est de faire pénétrer la brosse dans toutes les tailles.

Quant aux cuivres et aux bronzes dorés, on doit soigneusement écarter toutes mixtures acides ou toutes poudres érosives, capables d'attaquer la couche d'or. L'eau de savon tiède, légèrement alcalinisée par un peu d'ammoniaque et appliquée avec une brosse douce, donne un bon nettoyage à condition de rincer finalement à l'eau claire et de sécher au linge fin.

Un autre procédé plus efficace consiste dans l'emploi, sur les surfaces à décrasser, de blanc d'Espagne délayé à l'eau, ou mieux à l'alcool. *A. Chaplet* conseille l'application au pinceau de la mixture suivante :

Carbonate sodique cristallisé . . . . 5 gr.
Blanc d'Espagne . . . . 15 —
Alcool à 85° . . . . : . . . . . . 50 —
Eau . . . . 100 —

On laisse sécher naturellement, puis on fait disparaître le blanc à l'aide d'une brosse douce et bien sèche, en ayant soin de pénétrer dans tous les détails de l'ornementation. On frotte pour finir à la peau de daim.

RÉPARATION ET NETTOYAGE DES MARBRES

Pour nettoyer les *marbres* des commodes, consoles, secrétaires, guéridons, tables de nuit, il faut écarter soigneusement les liquides acides qui agissent rapidement, mais au détriment du marbre superficiellement attaqué. On lave avec une éponge imprégnée d'alcool, d'essence ou de benzine, ou l'on frotte tout simplement avec une brosse douce imprégnée d'eau de savon. Mais le meilleur procédé, comme pour les bronzes, consiste à appliquer sur les marbres à nettoyer une couche épaisse de pâte que l'on laisse sécher et que l'on enlève ensuite avec la brosse et le chiffon.

Voici trois formules empruntées à *A. Chaplet* :

1. — Faire dissoudre 2 kg. de carbonate de soude anhydre ou lessive du commerce pour blanchissage dans un litre d'eau, ajouter du blanc d'Espagne pour avoir une bouillie épaisse.

2. — Faire fondre 50 gr. de savon dans un litre d'eau, ajouter à froid 50 gr. d'ammoniaque, puis incorporer de la terre à foulon jusqu'à consistance crémeuse.

3. — Broyer finement dans l'eau 50 gr. de chlorure de chaux et amener ensuite le volume à un litre. Ajouter en remuant autant de blanc d'Espagne qu'il en faut pour obtenir une consistance convenable.

Pour recoller un marbre cassé on emploie différents ciments. En voici deux exemples :

1. — Faire dissoudre 2 gr. de sulfate d'alumine dans 20 cm³ d'eau et l'incorporer dans 250 gr. de gomme arabique fondue un peu épaisse. Former une pâte avec deux parties d'albâtre et une solution de borax. Laisser sécher plusieurs jours.

2. — Prendre chlorure de zinc, 100 gr., et y faire dissoudre borax 3 gr. Puis avec ce liquide et de l'oxyde de zinc en quantité suffisante, préparer une pâte de bonne consistance appliquée aussitôt préparation.

Si la cassure, après séchage, reste apparente, on la

masquera avec une couleur à la teinte du marbre. Si le marbre est cassé en plusieurs morceaux, il ne faut pas chercher à les recoller tous du même coup, mais procéder successivement, et ne passer à un nouveau raccord que lorsque le précédent est bien sec.

Pour boucher des trous, des crevasses et même remplacer de petits éclats aux marbres colorés, on prend de la gomme-laque brune en écailles que l'on ramollit à la chaleur du gaz dans un plat de fer et sans la brûler. Quand elle est bien fondue, on la mélange avec une spatule en laiton, en y ajoutant pour donner la nuance voulue des couleurs en poudre qu'utilisent les peintres en bâtiments. L'addition d'un peu de potée d'étain durcira le ciment ainsi préparé, et en même temps éclaircira sa nuance. On verse le mélange sur une plaque de marbre, puis on découpe les lames qu'on roule en forme de crayons. C'est avec ces crayons que l'on remplira les cavités et les fractures, soit en chauffant le marbre à l'endroit utile pour que la laque devienne plastique et s'applique dans la dénivellation, soit en chauffant l'extrémité de la gomme-laque dans la flamme d'une lampe à alcool et en faisant tomber la goutte fondue dans la crevasse. On trouve d'ailleurs des bâtons tout préparés et variés de nuance dans le commerce.

TAPISSERIES DE SIÈGES

La réparation des *tapisseries* est une opération très délicate qui ne peut se faire que par des professionnels. On appelle «rentraiture» la reconstitution des morceaux détruits ou lacérés. Il peut se faire que la tapisserie soit trop vieille et trop usée pour mériter les frais d'une réparation complète. On peut alors essayer de raviver les tons avec des couleurs liquides toutes préparées que l'on trouve dans le commerce. Voici des formules qui remontent à un tapissier d'Aubusson, de 1773, et rentrent par conséquent dans notre sujet. Elles ont certainement l'avantage de ne pas brûler les laines :

« Premièrement, pour l'eau *rouge* : Pour quatre bouteilles, demi-livre de bois de Brézil, avec un quart d'alun de Rome et un quart de garance. Voilà pour les rouges.

« Pour les *bleus* : Une bouteille, on met une once d'indigo avec deux onces d'alun; cuire séparément; on délie avec l'indigo. Avec de l'eau *jaune*, faite d'alun de genete, on fait de la couleur pour les *verts*, ou verts de choux.

« Pour les *violets*, on met de l'eau rouge avec de l'eau bleue. Sur une écuelle de rouge, on met un verre de teinture bleue.

« Pour les *gris de lin*, il faut prendre de l'eau d'alun faite avec de l'eau noire sans pelure de vergne (aune).

« Pour la couleur d'*aurore* ou *orange*, on mettra sur une écuelle d'eau rouge un gobelet d'eau *jaune*, faite avec de l'alun de Rome et de la garance. Pour faire six bouteilles d'eau jaune, l'on met en tout un quart de garance.

« Pour la couleur des *chairs*, vous prenez deux dés d'eau rouge sur un plein gobelet d'eau d'alun. Pour donner la rougeur aux joues, l'on met trois pleins dés.

« Pour les *sourcils*, de l'eau de suie de cheminée avec

de l'eau de pelure de noix verte, avec une pince d'eau rouge ou un peu de garance bouillies tout ensemble.

« Pour les *verts tannés*, se servir d'eau de suie avec de la pelure de noix verte et de l'eau jaune.

« Pour la couleur *bronze*, on met sur la même eau un peu d'eau rouge. » *(Curiosité universelle*, 31 mars 1890.)

CERVANTES

DEUXIÈME PARTIE

———

ÉTUDE GRAPHIQUE DES MEUBLES
DU XVIIIe SIÈCLE

ÉTUDE GRAPHIQUE DES MEUBLES DU XVIIIE SIÈCLE

AVERTISSEMENT

Dans le but de rendre cette suite de planches aussi facile à consulter que possible, et en leur conservant leur caractère documentaire, il nous a paru logique de débuter par une analyse des *éléments caractéristiques* du meuble du XVIIIe siècle : pieds, montants, frises, moulures, etc., et de suivre l'évolution morphologique de chacun d'eux.

Le lecteur aura ainsi devant les yeux quelques tableaux simples et clairs d'étude comparée pour chacune des parties constitutives des meubles illustrés au XVIIIe siècle par les grands ébénistes.

Partant de cette base indispensable de connaissances, il pourra ensuite aborder sans difficulté la suite des documents empruntés aux recueils de l'époque (Roubo, Lalonde, etc.) montrant *l'exécution* de tous ces types de meubles.

Pour compléter ces renseignements, plaçant les meubles dans leur *cadre historique*, nous avons cru opportun de publier également, en les répartissant dans le corps de l'ouvrage, quelques estampes reproduisant des intérieurs du temps.

A. - ÉLÉMENTS CARACTÉRISTIQUES
DES MEUBLES DU XVIIIe SIÈCLE

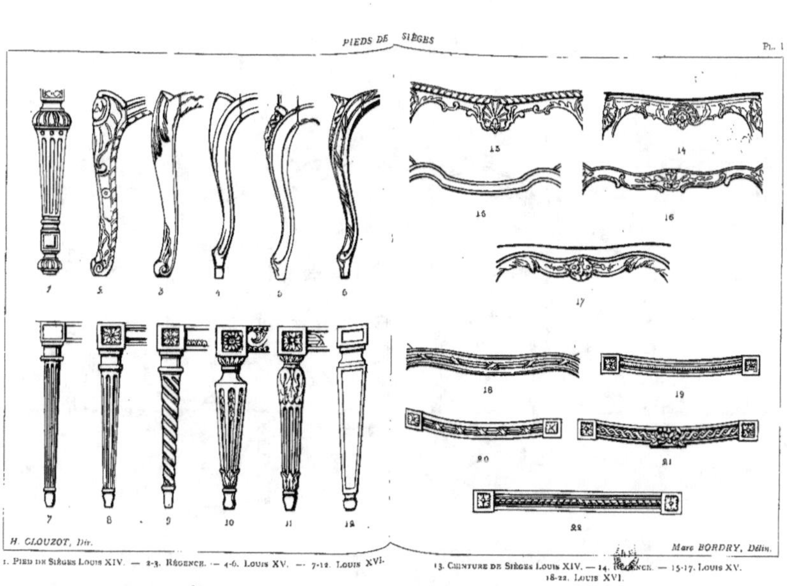

H. CLOUZOT, Dir.

Marc BORDRY, Délin.

1. Pied de Sièges Louis XIV. — 2-3. Régence. — 4-6. Louis XV. — 7-12. Louis XVI.

13. Ceinture de Sièges Louis XIV. — 14. Régence. — 15-17. Louis XV.
18-22. Louis XVI.

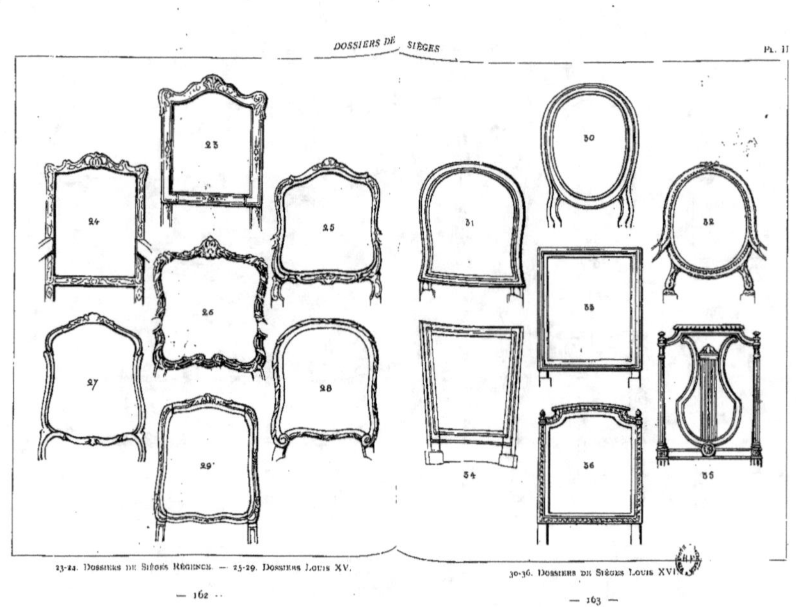

23-24. Dossiers de Sièges Régence. — 25-29. Dossiers Louis XV.

30-36. Dossiers de Sièges Louis XVI.

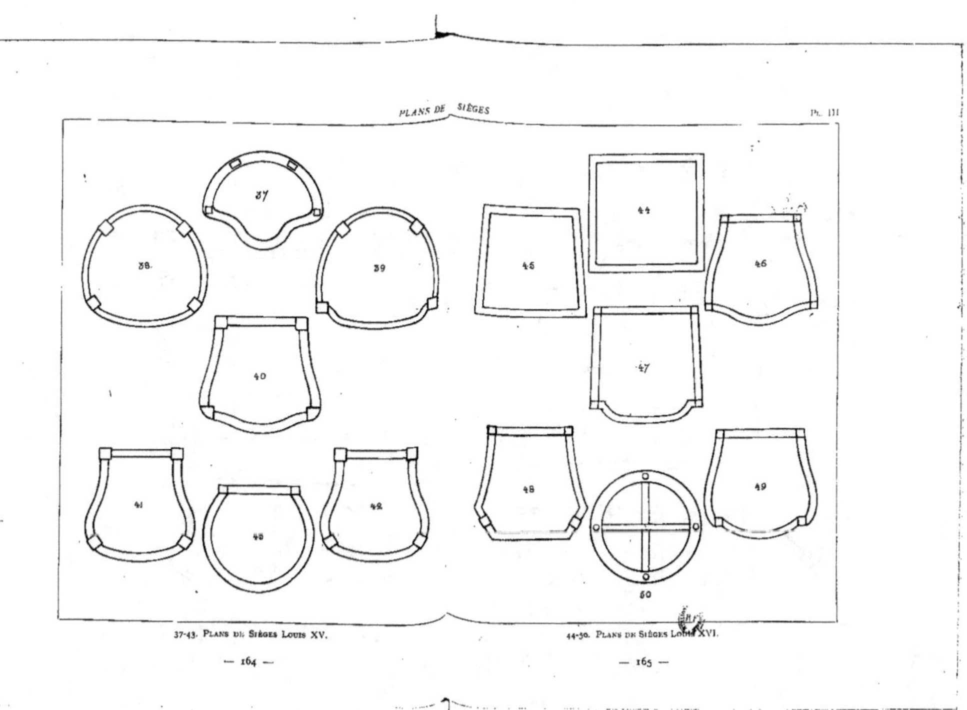

37-43. Plans de Sièges Louis XV.

44-50. Plans de Sièges Louis XVI.

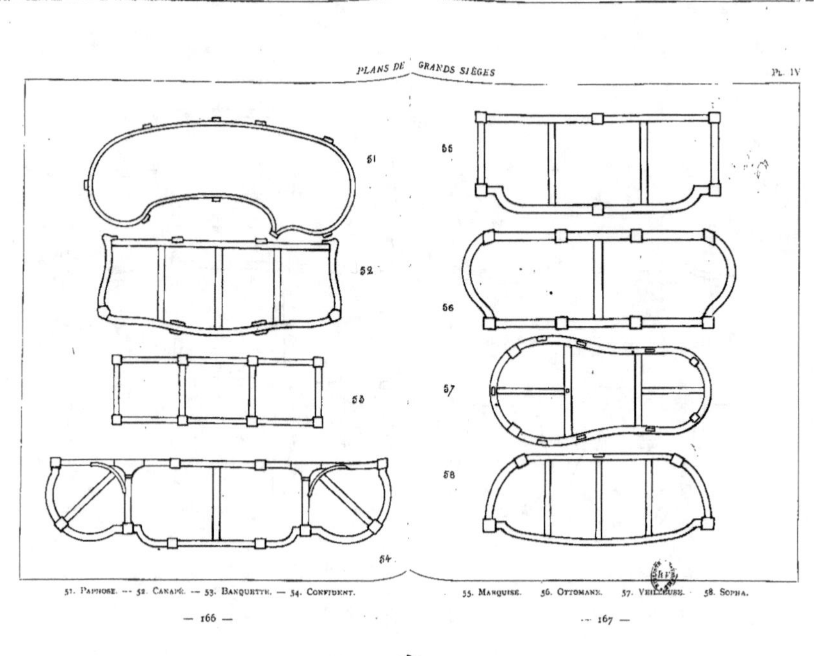

51. PAPHOSE. — 52. CANAPÉ. — 53. BANQUETTE. — 54. CONFIDENT.

55. MARQUISE.   56. OTTOMANE.   57. VEILLEUSE.   58. SOPHA.

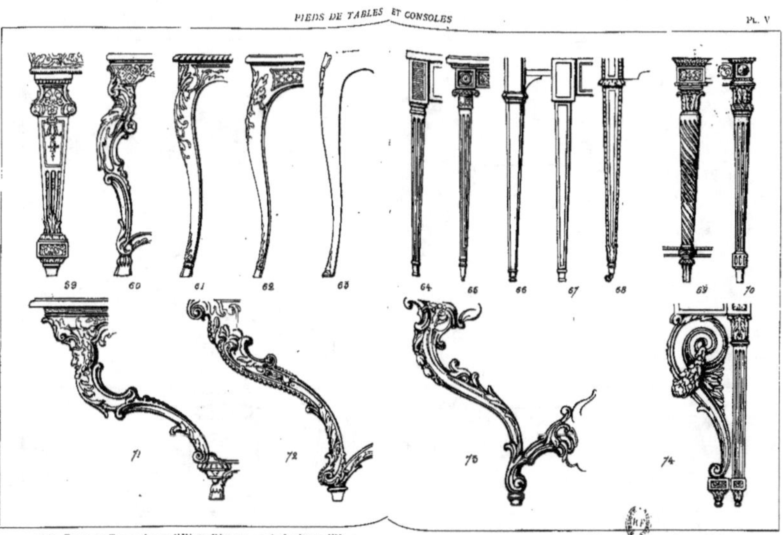

59-60. Pieds de Tables Louis XIV et Régence. — 61-63. Louis XV.
71-73. Pieds de Consoles Louis XV.

64-70. Pieds de Tables Louis XVI. — 74. Console Louis XVI.

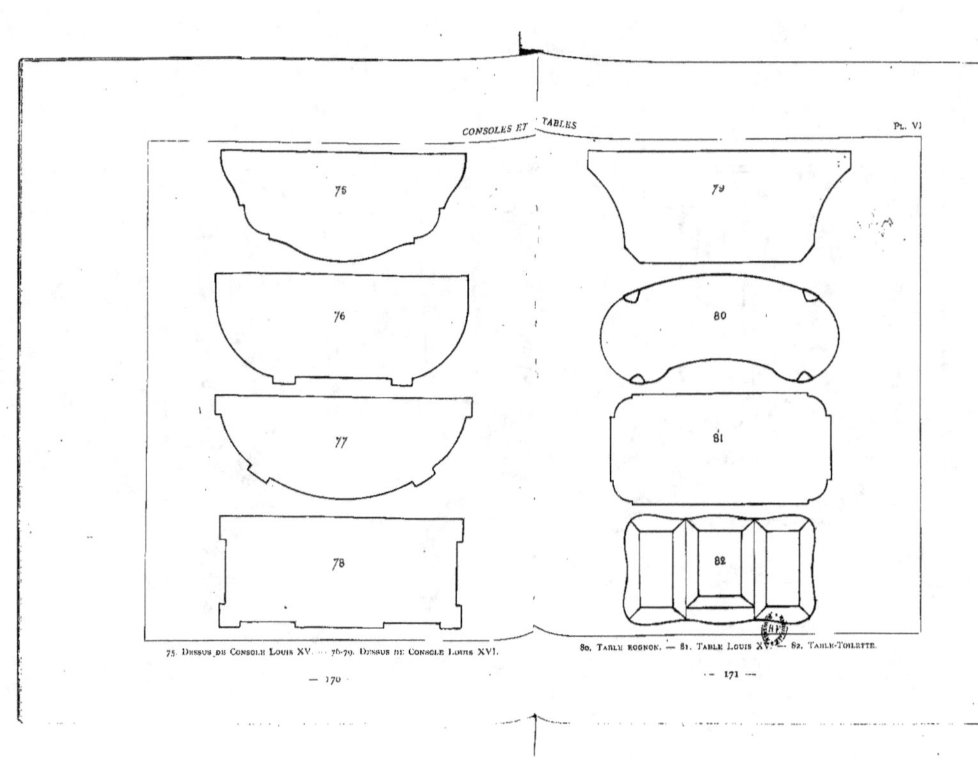

75. Dessus de Console Louis XV. — 76-79. Dessus de Console Louis XVI.

80. Table rognon. — 81. Table Louis XVI. — 82. Table-Toilette.

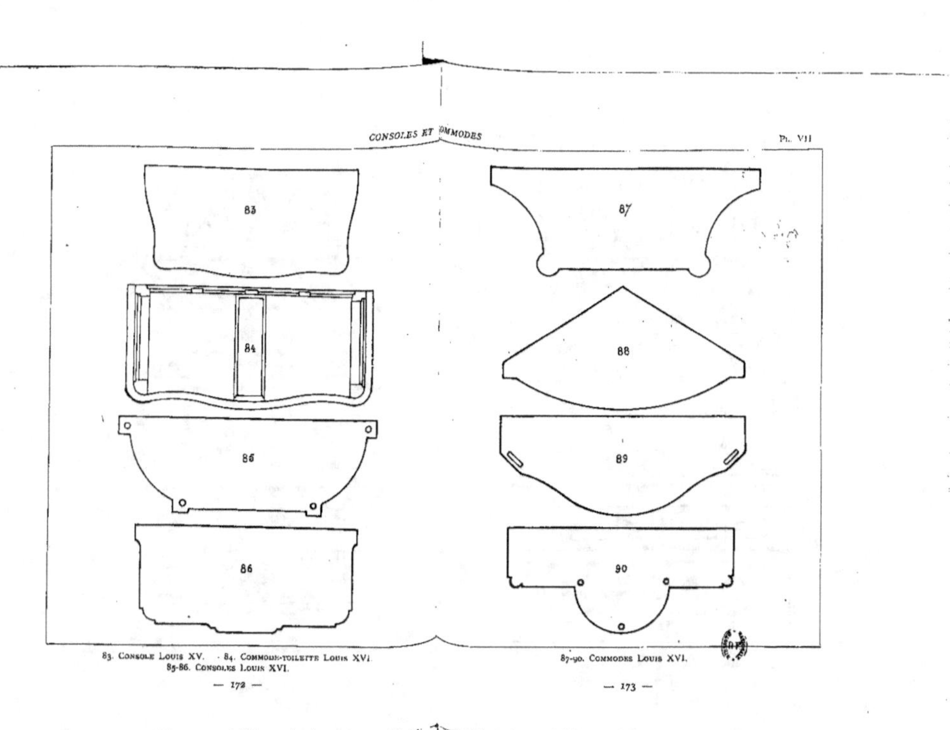

83. Console Louis XV. — 84. Commode-toilette Louis XVI.
85-86. Consoles Louis XVI.

87-90. Commodes Louis XVI.

91. FEUILLES DE REFEND. — 92. FEUILLES D'EAU. — 93. RAIS DE CŒUR.
94. POSTES FEUILLÉES. — 95. GRECQUE. — 96. PIASTRES.

97. ENTRELACS. — 98. RUBANS TORTILLÉS. — 99. CHAPELET DE PERLES ET FLEURONS.
100. BAGUETTE DE LAURIERS. — 101. RUBANS ET FEUILLES DE CHÊNE.
102. BAGUETTE A NŒUDS DE RUBANS.

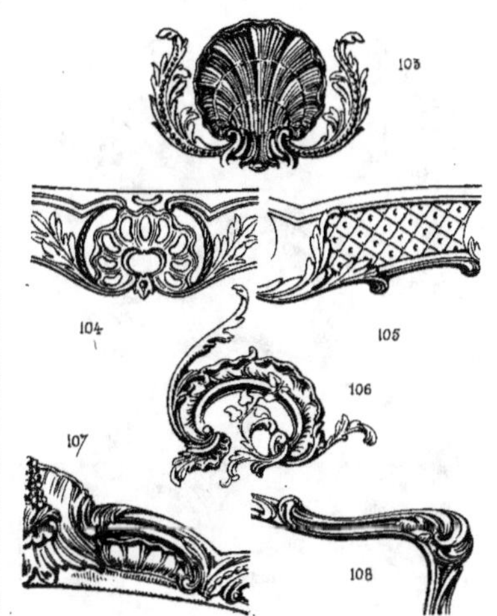

103-105. MOTIFS DE SCULPTURE RÉGENCE. — 106-108. MOTIFS DE SCULPTURE
LOUIS XV.

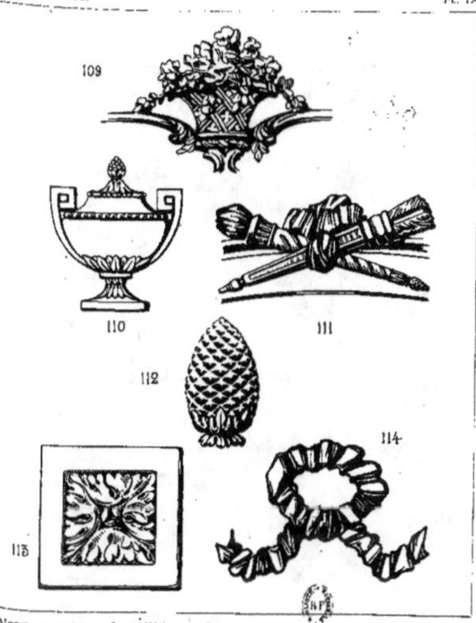

MOTIFS DE SCULPTURE LOUIS XVI : 109. PANIER. — 110. VASE D'ORNEMENT. — 111. TORCHE
ET CARQUOIS. 112. POMME DE PIN. — 113. ROSACE. — 114. NŒUD DE RUBAN.

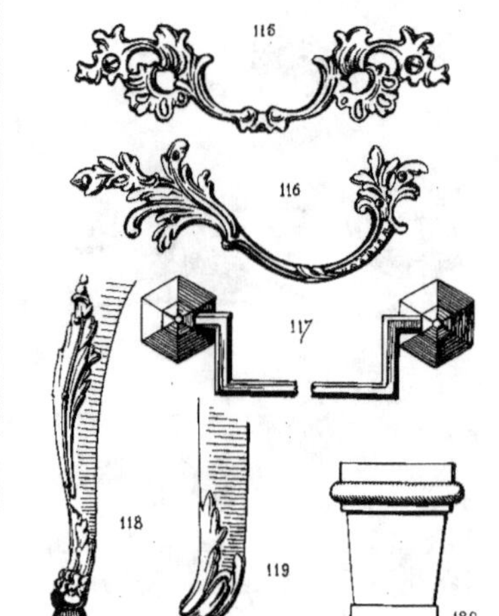

115-116. Poignées Louis XV. — 117. Poignée Louis XVI. — 118-119. Sabots Louis XV.
120. Sabot Louis XVI.

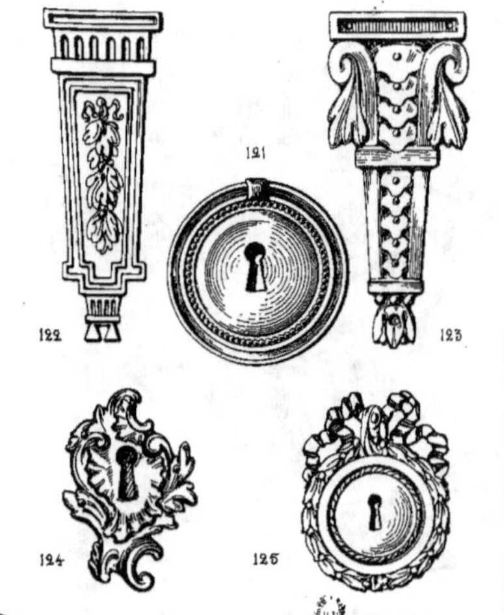

122-123. Motifs d'angle Louis XVI. — 121. Poignée et entrée de serrure Louis XVI.
124. Entrée de serrure Louis XV. — 125. Entrée de serrure Louis XVI.

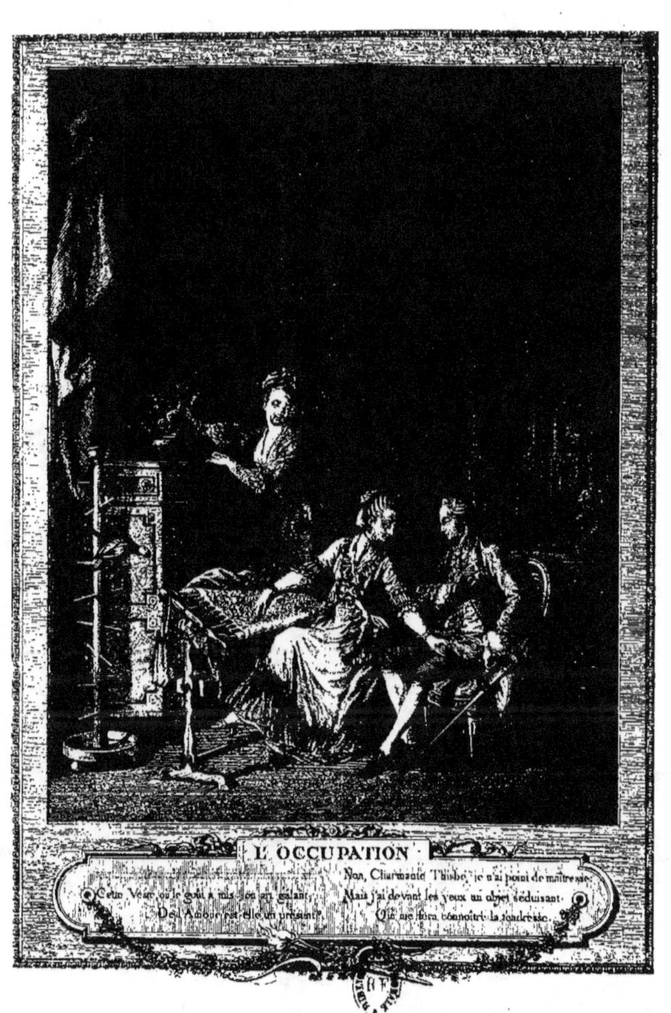

L' OCCUPATION
Non, Charmante Thisbé, je n'ai point de maîtresse.
Cetin Vœu où le goût a mis son air galant,
Mais j'ai devant les yeux un objet séduisant.
Des Amours est-elle un présent?
Qui me fera connoître la tendresse.

B. — EXÉCUTION DE MEUBLES DU XVIIIᵉ SIÈCLE

D'APRÈS LES DOCUMENTS DE L'ÉPOQUE

1-2-4. Pliant, Tabouret, Banquette Louis XV (Roubo). — 3. Tabouret Louis XVI (Lalonde).

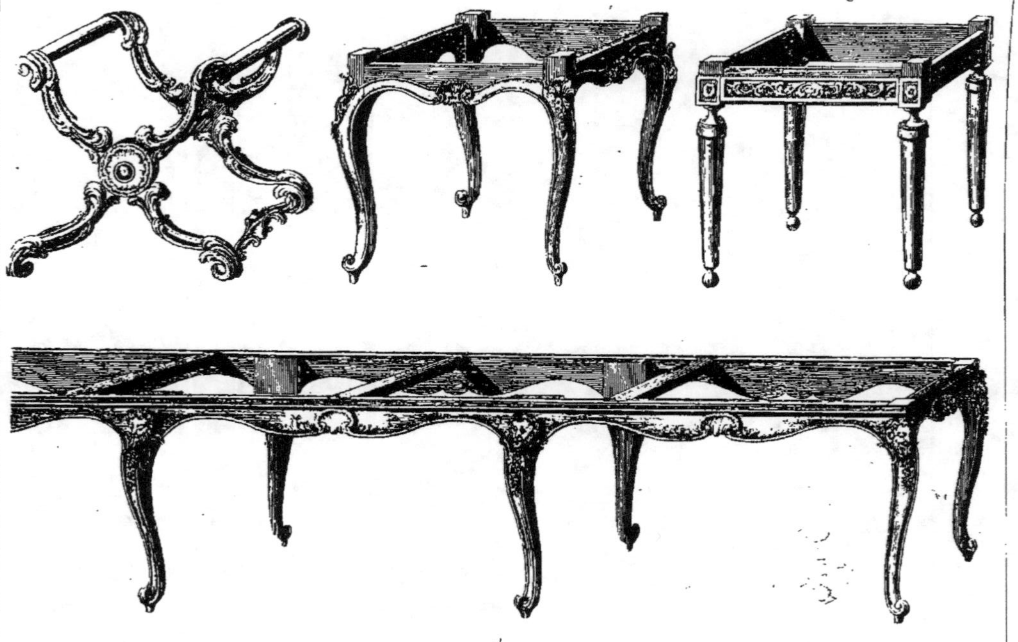

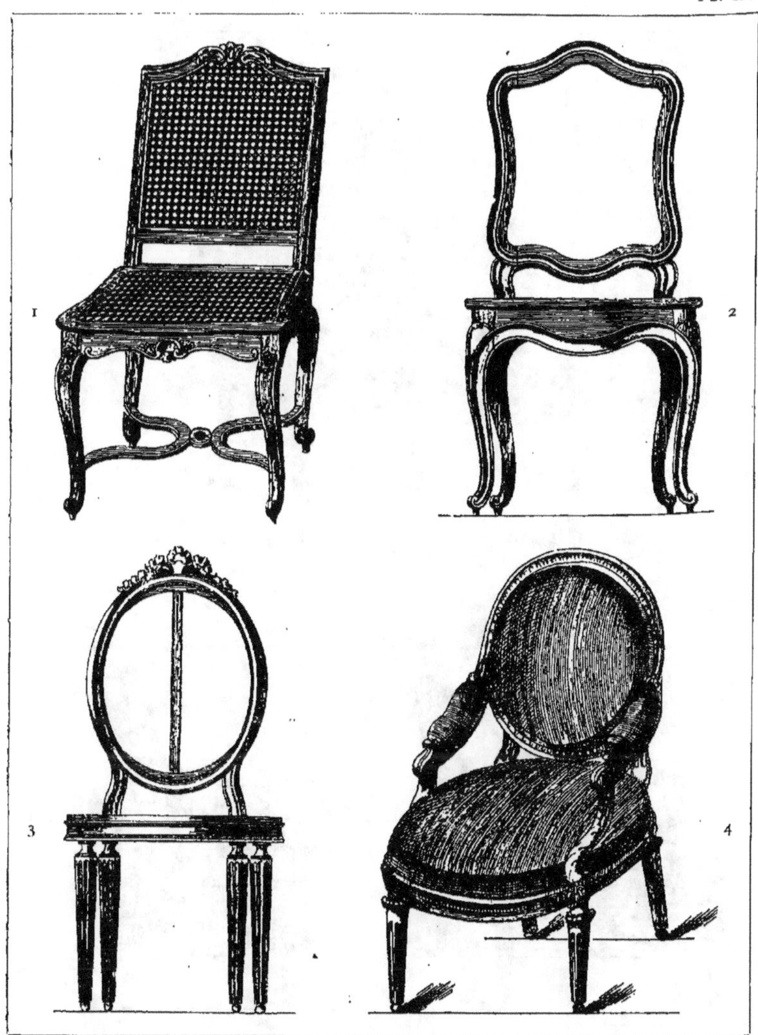

1. Chaise Régence *(Roubo)*. — 2. Chaise a la reine Louis XV *(Roubo)*.
3. Chaise ovale Louis XVI *(Roubo)*. — 4. Fauteuil en cabriolet Louis XVI *(Lalonde)*.

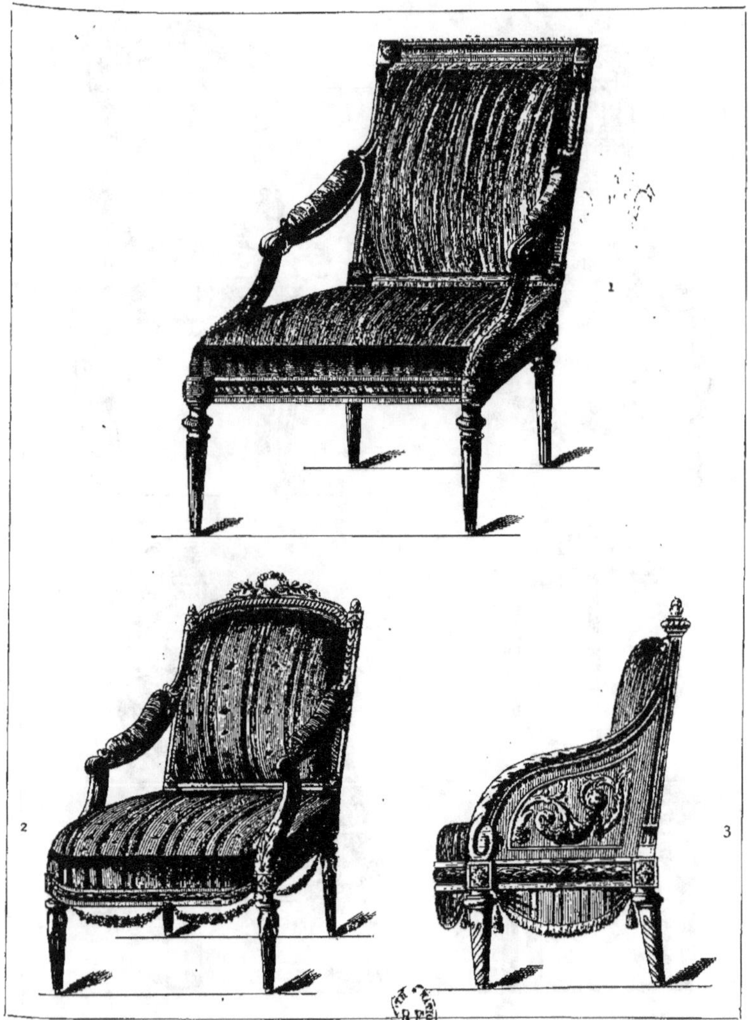

1. 2. 3. Fauteuil carré, Fauteuil a anse de panier, Fauteuil a panneaux Louis XVI
(Lalonde).

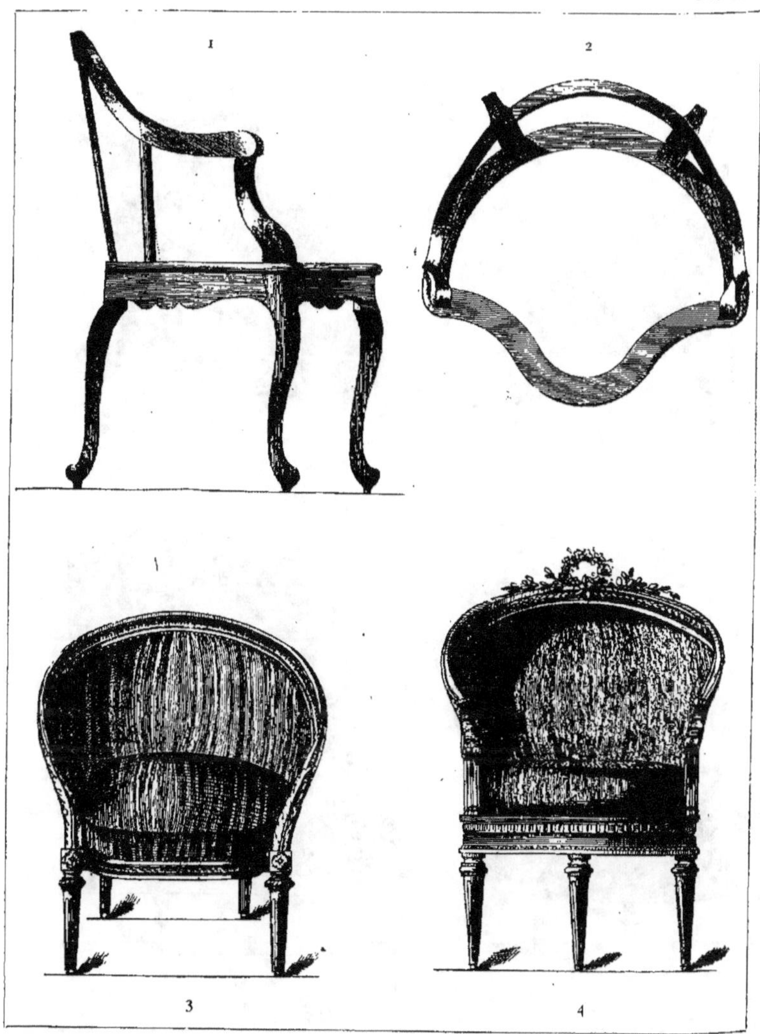

1-2. Fauteuil de cabinet Louis XV *(Roubo).* — 3-4. Fauteuil de cabinet gondole
Fauteuil sur pivot Louis XVI *(Lalonde).*

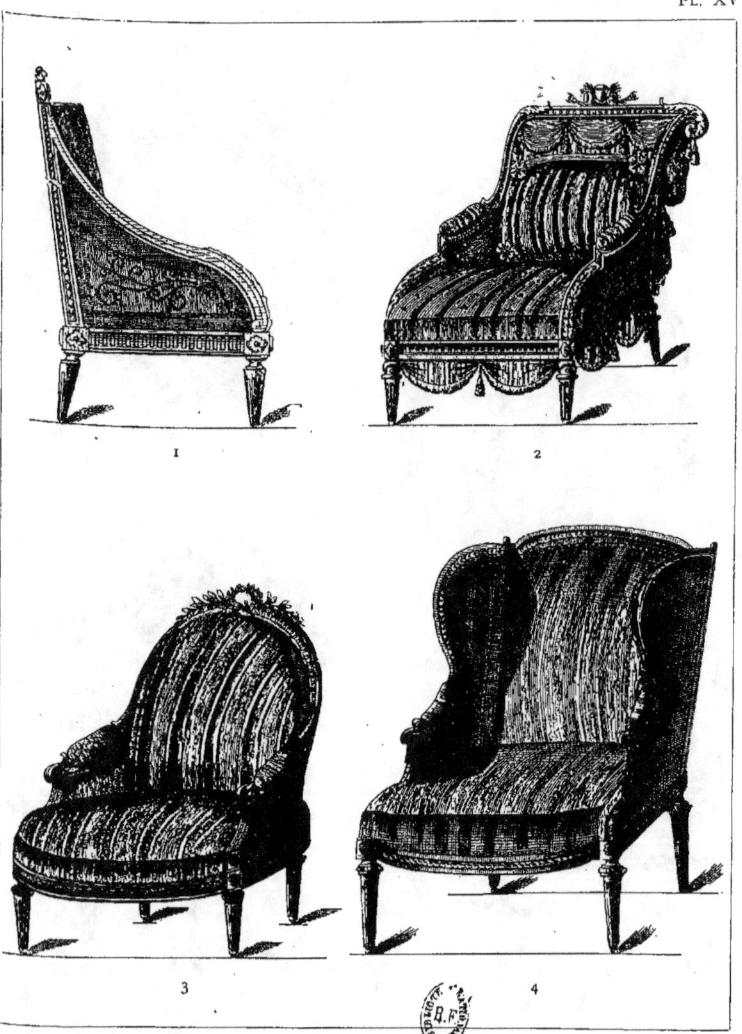

1-2-3-4. Bergère droite, Bergère a la Turque, Bergère en cabriolet,
Bergère a joue Louis XVI *(Lalonde)*.

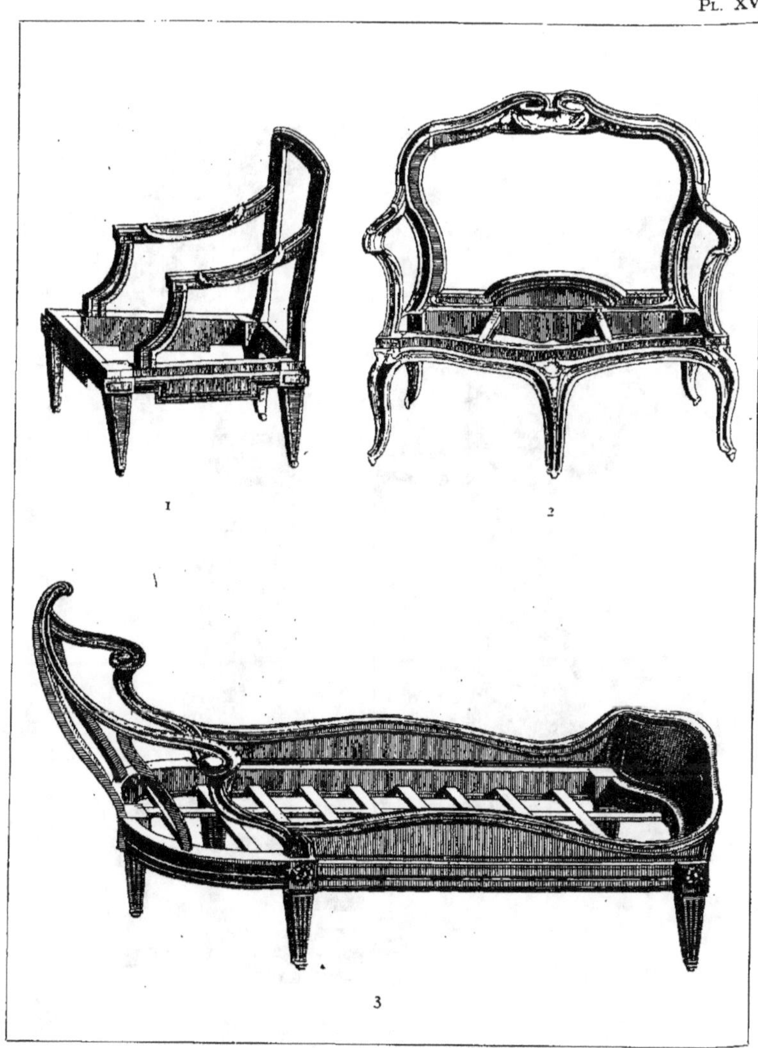

1. Bergère Louis XV-Louis XVI *(Lucotte)*. — 2. Demi-Canapé Louis XV ou Marquise *(Lucotte)*. — 3. Duchesse a bateau Louis XV-Louis XVI *(Lucotte)*.

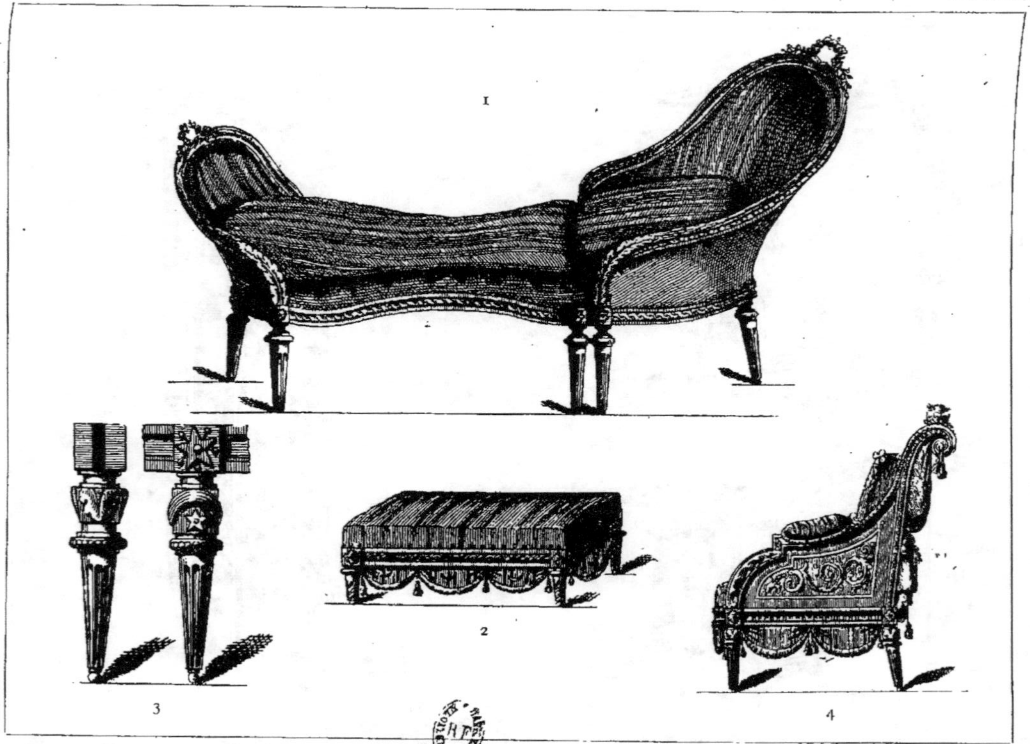

1-2-3-4. Duchesse brisée, Bergère a la Turque avec porte-pieds, détails de pieds Louis XVI (Lalonde).

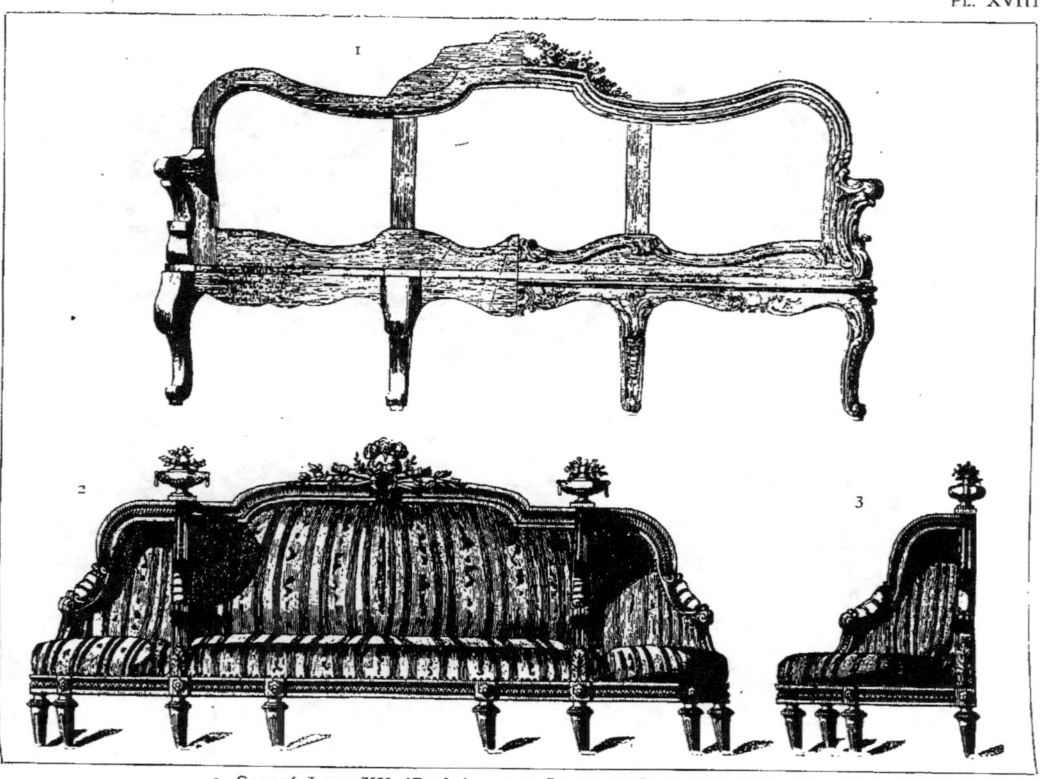

1. Canapé Louis XV (Roubo). — 2-3. Confident Louis XVI (Lalonde).

Pl. XIX

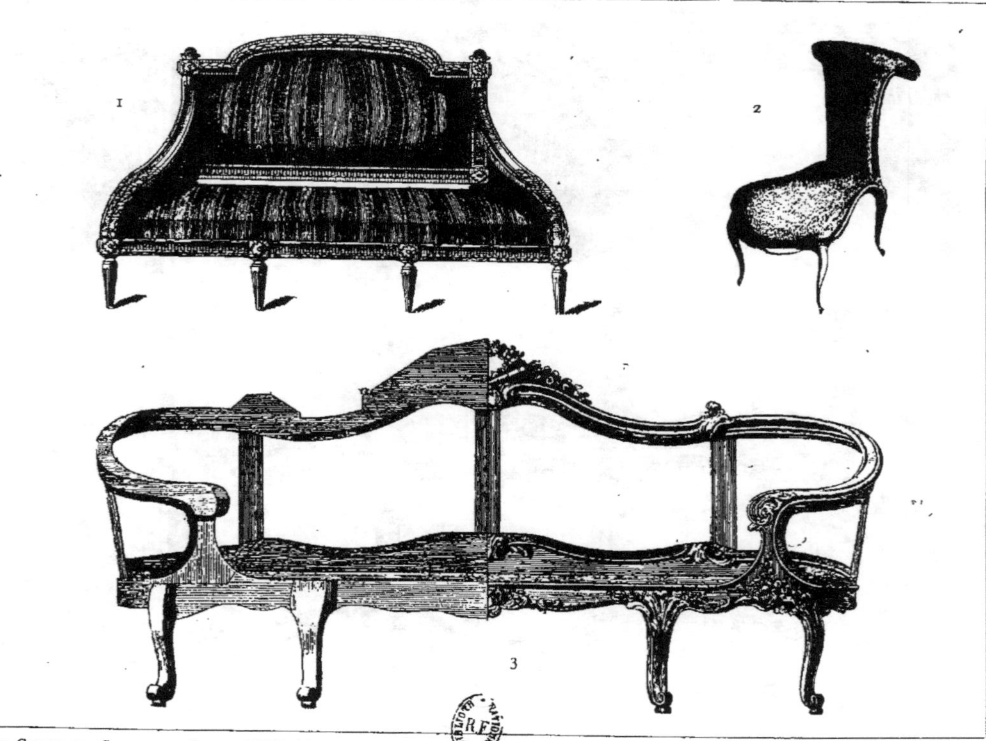

1. Sopha en Cabriolet Louis XVI (Lalonde). — 2. Voyeuse Louis XV (Radel). — 3. Ottomane Louis XV (Roubo).

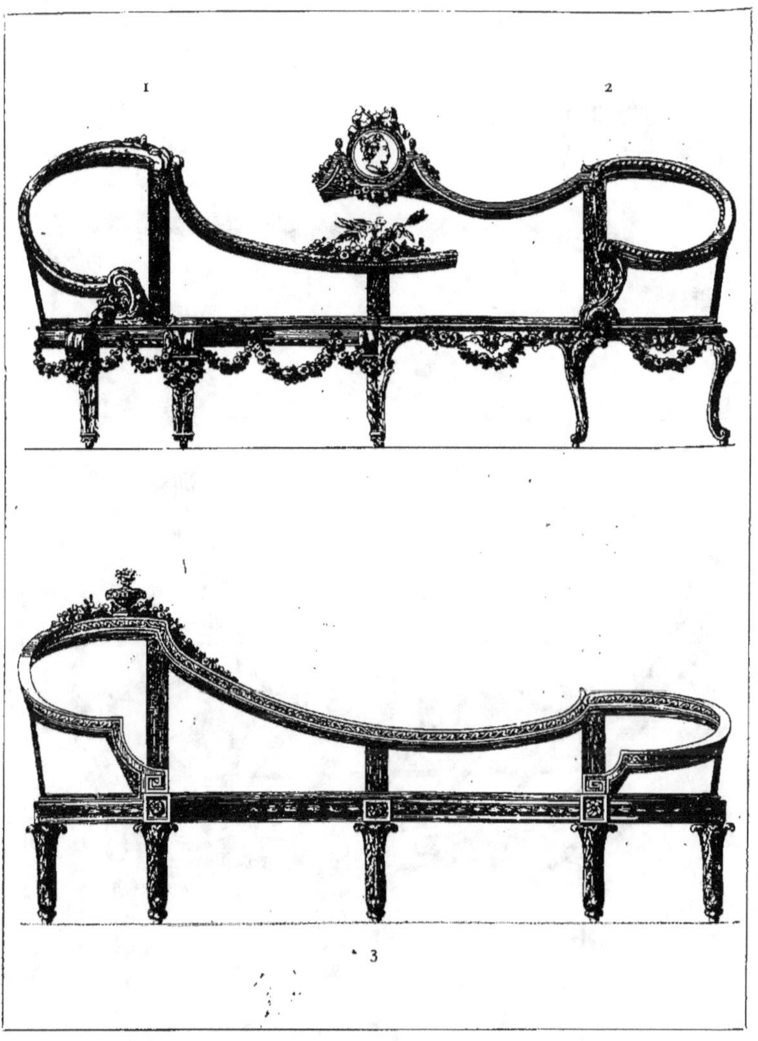

1-2. Veilleuse a la Turque et Paphose Louis XV *(Roubo)*.
3. Veilleuse Louis XVI *(Roubo)*.

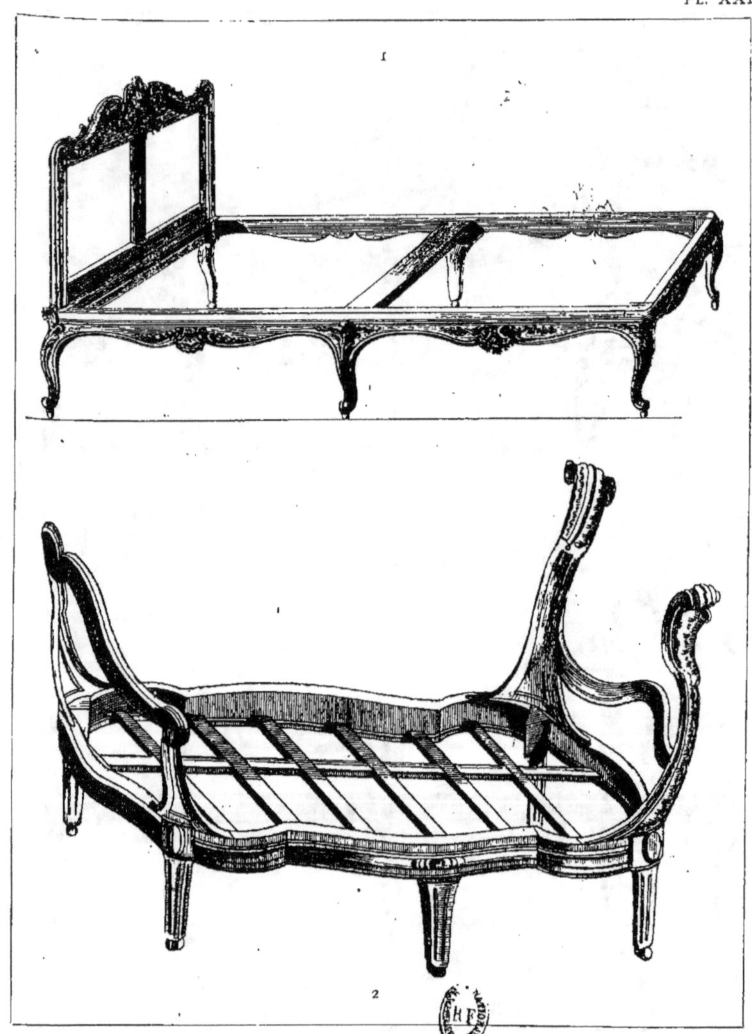

1. Lit de repos Louis XV *(Roubo)*. — 2. Lit de repos a l'Italienne
Louis XV-Louis XVI *(Lucotte)*.

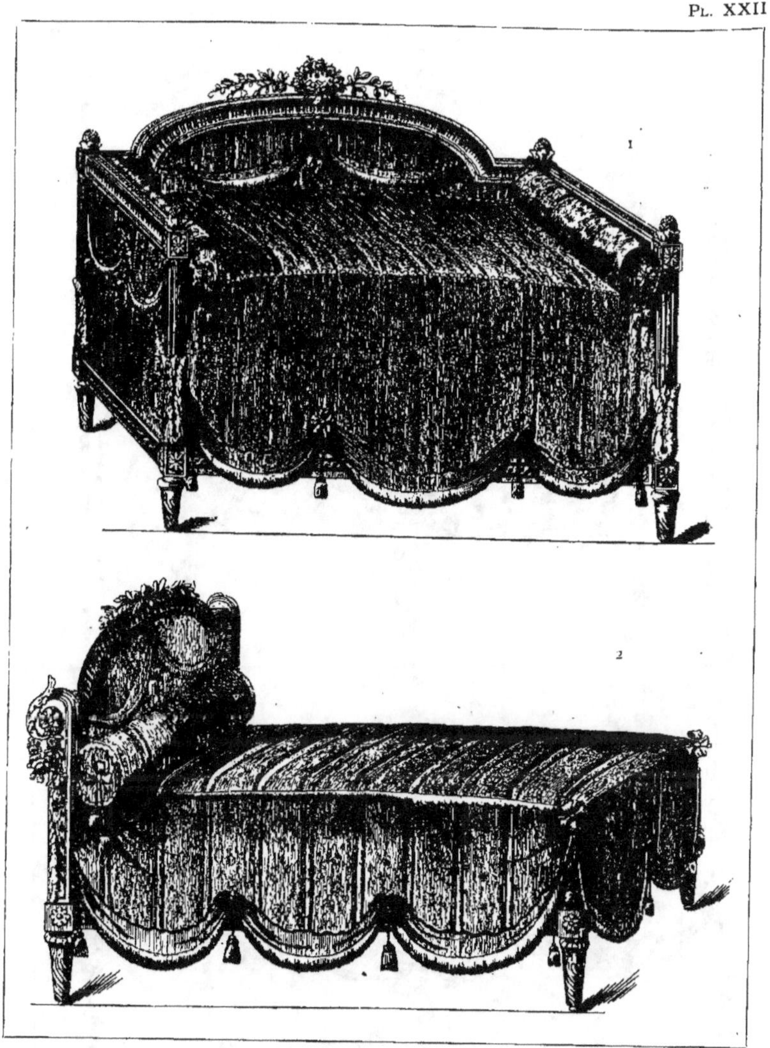

1. Lit a trois dossiers Louis XVI *(Lalonde)*.
2. Lit de repos a la Turque Louis XVI *(Lalonde)*.

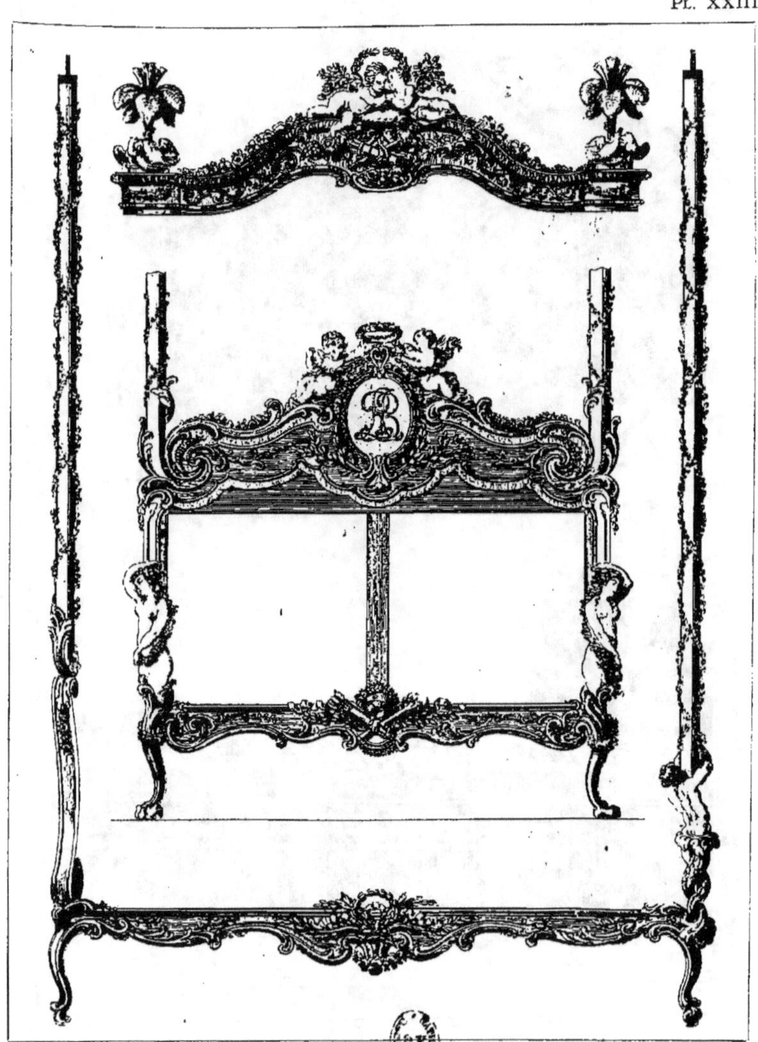

LIT A COLONNES LOUIS XV (Roubo).

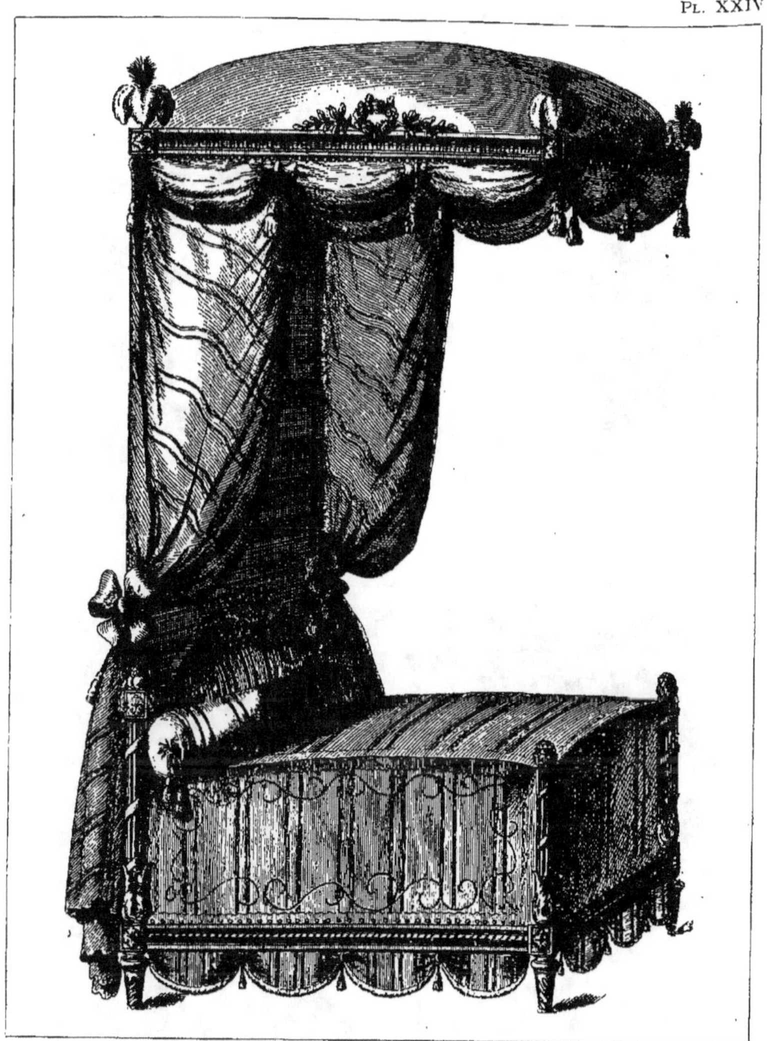

LIT A LA DUCHESSE LOUIS XVI *(Lalonde)*.

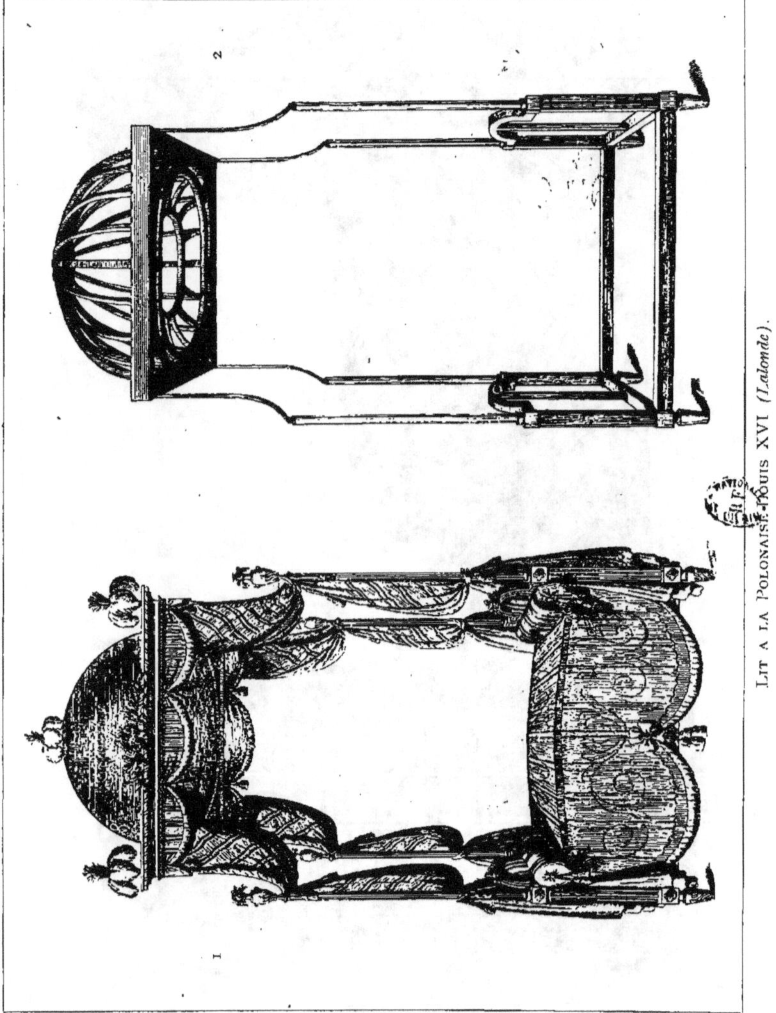

Lit a la Polonaise. Louis XVI (*Lalonde*).

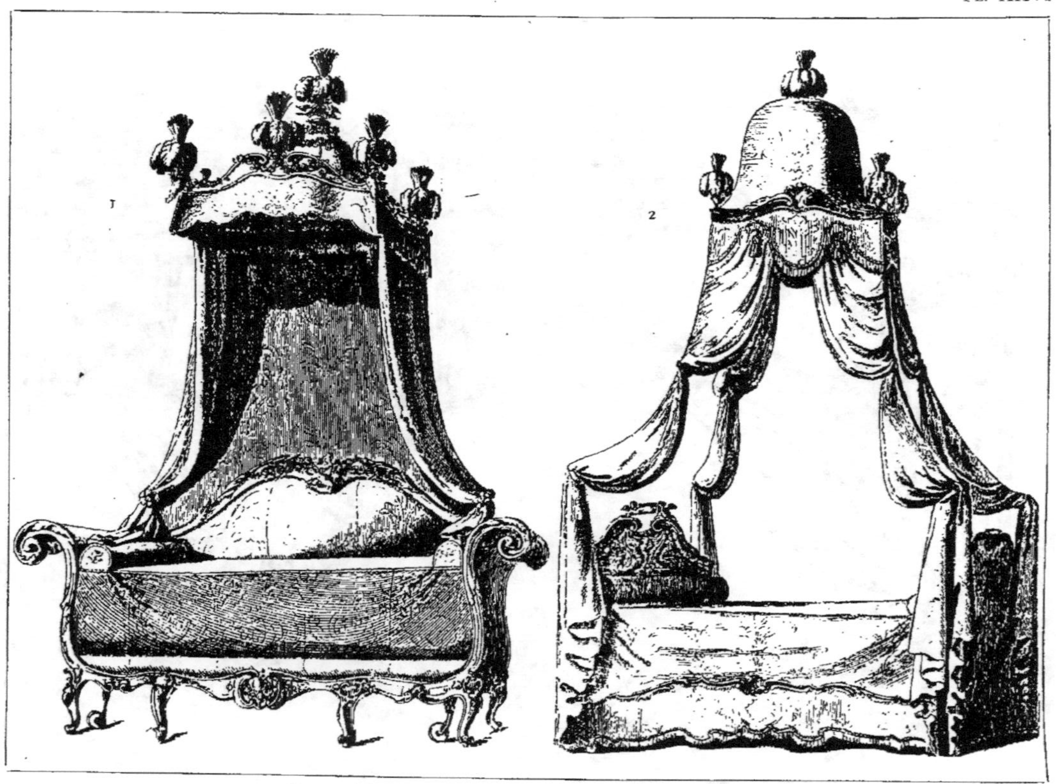

1-2. LIT A LA TURQUE ET LIT A LA ROMAINE LOUIS XV (*Radel*).

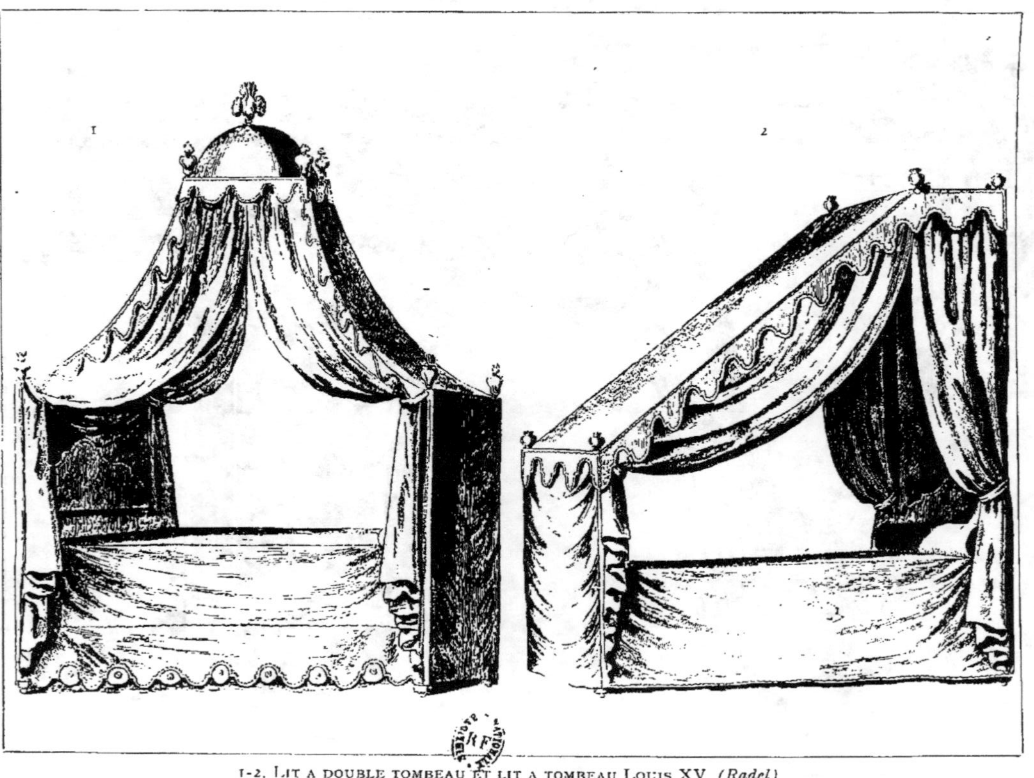

1-2. Lit a double tombeau et lit a tombeau Louis XV (Radel).

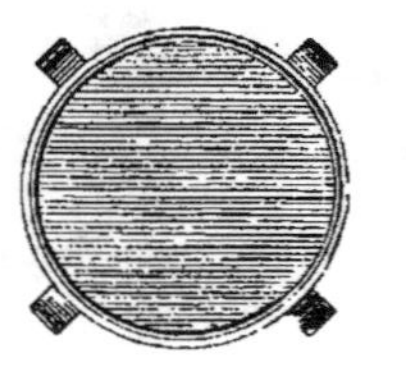
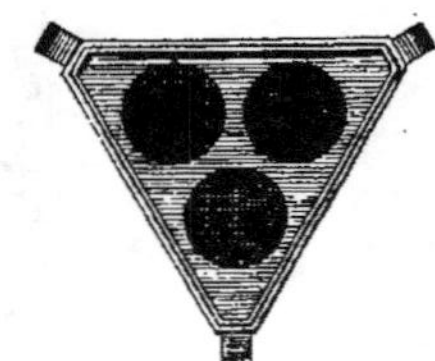
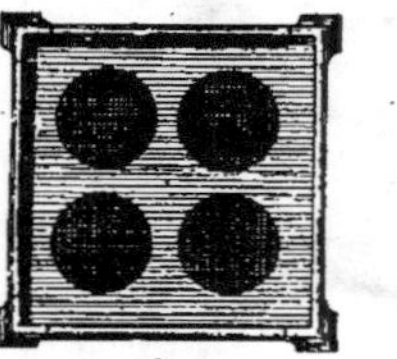

1-2-3. Servantes et table volante Louis XV *(Roubo)*.

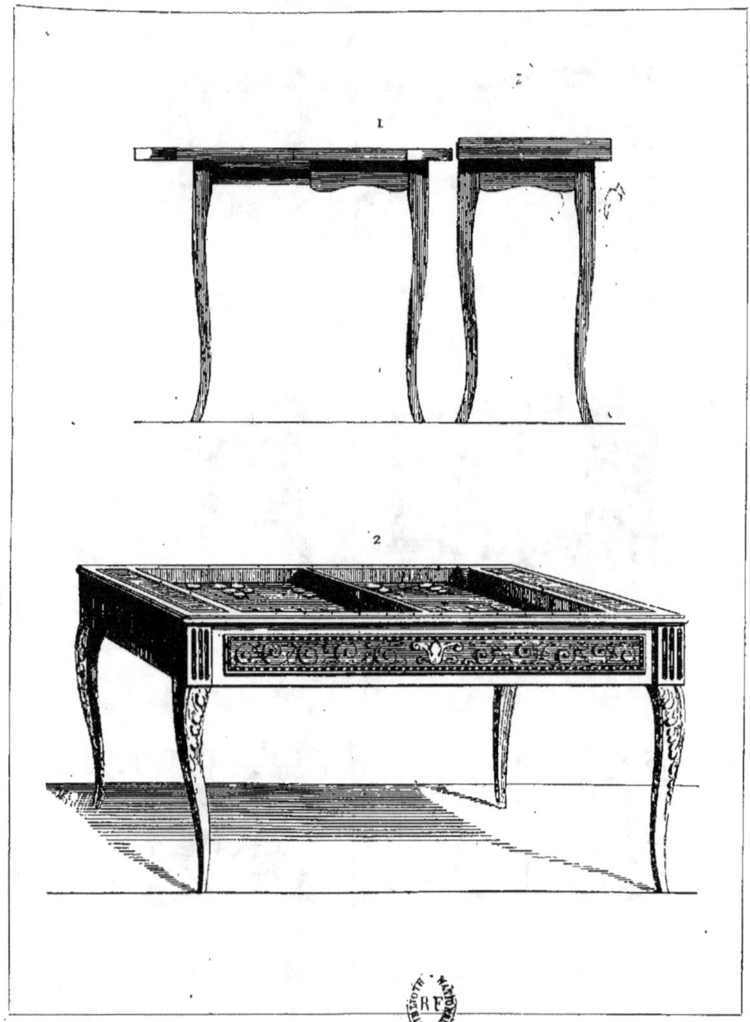

1. TABLE DE BRELAN LOUIS XV *(Roubo)*. — 2. TABLE DE TRIC-TRAC LOUIS XVI *(Lalonde)*.

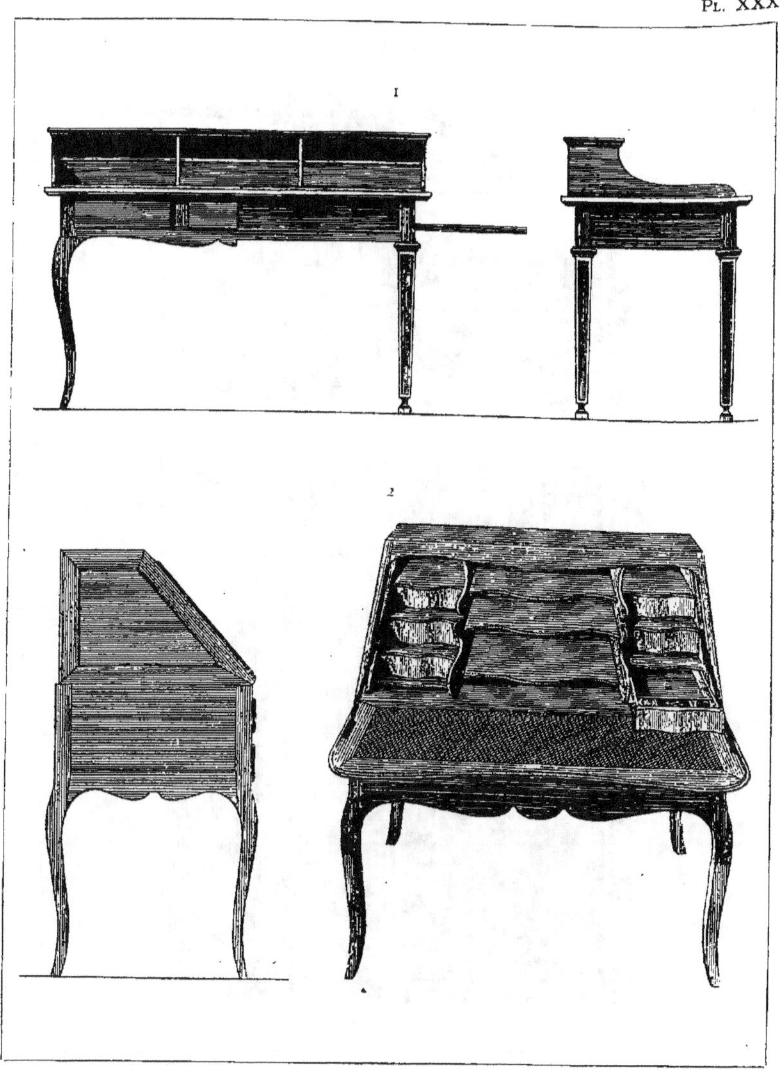

1. Table à écrire Louis XV-Louis XVI *(Roubo)*.
2. Secrétaire à archives Louis XV *(Roubo)*.

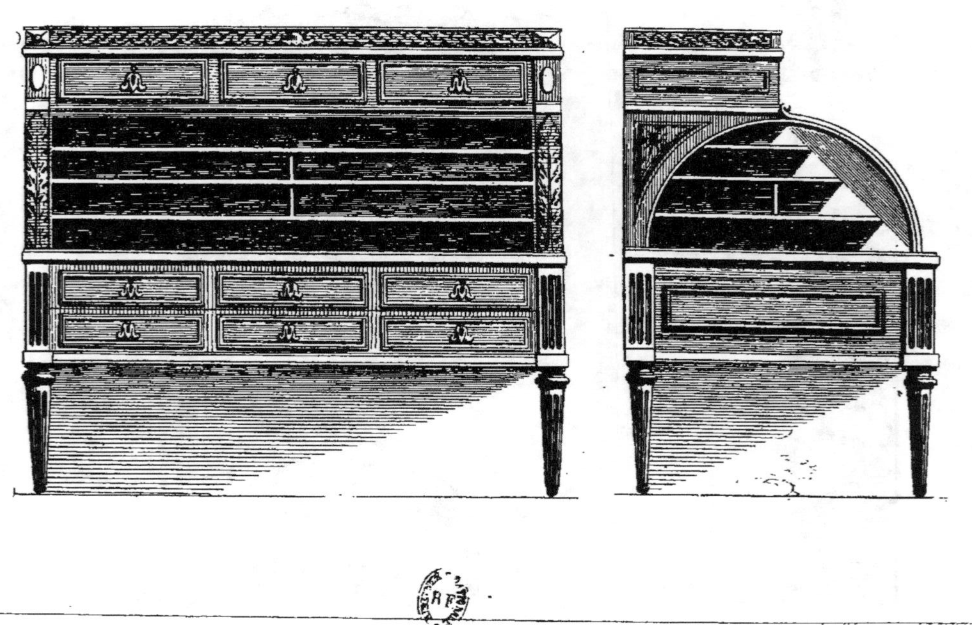

Bureau a cylindre Louis XVI (Lalonde).

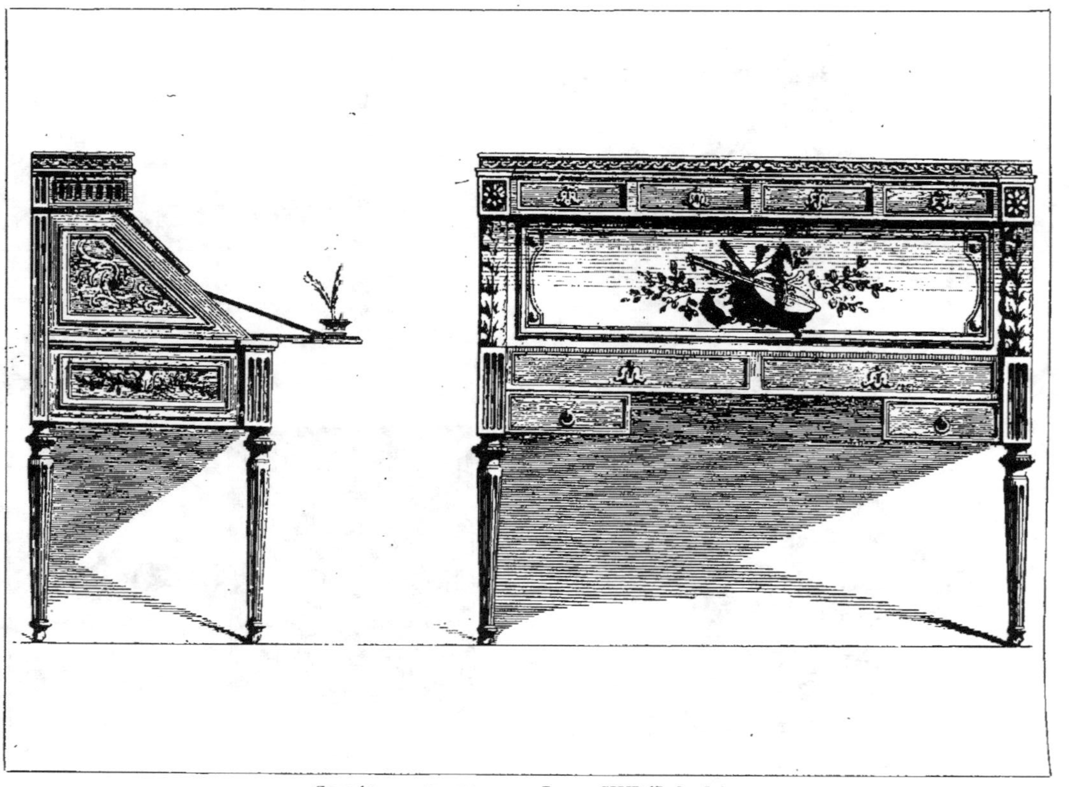

SECRÉTAIRE EN TOMBEAU LOUIS XVI (*Lalonde*).

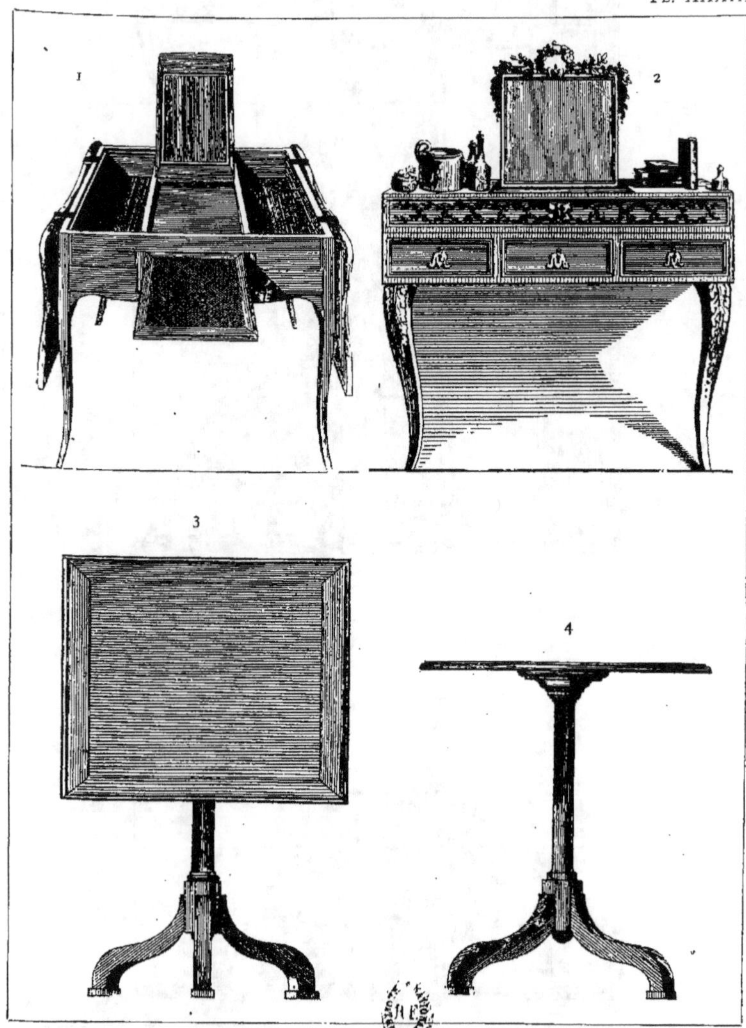

1. TABLE DE TOILETTE OUVRANTE LOUIS XV *(Roubo)*. — 2. TABLE DE TOILETTE LOUIS XVI *(Lalonde)*. — 3-4. GUÉRIDONS LOUIS XV *(Roubo)*.

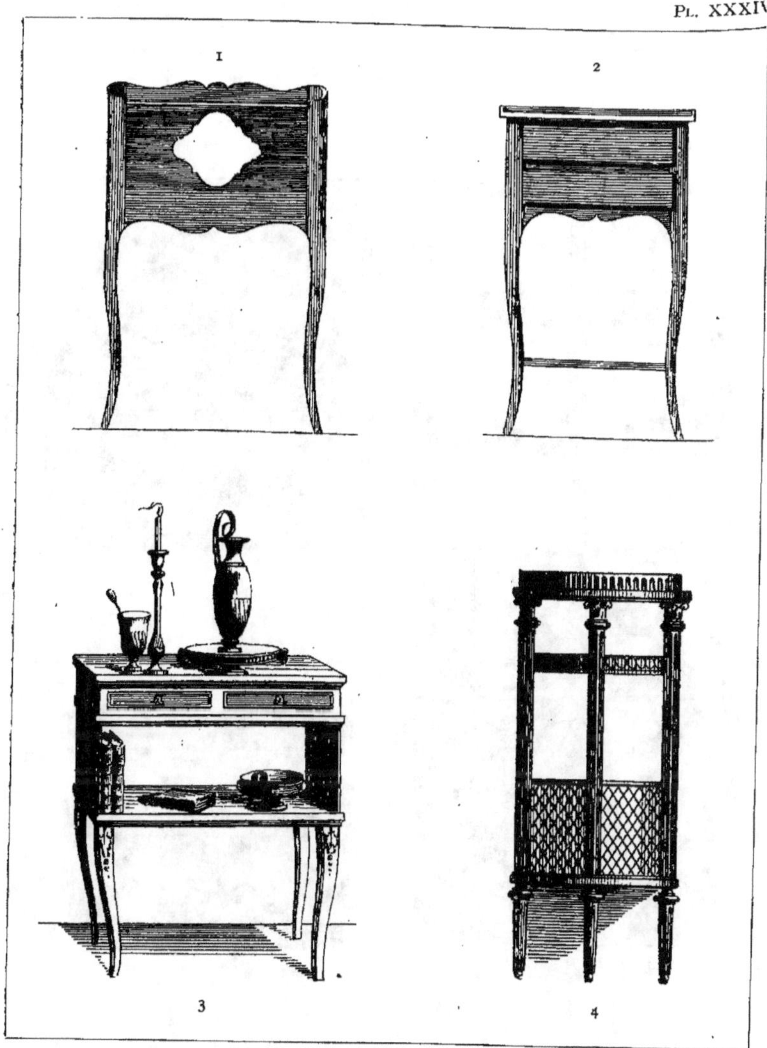

1. TABLE DE NUIT LOUIS XV *(Roubo)*. — 2. CHIFFONNIÈRE CARRÉE LOUIS XV *(Roubo)*.
3. TABLE DE NUIT LOUIS XVI *(Lalonde)*. — 4. CHIFFONNIÈRE RONDE LOUIS XVI *(Lalonde)*.

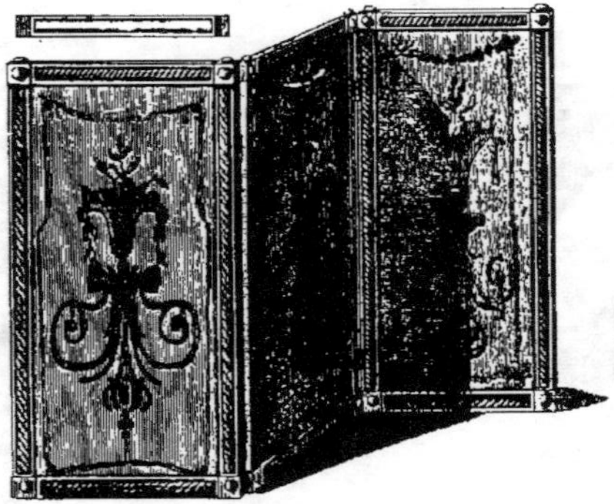

1-2. PARAVENT ET ÉCRAN LOUIS XV (Roubo). — 3. PARAVENT LOUIS XVI (Lalonde).

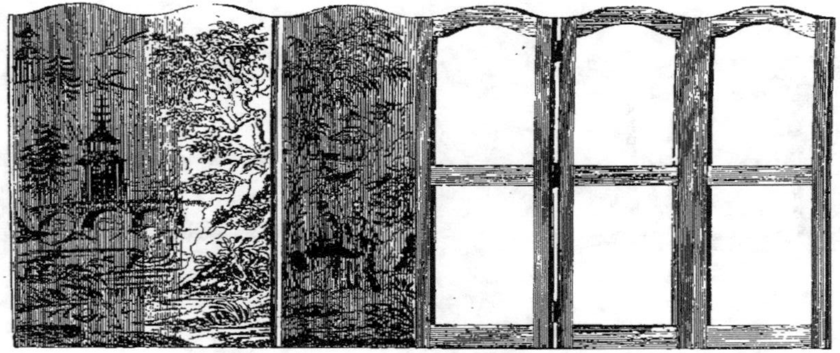

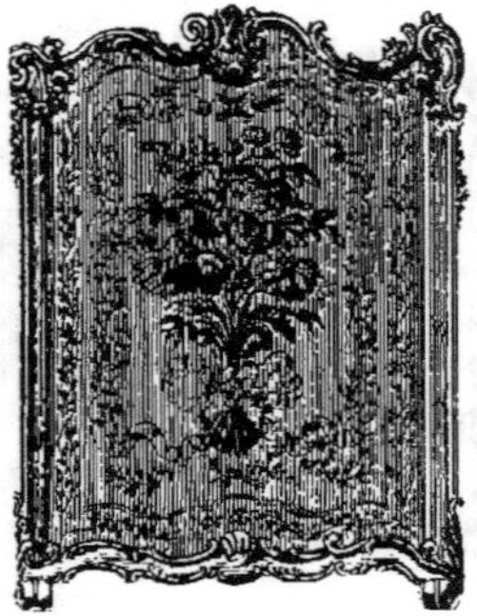

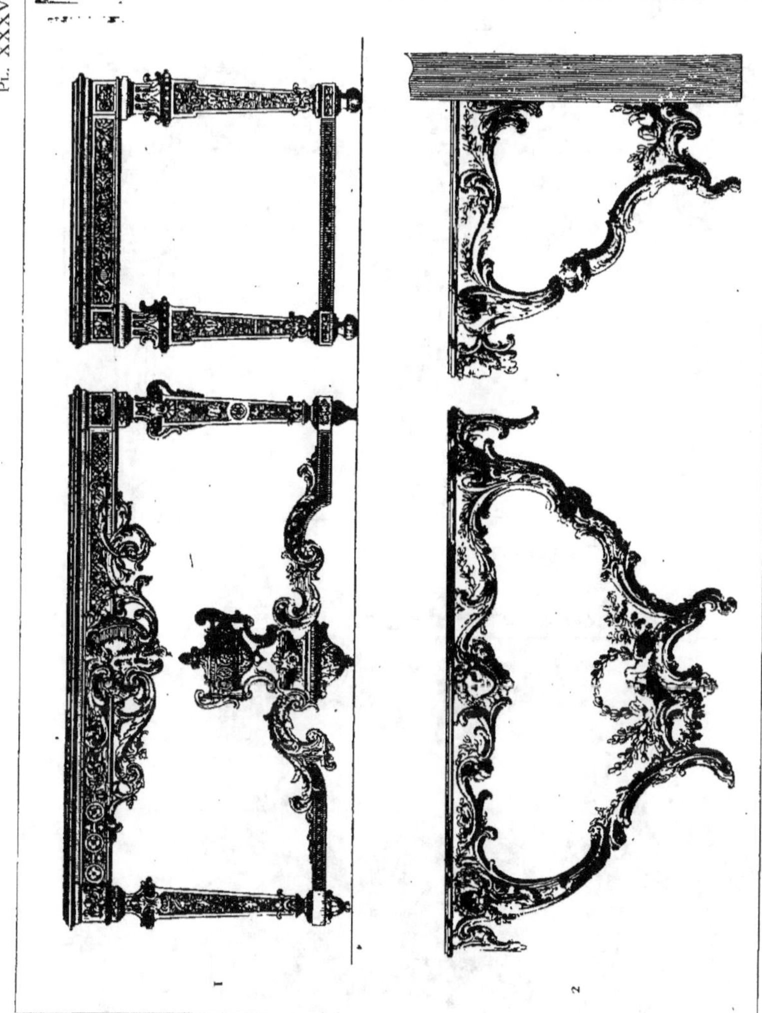

1. Pied de table (console) Régence (*Roubo*). — 2. Console Louis XV (*Roubo*).

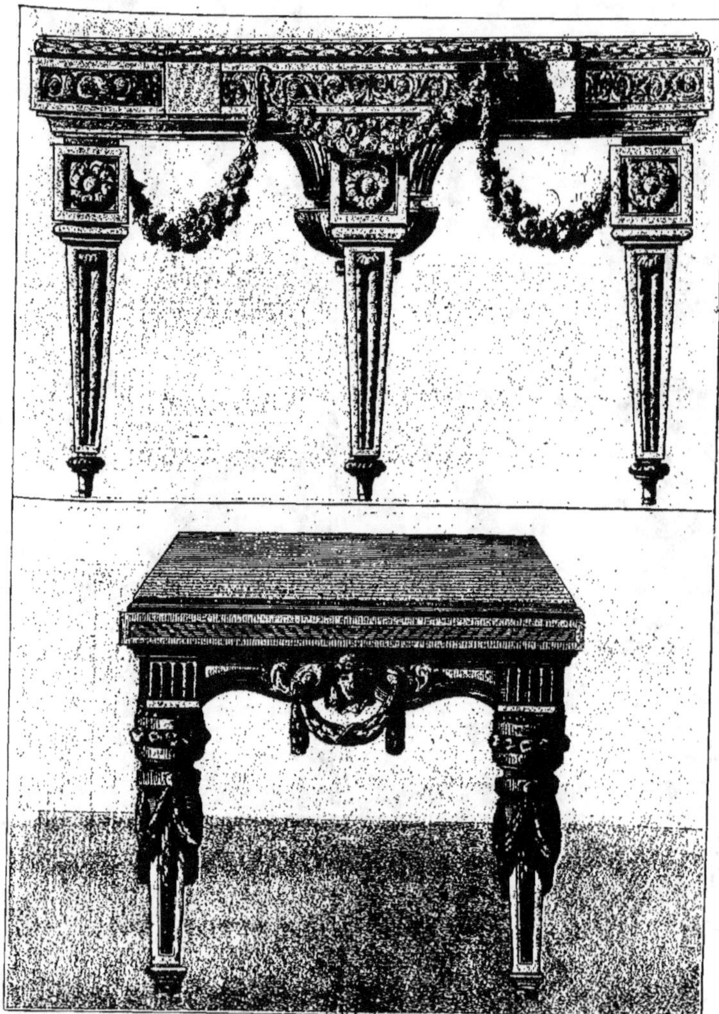

Consoles Louis XVI *(Delafosse)*.

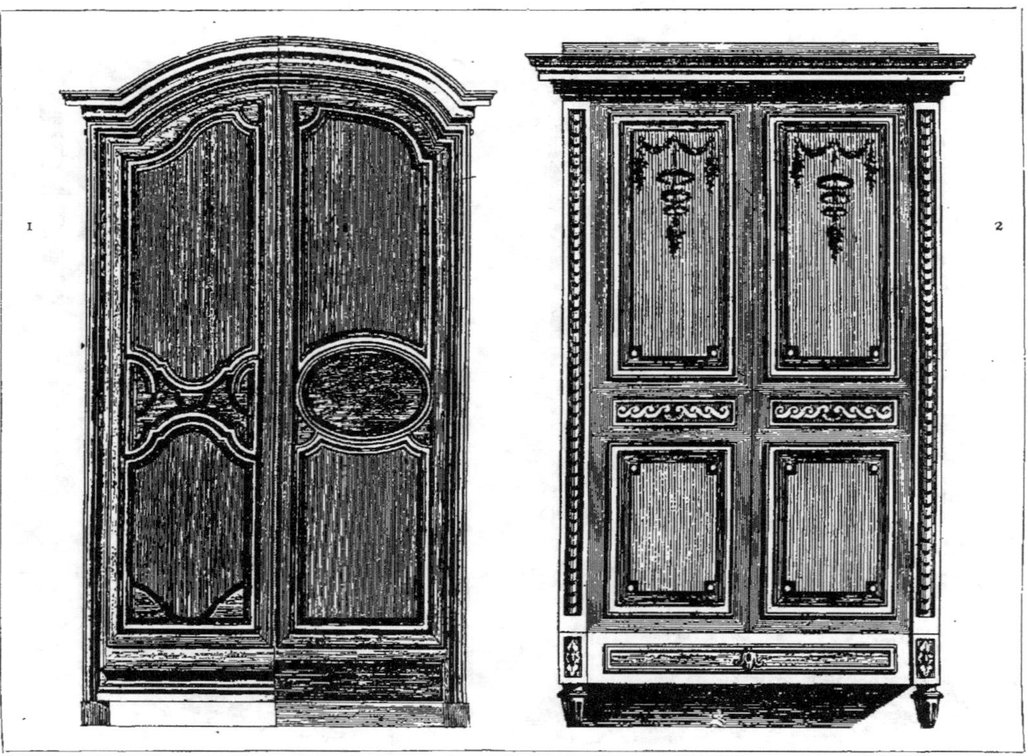

1. Armoire Louis XV (*Roubo*). — 2. Armoire Louis XVI (*Lalonde*).

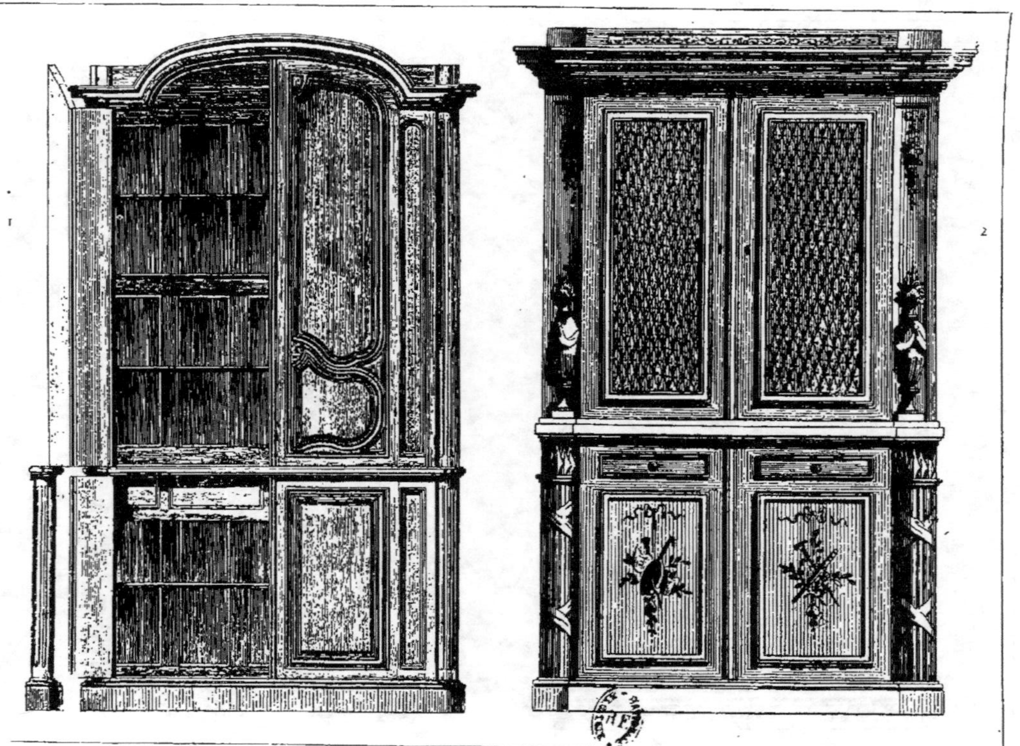

1. Buffet Louis XV (*Roubo*). — 2. Buffet Louis XVI (*Lalonde*).

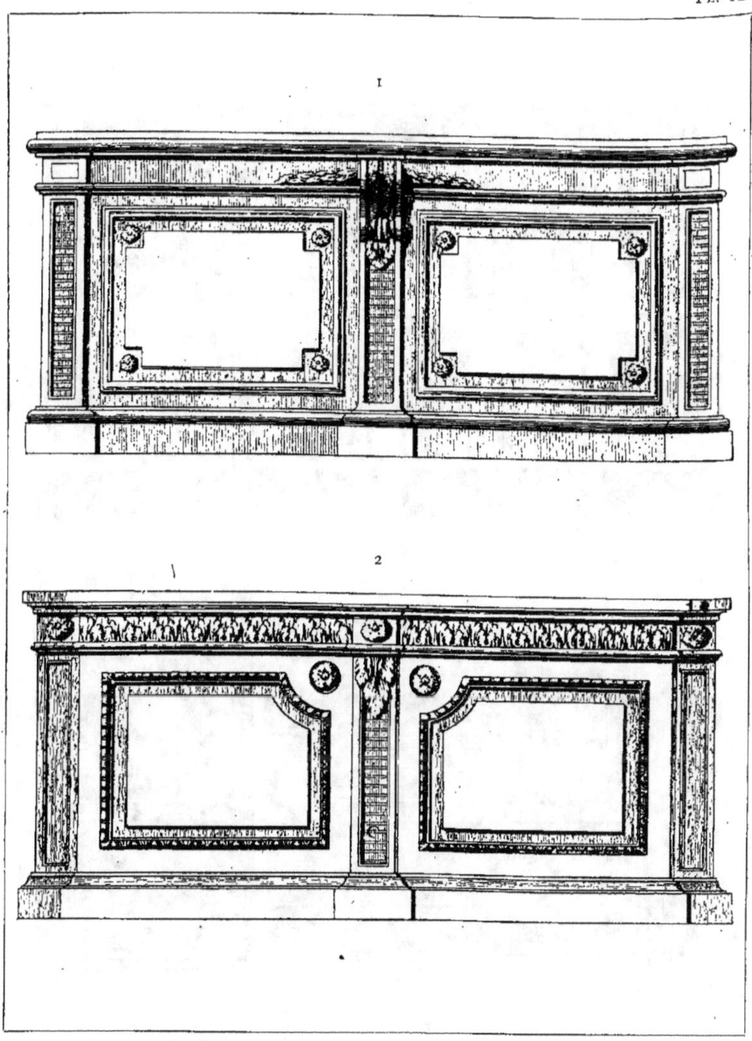

1-2. Bas-de-Buffets fixes Louis XVI *(Boucher)*.

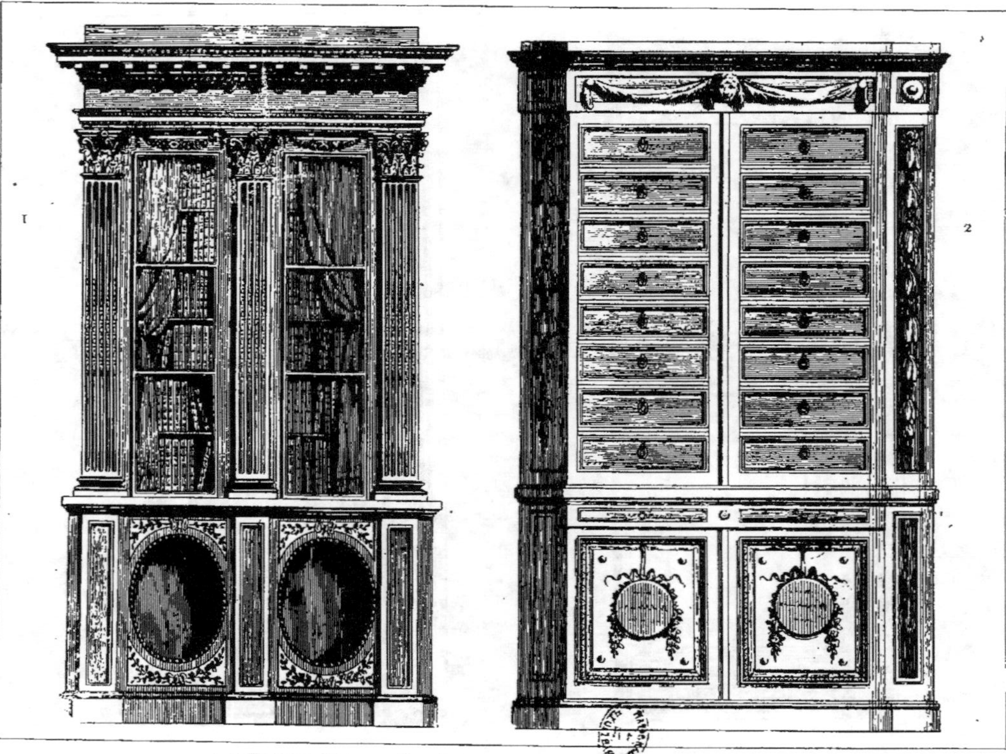

1-2. Bibliothèque et Secrétaire a archives Louis XVI (Lalonde).

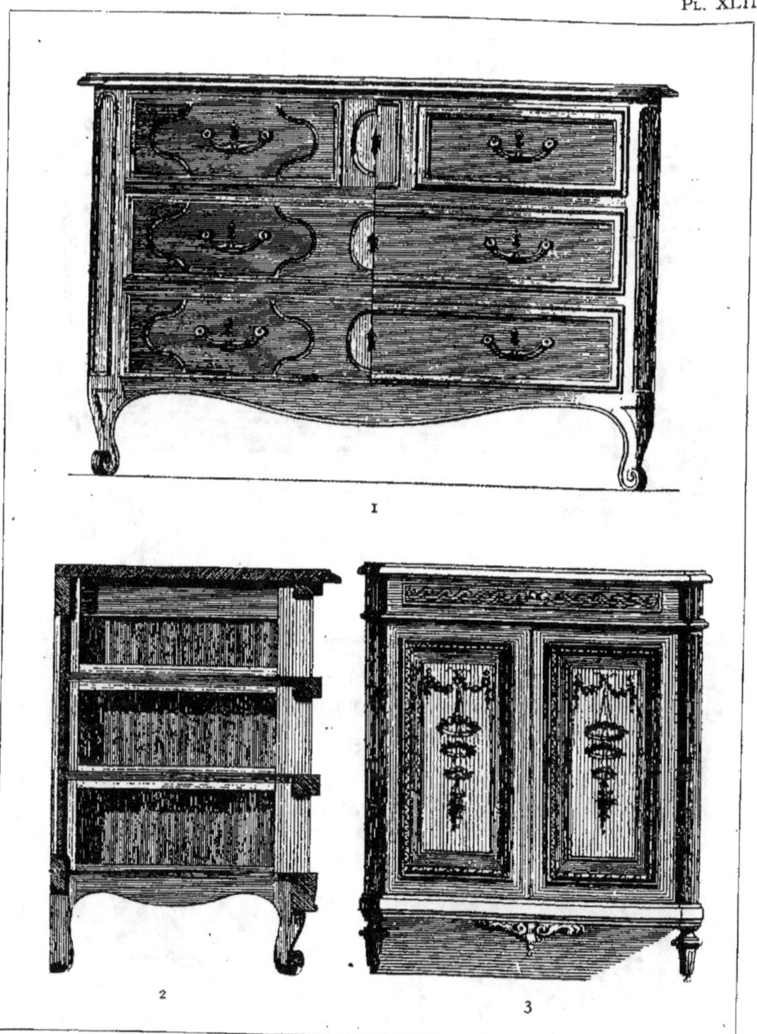

1-2. Commode Louis XV *(Roubo)*. — 3. Encoignure Louis XVI *(Lalonde)*.

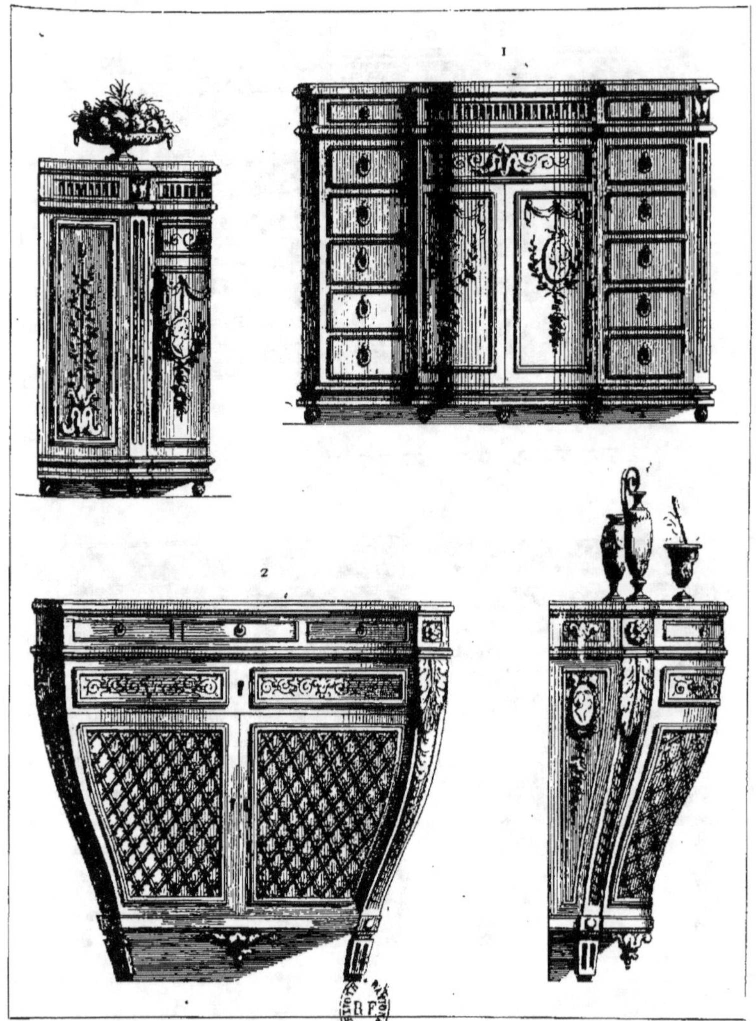

1-2. Commode cintrée et commode en pied-de-biche Louis XVI *(Lalonde)*.

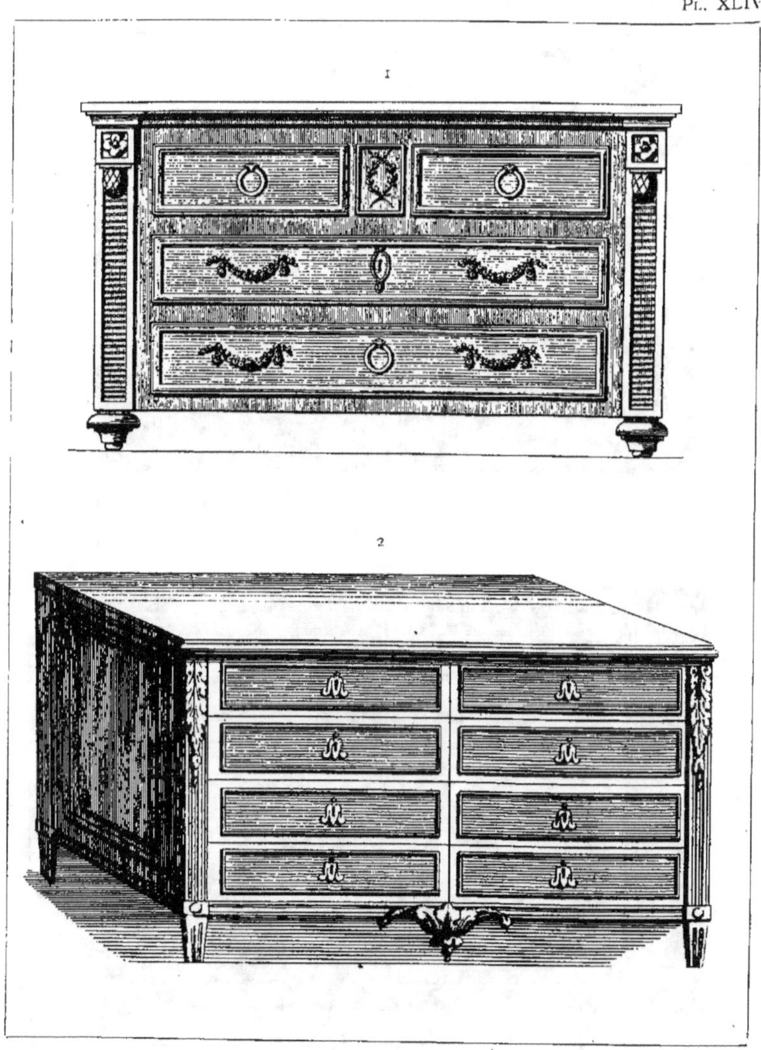

1. Petite Commode Louis XVI *(Roubo)*.
2. Commode carrée ou Garde-Robes Louis XVI *(Lalonde)*.

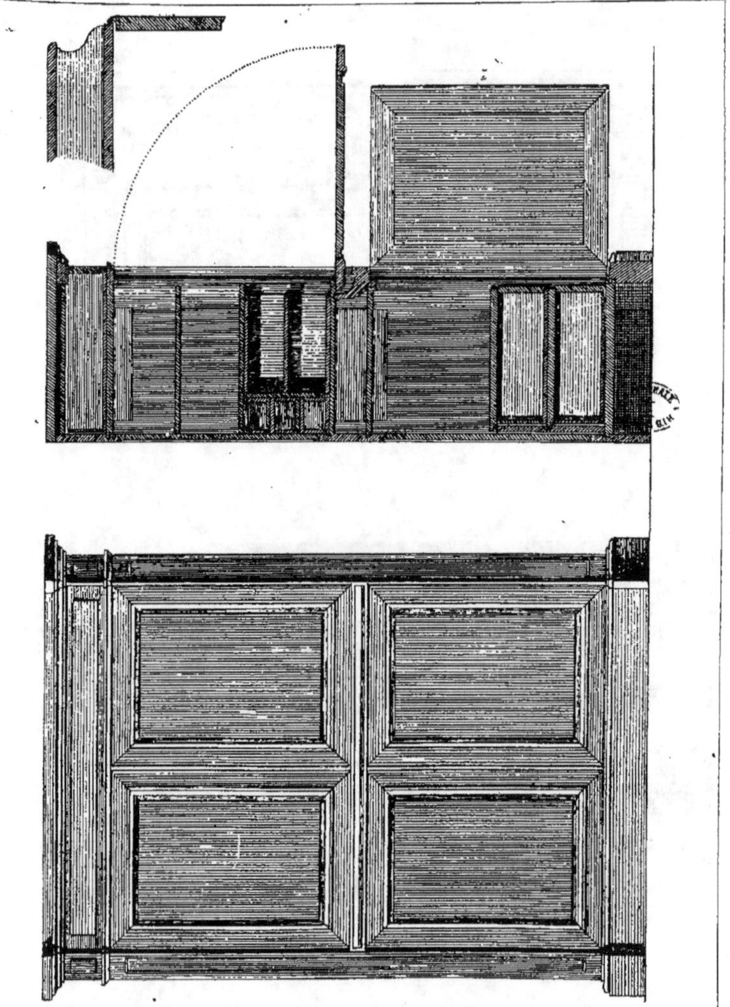

Secrétaire-Armoire a abattant Louis XV-Louis XVI (Roubo).

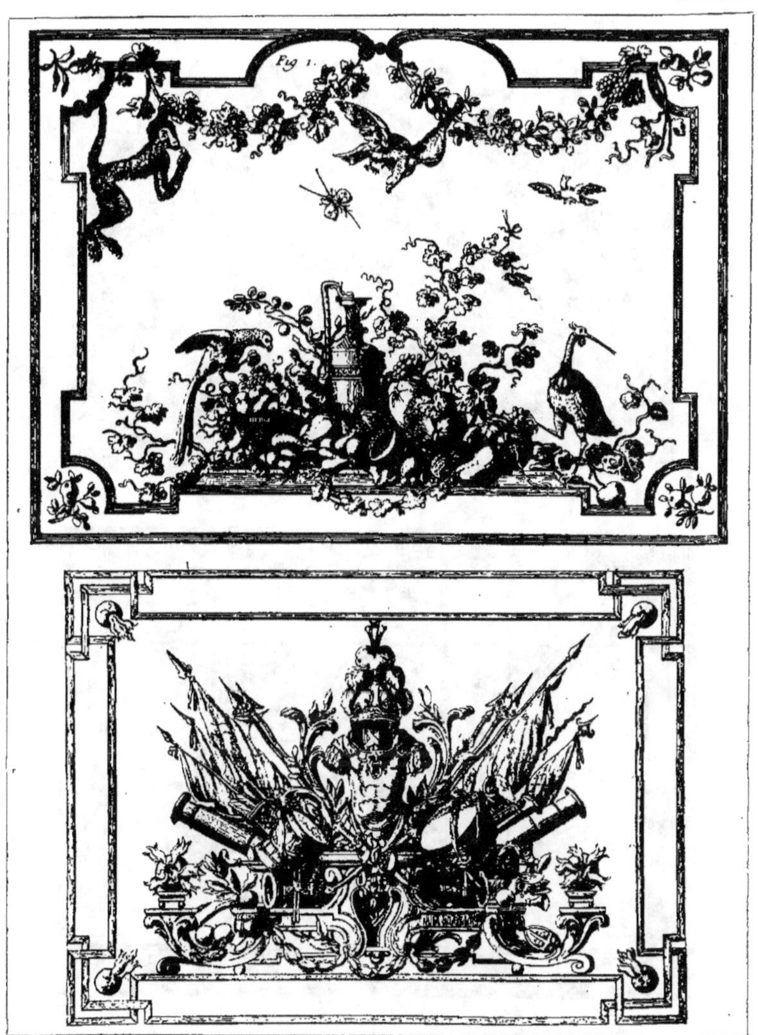

MOTIFS DE MARQUETERIE LOUIS XV-LOUIS XVI *(Roubo)*.

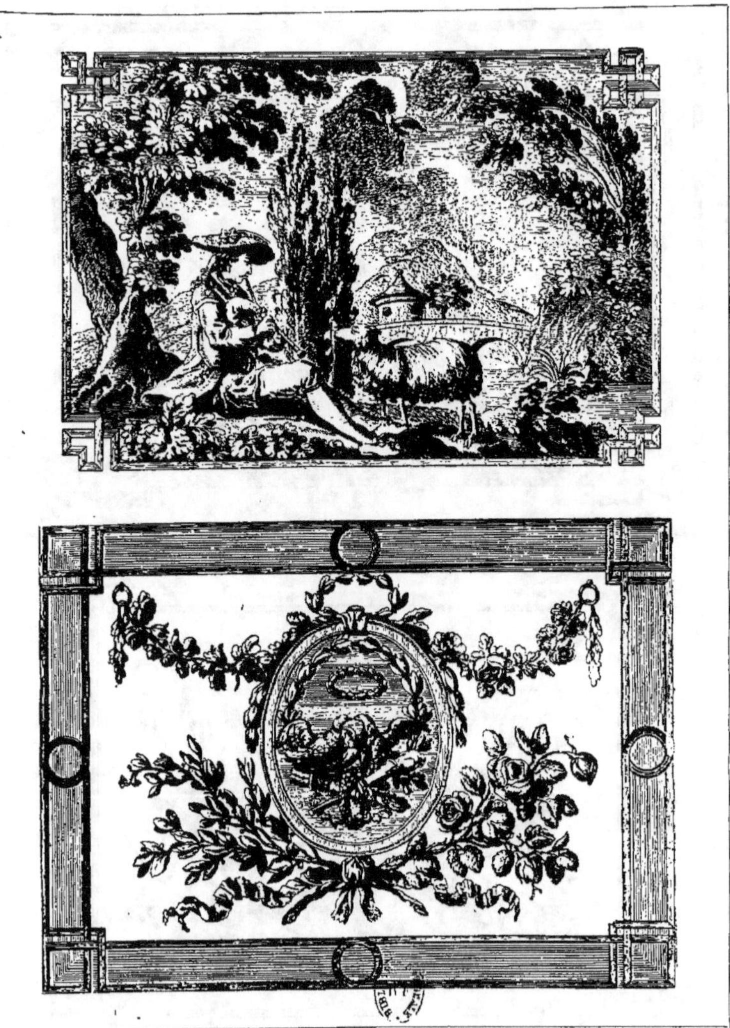

MOTIFS DE MARQUETERIE LOUIS XV-LOUIS XVI *(Roubo)*.

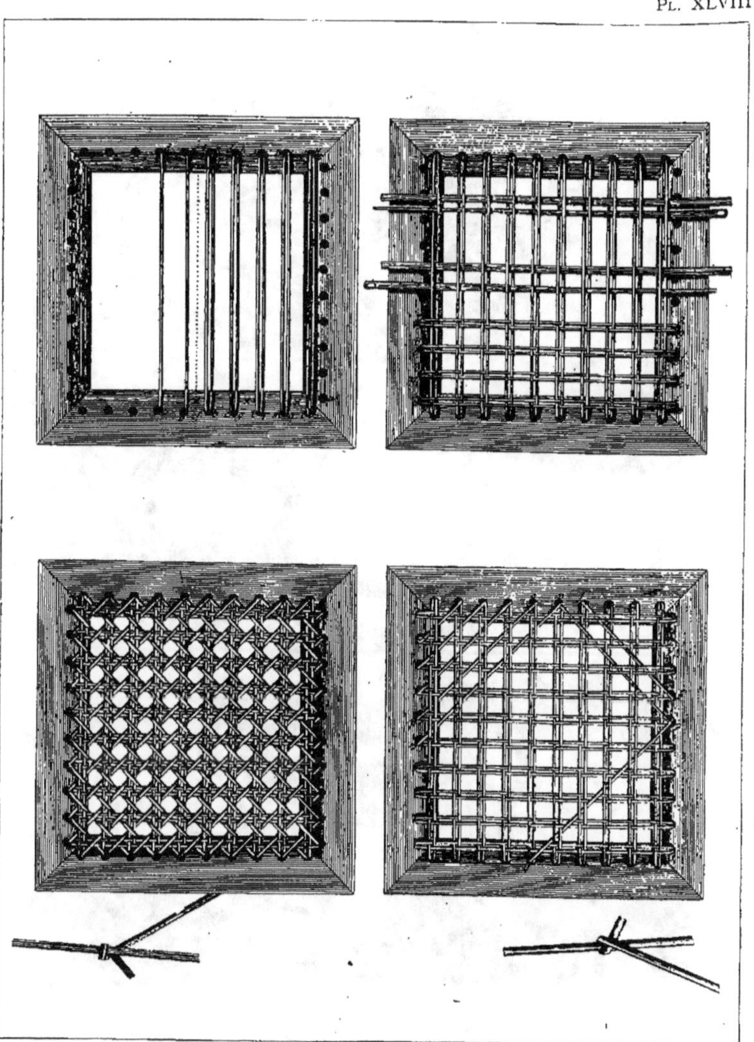

CANNAGE DE SIÈGE LOUIS XV *(Roubo)*.

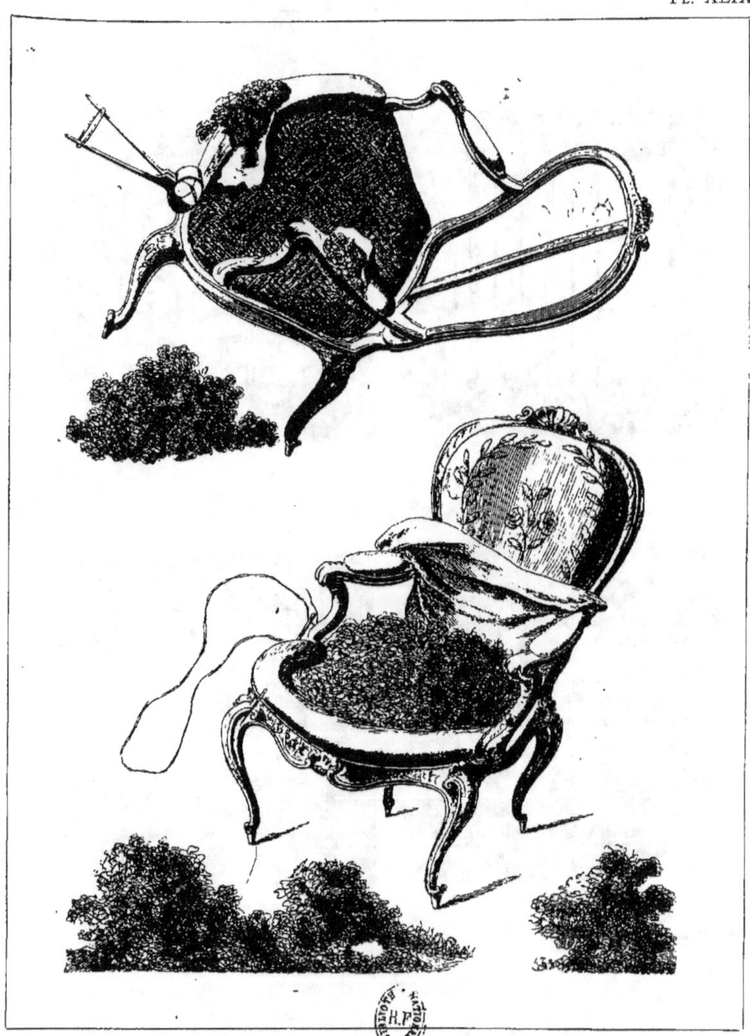

Garnissage d'un siège Louis XV *(Radel)*.

DOUX
Ménage de Pressigny,
de Sa Majesté,

RÉPERTOIRE DES ÉBÉNISTES DU XVIIIᵉ SIÈCLE

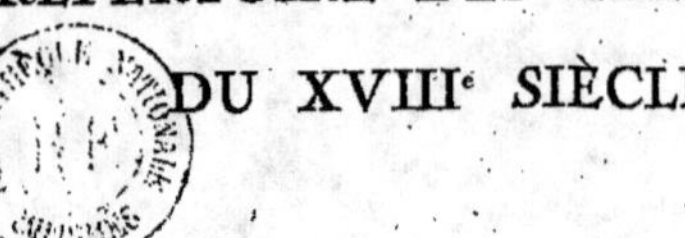

NOTA

Les renseignements que nous donnons ici ont été puisés dans d'importants ouvrages sur le Meuble, tels que :

CHAMPEAUX (A. de), *Le Meuble*. Paris, 1885, t. II, 1 vol. illustré.

CHAMPEAUX (A. de), *Le Portefeuille des Arts décoratifs*. Paris, 1888-1908, 10 vol. in-folio.

CHAMPEAUX (A. de), *L'Art décoratif dans le vieux Paris*. Paris, 1898, 1 vol. in-4º illustré.

HAVARD (H.), *Dictionnaire de l'Ameublement et de la Décoration depuis le XIIᵉ siècle jusqu'à nos jours*. Paris, 1887-1890, 4 vol. in-4º illustrés.

GUIFFREY (J.), *Inventaire général du Mobilier de la Couronne sous Louis XIV*. Paris, 1885-1886, 2 vol. in-8º illustrés.

MOLINIER (E.), *Le Mobilier au XVIIᵉ et au XVIIIᵉ siècle*. Paris, 1898, 1 vol. in-4º illustré.

VIAL (Henri), MARCEL (Adrien) et GIRODIE (André), *Les Artistes et décorateurs du Bois* (Bibliothèque d'Art et d'Archéologie, à Paris, rue Spontini).

TROISIÈME PARTIE

RÉPERTOIRE DES ÉBÉNISTES

DU XVIIIᵉ SIÈCLE

A

ABEL (Philippe), rues des Boucheries-St-Germain et Guizarde. — 1778.

AIMONET (Jean-Claude-Isidore), rue des Cordiers. — 1777.

ALEXANDRE (Jean-Alexis), rue des Fossés-Monsieur-le-Prince. — 1753.

ALLARD (Pierre), rue de Cléri. — 1761.

ALLUINE (Louis-Nicolas), rue du Cygne. — 1782.

AMIOT (Hubert), rue St-Victor. — 1781.

ANCELET (Denis-Louis), rue St-Nicolas, Faubourg-St-Antoine. — 1766.

ANDRÉ (Pierre), rues Neuve-St-Martin, St-André-des-Arcs et Mâcon. — 1777.

ANDRIEU DE BENSON.

ANDRU (Alexandre), rues Neuve-St-Martin, du Ponceau et Meslay. — 1774.

ANDRY. Vécut sous le règne de Louis XVI. Voir collections privées : Turenne
(Vicomte de) : bureau à cylindre; Doucet (Jacques) : tabouret de pied,
signature à l'encre : *Andry*.

ANGOMARD (Joseph), rue Charlot. — 1763. Il y eut trois autres Angomard.

ANGOT (Jacques), passage de l'Hôtel-Lesdiguières. — 1743.

ANSELIN (Jean-François), rue Betizi. — 1779. Donna à Roubo l'idée de la
machine à canneler les bois de plaquage.

ANTOINE (Claude), rues des Mathurins et St-Hilaire. — 1779.

ANTOINE (Jean-Baptiste), rue des Fossés-Monsieur-le-Prince et place de
l'Estrapade. — 1768. Il fut député de la corporation et menuisier de
l'Hôtel de la Monnaie.

ARGUYOT. — Paris, XVIIIᵉ et XIXᵉ siècles. — Rues Cloche-Perce et St-Antoine.

ARMAND (Henri), rue de la Roquette. — 1766.

ARMAND (Noël), rue de Lappe. — 1767.

ARMAND (Jean-Baptiste-François). — Paris, XVIIIᵉ siècle. Grande rue du
Faubourg-St-Antoine.

ARMANT (Jacques), rue du Faubourg St-Antoine, cour St-Louis. — 1763.

ARNOULT. — Paris, xviiiᵉ siècle, époque Louis XV. Constructeur de la table mécanique des petits appartements de Versailles dit « Buffet mouvant » et du fauteuil volant ou ascenseur fait pour Mᵐᵉ de Pompadour.

ARNOULT (Jacques-Benoît-Baptiste), rue du Vert-Bois. — 1782.

ARSELIÈRE (Gérard-Jean), rues du Temple, du Petit-Lion, St-Sauveur et de Tracy. — 1784.

ASTEL (Antoine), petite rue Taranne et rue Princesse. — 1778.

AUBERT (Charles-François), rue de la Vannerie. — 1708.

AUBIN (Jean-Julien), rue et Faubourg St-Denis. — 1777.

AUBRY (Louis), rue de Grammont. — 1774. Voir collections privées : Durand : petite table. Piot : commode avec têtes de béliers en bronze. Il signait : *L. Aubry* ou *L. Aubry M.-E.*

AUDRY (Jacques), rue de Lappe. — 1777.

AUFRÈRE. — Époque Louis XV. Marqueteur de plusieurs maisons royales.

AUGUET. — Paris, xviiiᵉ et xixᵉ siècles.

AUMONT (Louis), rue et cul-de-sac du Paon. — 1784.

AUVIGNE (François), rue Verderet. — 1755.

AUVIGNE (Jean-Baptiste), rue de Verneuil. — 1783.

AVISSE (Guillaume), rues Ste-Barbe, Neuve-St-Étienne et du Faubourg St-Denis. — 1743.

AVISSE (Jean), rue de Cléri. — 1745.

AVRIL (Étienne), rue de Charenton. — 1774. Dit « l'Aîné ». On lui attribue deux suites de cahiers de vases. Voir Musée de Fontainebleau : armoires basses en acajou ornées de plaques en biscuit de Sèvres. Voir collections privées : Mirault, Sené, etc. Il signait : *E. Avril.*

AVRIL (Jean-Denis), dit le Jeune. — Paris, xviiiᵉ siècle, à « La Boule blanche », grande rue du Faubourg St-Antoine.

AVRIL (Pierre). — Paris, xviiiᵉ et xixᵉ siècles, rue de Charenton.

AZAMBRE (Antoine-Joseph), rues de Bondy et du Faubourg du Temple. — 1776.

AZTIGUES (Antoine). — Paris, xviiᵉ siècle. Marqueteur. Il travailla dans l'atelier d'André-Charles Boulle.

B

BACHARD (Edme), rue de la Vieille-Monnaie. — 1778.

BACON (Jacques), rues Neuve-des-Mathurins, Feydeau et du Faubourg-Montmartre. — 1767.

BADIN (Jean), rues Mauconseil, des Fourreurs et Cloître Ste-Opportune et Mauconseil. — 1755.

BAILLETE (François), rue de Clichy. — 1701.

BAILLÈTE (François), rues St-Honoré, Neuve-des-Mathurins, Tiron et
   Chaussée-d'Antin. — 1761.
BAILLIOT (Jean-Baptiste), rue et barrière de Sève (Sèvres). — 1780.
BAILLY (Louis), Chaussée-d'Antin. — 1767. Il y eut plusieurs Bailly.
BAJOT (François-Louis), rue de Bourgogne. — 1760.
BAJOT (Jacques), rue de la Vieille-Draperie. — 1738.
BALAND (François), rue de la Grande-Truanderie. — 1782.
BALLET (Louis-Marie), fut nommé en 1781 ébéniste des Gobelins sous Œben.
BALMAT (Nicolas-Michel), rues de la Calandre, Oignard, des Deux-Écus,
   Neuve-St-Laurent, et Ste-Appoline. — 1760.
BALNY. — Paris, XVIII⁰ et XIX⁰ siècles, rue du Faubourg St-Antoine.
BALTON (Antoine). Époque de Louis XVI, rue Montmartre.
BALU (Benoît), rue Geoffroy-l'Asnier. — 1772.
BARA (Nicolas-Antoine), 1736.
BARASCUD (Pierre), rue des Petits-Carreaux. — 1788.
BARBAULT (Jean-Antoine-Joseph), rue Mouffetard. — 1774.
BARBIER (François), rues Grange-Batelière et St-Georges. — 1781.
BARBOTIN (Joseph), rue des Poulies. — 1785.
BARON (Pierre-François), rues de Bièvre et Boucherat. — 1764.
BARON (François) rue de l'Échaudé. — 1785.
BARRAULT (Joseph), rue Traversière, Faubourg St-Antoine. — 1768.
BARRÉ. — Paris, XVIII⁰ siècle. Marqueteur, cours des Fontaines, au Palais-
   Royal.
BARREAU (Étienne-Ovide). — Paris, XVIII⁰ siècle. Rue de Charenton.
BARTHÉLEMY (Charles), rues Mondétour et des Petits-Champs-St-Martin. —
   1777. Voir ses meubles collection de Mᵐᵉ Sluys.
BARY (Louis-François), rue Beaubourg. — 1772.
BARY (M.). — Paris, XVIII⁰ siècle. Voir collection privée Clifden (Vicomte).
   Il signait : *M. Barry M. E.*
BARY (Thomas). — Paris, XVIII⁰ siècle. Rue du Faubourg Poissonnière.
BAS (Jean-André), rue et Faubourg Montmartre. — 1787.
BASSET (Jean), place Cambray et rue St-Jean-de-Latran. — 1774.
BASSIN (Pierre-Joseph), rue du Faubourg St-Antoine. — 1762.
BASTIN (Pierre-Joseph), rue du Faubourg St-Antoine. — 1762.
BASTIN (Simon), rue de Bourgogne. — 1774.
BASTIER (Jean-Baptiste), cul-de-sac Basfour. — 1746.
BAUDET (Louis-Antoine-Martin), rue St-Antoine. — 1770.
BAUDIN (Noël), rue du Faubourg St-Martin. — 1763.
BAUDON-GOUBAUT. — Paris, XVIII⁰ et XIX⁰ siècles. Substitua l'orme noueux
   aux bois d'Amérique. Cour des Petites-Écuries, Faubourg-St-Denis.
BAUDOUX (Dieudonné), rue des Filles-du-Calvaire. — 1788.
BAUFRE (Noël-François), rue des Vieilles-Tuileries. — 1753.
BAUGRAND (Pierre-André), rues des Canettes et Princesse. — 1761.

BEAUGRAND (Jean), cul-de-sac de la Guisarde et rue des Canettes. — 1766.

BAVANT (Jean-Jacques). — Paris, XVIIIe et XIXe siècles. Rues de la Sourdière et St-Roch.

BAUVE (Mathieu de), rue de Cléri. — 1754.

BAYER (Christophe-Wolfgang). — Paris, XVIIIe siècle.

BAYER (François), rues St-Honoré, de Taranne, du Vieux-Colombier et Montmartre. — 1764. Ébéniste-marqueteur. Voir Musée de South-Kensington : petite table à ouvrage et collection privée Gauchery. Il signait : *F. Bayer M. E.*

BEAUCAISNES (Romain), rues des Petits-Champs-St-Martin, Poissonnière et des Petits-Carreaux. — 1773.

BEAUCE (Louis-Laurent), rues du Faubourg-St-Antoine, St-Honoré, passage St-Roch. — 1787.

BEAUDRET. — Paris, XVIIIe siècle. Travailla pour Trianon.

BEDU (Ignace-Chrétien), rues Vieille-du-Temple, du Harlay, et petite rue St-Gilles. — 1751.

BELANGER (Antoine), rue de Cléri. — 1773.

BELCHAMP (Étienne), rue du Faubourg St-Honoré. — 1769.

BELIN (François-Bernard), rues du Gros-Chenet et Neuve-des-Mathurins. — 1766.

BELIN (Sulpice-Vincent), rues Poissonnière et du Gros-Chenet. — 1732. Il était menuisier du duc d'Orléans.

BELLANGER-PAUH. Époque Louis XVI. Rue St-Martin. V. marque. Voir Musées : Château de Windsor, deux cabinets en laque, ornés de bronzes et de plaques de porcelaine de Sèvres. Il signait : *Bellanger-Pauh, rue St-Martin, n° 41 à Paris.*

BELLANGÉ (Pierre-Antoine), rue Neuve-Porte-St-Denis. 12 Prairial an XI. Breveté du garde-meuble de la couronne sous la Restauration, il meubla le Pavillon de St-Ouen.

BELLANGÉ. — Paris, XVIIIe et XIXe siècles. Voir Musée : Château de Windsor, cabinet orné de plaques de Sèvres. Signé : *Bellangé, 33, rue des Marais, Paris.*

BELLET (Jean), rue de Lappe. — 1750.

BELLET (Jean-Baptiste), rue de Lappe. — 1782. Probablement fils du précédent.

BELLICARD (Guillaume), rue du Faubourg-St-Martin. — 1748.

BELLU (Antoine), rue de Paradis, près St-Lazare. — 1783.

BERNARD (Jean-Bapt.-Mich.), rues de Grenelle, du Bacq et du Faubourg-St-Honoré. — 1769.

BENARD (Louis-Siméon), rue du Four-St-Honoré. — 1778.

BENARD (Pierre-Nicolas), rue du Temple. — 1777.

BENÉENS. — Paris, rues de la Voirie et du Faubourg St-Denis. — 1765.

BENEMAN (Jean-Guillaume), rue Forest, 1785. Venu probablement d'Allemagne, travailla pour la Cour dès 1786 et établit des boutiques au garde-Meuble, à Fontainebleau, à Compiègne. Ses meubles sont lourds et riches, le plus souvent en acajou orné de cuivres. Il remplaça Riesener comme ébéniste de la Cour et fit pour Marie-Antoinette le mobilier du château de St-Cloud. Il travailla pour les châteaux de Choisy, Compiègne, Rambouillet, pour Mme de Polignac au château de Fontainebleau, pour le service du contrôle général au château de Versailles. Sous le Directoire, Beneman travailla pour Collignon, marchand de meubles. Voir Musées : château de Compiègne : bureau plat en acajou; bronzes ciselés et dorés; château de Fontainebleau : commode en bois de rose ornée de cuivres ciselés et dorés; Louvre : grand meuble d'appui en acajou, orné de cuivres ciselés et du monogramme de Marie-Antoinette; commode en acajou à trois panneaux, ornée de cuivre et de bronzes verts, commode en acajou ornée de cuivres et de plaques en biscuit de Sèvres, etc. A Londres, collection Wallace : commode en acajou. Voir aussi collection privée Kahn (Rodolphe). Il signait : *G. Beneman* et *G. Beneman et I. J. Stockel.*

BENOÎT (Jean-François), rue de Seine. — 1776. Il y eut plusieurs Benoît ou Benoist.

BERGEMAN ou **BERGMANN** (Johann-Friederich). Époque de Louis XVI. Il travailla à l'atelier de G. Trost.

BERGEZ (Adrien-Innocent), rues Gaillon et de Grammont. — 1764.

BERNARD (Jacques), rues des Fossés-St-Germain-l'Auxerrois, Notre-Dame-des-Victoires et Jocquellet. — 1760. Employa la marqueterie, les applications de bronze ciselé et des plaques de porcelaine de Saxe. Souvent cité dans les ventes anciennes.

BERNARD (Pierre), rue de Lappe. — 1766. Voir collection privée Blagé : bureau toilette, de la collection privée Sempé : bergère et chaise Louis XV. Il signait : *P. Bernard* ou *P. Bernard, ébéniste.*

BERNARD, rue de la Roë, à Angers. Époque de Louis XVI. Facteur de forte piano et de meubles en ébène et en bois étrangers. Il y eut plusieurs autres Bernard ébénistes-menuisiers et sculpteurs sur bois.

BERNIER (Balthazard), rue de la Huchette. — 1787.

BERRIAR (Guillaume), rues des Petits-Carreaux et Neuve-St-Germain. — 1773.

BERTHAULT (Jean-Louis), rue Galande, cul-de-sac du Paon et rue St-Benoît. 1759.

BERTHEREAU (J.-Hugues), rue Neuve-St-Augustin. — 1748. Il travailla à la Chambre et au cabinet du roi au château de Choisy.

BERTIER ou **BERTHIER** (Pierre), rue Neuve-St-Martin. — 1778.

BERTON (Valentin-Noël), rue de Cléri. — 1757.

BERTRAND (Jean-Nicolas), enclos St-Denis-de-la-Chartre et rue aux Fèves. 1764.

BERTRAND (Jean-Pierre), rue du Faubourg St-Antoine. — 1775.

BERTRAND (Nicolas), dans St-Denis-de-la-Chartre. — 1770.

Il y eut d'autres Bertrand ébénistes et menuisiers.

BESSET (Jean-Pierre), rues de l'Échiquier et du Faubourg-St-Denis. — 1787.

BESSOLLE (Guillaume), rue et Faubourg-St-Denis. — 1782.

BESSON (Charles), rue Neuve-St-Martin. — 1758.

BESSON (Henri), rue St-Denis. — 1782.

BETTMANN. — Paris, XVIIIᵉ siècle. Travailla pour le château de Compiègne.

BEURY (François), rue et Faubourg-St-Honoré. — 1772.

BIENNAIS. — Paris, XVIIIᵉ et XIXᵉ siècles. Au « Singe violet », rue St-Honoré. Ébéniste et orfèvre de leurs Majestés les rois de Hollande et de Westphalie. Il exécuta des nécessaires et des coffrets pour Napoléon Iᵉʳ et la Cour. Il signait : *Biennais-Violet, rue du Singe, à Paris.*

BILLION (Mathieu), rues du Faubourg-Montmartre, Cloître St-Jacques-l'Hôpital et rue des Petits-Carreaux. — 1765.

BIOCHET (Pierre), rue de Mazière. — 1774.

BIRCKLÉ (Jacques), rue St-Nicolas, Faubourg-St-Antoine. — 1764. Il y eut plusieurs Bircklé, ébénistes ou menuisiers dont l'un signait : *A. Bircklé.* Il signait *J. Bircklé.*

BIRKEL (Frédéric), rue du Faubourg St-Antoine. — 1786. Il était originaire d'Alsace.

BIZET (Jean-Philippe), rue et Faubourg Montmartre et rue Bergère. — 1768.

BIZET (Michel-Philippe), rue du Faubourg-Montmartre et passage du Saumon. — 1741.

BLAISE (Louis-François), rue du Four-St-Germain. — 1773.

BLANCARD (Jean-Nicolas), rue de Cléry. — 1777.

BLANCART (François-Louis), rue St-Sauveur. — 1777.

BLANCHARD (Étienne), rue du Faubourg-St-Antoine. — 1757.

BLANCHARD (Jean-Nicolas), rues de Cléri et Ste-Barbe. — 1771.

BLONDEAU (Louis), Montagne-Ste-Geneviève. — 1777.

BLOT (René), rue des Filles-du-Calvaire. — 1756.

BLU (Pierre), rue d'Arcis et rue Marivaux-St-Jacques, cours St-Pierre. — 1782.

BLUCHEIDNER (Georges-Pierre-Auguste), rue du Temple. — Époque de Louis XVI. On retrouve sa signature sur une curieuse estampille d'un meuble sorti de l'atelier de son patron J.-G. Frost. Il y ajoute avec son collègue Bergmann ces mots : « Nous avons bu autant de pintes de vin que le bureau pèse de livres. Les ouvriers : *Johan Friedrich Bergemann, Georges-Pierre-Auguste Blucheidner,* 24 novembre 1787 ».

BOCAGE (L.-Jean-Jacques), rue Traversière-St-Honoré. — 1781.

BOCQUET (Jean-Louis), rues Guénéguaud et Mazarine. — 1778.

BOFREDON (François-Léon), rue Christine. — 1786.

BOICHOD (Pierre), rue du Faubourg St-Antoine. A la « Boule Blanche ». — 1769.

BOILEAU (Philippe), rues Pastourelle et de Limoges. — 1787.

BOISOUX, rues Montmartre et des Prouvaires. — 1760. Devint syndic de la communauté.

BOISSIER (Pierre-Martin-Dominique), dans l'Hôtel Royal des Invalides. — 1772.

BOLTEN (Henri), rues Montmartre et Neuve-St-Augustin. — 1774. Il était originaire de la Gueldre.

BONDIN, rue Traversière-St-Antoine. Époque de Louis XV.

BONNA (Jean), rues de la Cossonnerie et Tiquetonne. — 1770.

BONNAMY (Joseph), rues de la Limace et Neuve-St-Nicolas. — 1763.

BONNAMY (Pierre), rues Aubry-le-Boucher et St-Denis. — 1781.

BONNARD (Jean), rue St-Honoré. — 1777.

BONNEAU (Claude), rues des Moineaux, St-Landry et Verte-à-la-Vacherie. — 1770.

BONNEMAIN (Antoine), rue St-Nicolas, Faubourg St-Antoine. — 1753.

BONNEMAIN (Pierre), rue Traversière, Faubourg St-Antoine. — 1751.

BONTEMPS (Pierre-François), rues St-Bernard et des Grands-Degrés. — 1775. Il y eut un autre Bontemps menuisier-ébéniste.

BONVALLET (Claude), rue d'Argenteuil. — 1765.

BORDIN (Christophe-Isidore), rue d'Anjou. — XVIIIe siècle.

BOREL (François-Moyse), rue Charlot. — 1752. Syndic en 1777. Auteur de la Bibliothèque et des stalles de l'Abbaye de St-Denis.

BORY (Louis-François), rues du Cimetière-St-Nicolas et Beaubourg. — 1772.

BOSSUGE (Pierre-Marie-Michel), rues de la Lanterne et St-Bon. — 1777.

BOTTIN (Henri). — Paris, XVIIIe siècle.

BOUCAULT (Guillaume), rues Ste-Marguerite, St-Antoine et de Charonne. — 1766.

BOUCAULT (Jean), rue du Faubourg St-Martin. — 1728. Il signait : *J. Boucault*. Il y eut un autre Boucault ébéniste.

BOUCHER (Denis), rue des Petites-Écuries-du-Roi. — 1783.

BOUCHER (Mathias-Nicolas), rue de Poitiers. — 1770.

BOUCHET (Denis), rue des Petites-Écuries-du-Roi. — 1783.

BOUDAR (Marin), enclos du Temple et rue du Pont-aux-Choux. — 1789.

BOUDIN (Léonard), rues Traversière, Cloître-St-Germain-l'Auxerrois, Fromenteau. — 1761. Il tenait un grand magasin de meubles. Créateur des tables rondes à sujet chinois dites « à la Jésuite ». Ses meubles sont décorés d'une fine marqueterie et leurs pieds sont ornés d'ornements de bronze ciselé.
Voir collections privées : Beurdelay, petit chiffonnier ; et Durand, table de nuit. Il signait : *Boudin*.

BOUÉ (Jean), rue du Petit-Bacq. — 1778.

BOUILLIER (Louis), rues des Prouvaires et Montmartre. — 1756.

BOULARD (Jean-Baptiste), rue de Cléri. — 1755 (marque). Il travailla pour le garde-meuble royal et pour celui du comte d'Artois à Bagatelle. Beaucoup de ses meubles ont passé dans des ventes. Il signait : *J.-B. Boulard.*

BOULLE (André-Charles), XVIIe et XVIIIe siècle. Ébéniste-marqueteur.

Il débuta probablement comme décorateur et sculpteur sur bois à la Manufacture des Gobelins sous les ordres de Lebrun. Ses collections personnelles de meubles, de dessins, d'estampes, de médailles, de livres, étaient considérables et célèbres, et malgré l'incendie qui détruisit ses ateliers en 1720, il lui en resta une grande partie. Il avait ouvert une boutique rue de Reims et avait obtenu deux logements aux Galeries du Louvre. Il est le plus célèbre ébéniste-marqueteur de l'époque de Louis XIV, et à cause de la série de ses successeurs ne peut être séparé du XVIIIe siècle. Il créa un mode de décoration tout particulier avec de la marqueterie de bois de couleur, des incrustations de cuivre, d'étain, d'écaille, de corne, d'ivoire, alternant les motifs d'écaille sur champ de cuivre ou vice-versa, suivant la technique italienne et sous l'inspiration des dessinateurs Bérain et Robert de Cotte. Les œuvres sorties de l'atelier de Boulle sont innombrables. Voir Musées du château de Fontainebleau : horloge régulateur, le char d'Apollon; Conservatoire des Arts et Métiers : autre horloge régulateur; de la Bibliothèque Nationale : armoire; de la Bibliothèque de l'Arsenal : horloge régulateur; de la Bibliothèque Mazarine : horloge, commode ; de l'Imprimerie Nationale : du Louvre : bureau, horloge, bibliothèque, armoires, cabinets, commodes; du Ministère de la Marine : horloge; à Londres, au Musée de South-Kensington; au château de Windsor; et dans de nombreuses collections particulières : Read-Richard, A.-L. Lacordaire, A. Montaiglon, etc., etc.

BOULLE (André-Charles II), ébéniste-marqueteur, XVIIIe siècle. Fils du précédent.

BOULLE (Charles-Joseph), dit Boulle le Jeune, ébéniste-marqueteur. Fils d'André-Charles Ier.

BOULLE (Jean-Philippe), ébéniste-marqueteur, Paris, XVIIIe siècle. Fils d'André-Charles Ier.

BOULLE (Pierre-Benoît), ébéniste-marqueteur, Paris, XVIIIe siècle. Fils d'André-Charles Ier.

Il y eut plusieurs autres Boulle ébénistes et menuisiers qui travaillèrent dans les mêmes traditions.

BOULLET (Jean-Martin), rue Poissonnière entre les deux barrières. — 1781.

BOULLET (Robert), rue des Gravilliers. — 1787.

BOULLY (Benoît), enclos St-Sulpice. — 1754.

BOULONGNE (Jacques-Charles), rue des Quatre-Fils. — 1768.

BOUQUERELLE (Michel), rue du Dauphin. — 1758.

BOURDIN (François), rues Mazarine, de Buci et Beurrière. — 1773.

BOURGAIN (Pierre), rue Guillaume-Isle-St-Louis. — 1763.

BOURGEAUX (Pierre-Nicolas), rues Neuve-St-Roch et du Luxembourg. — 1773.

BOURGEOIS (Charles), rue Guisarde. — 1772.

BOUSSARD (Louis), rue Cassette, 1763. — Syndic en 1783.

BOUTIN (René), rues de Charenton et de Charonne. — 1754.

BOUTIN (Jacques-René), cul-de-sac Basfour et rue du Ponceau. — 1782. Fils du précédent.

BOUTIN (Jean-Jacques-René), — Paris, XVIIIe et XIXe siècles. Fils aussi de René Boutin.

BOUVIER (Emmanuel), rues de Gêvres, des Barrès et du Beaujolais. — 1772.

BOYAUX (Pierre), rue St-Denis. — 1785, Il est trinitaire et gagne maîtrise.

BOYER (Antoine), rue de Vendôme. — 1757.

BOYER (François), passage de Rome, rue des Gravilliers. — 1786.

BRACONNIER (Sébastien), rue Galande. — 1755.

BRAYE (Jean-Michel), rue du Four-St-Germain. — 1788.

BRÉARD (Guillaume), rues Guisarde, du Pot-de-fer-St-Germain et place Dauphine. — 1768.

BREGENZER (Mathias). — Paris, XVIIIe et XIXe siècles, originaire de la Suisse, travailla pour Frost.

BRELEST (Claude), rue Boucher. — 1788.

BREMANT (Étienne-Crespin), rue Beauregard. — 1765.

BREMANT (Étienne-François), rues de Bourbon-Villeneuve et Beauregard. — 1785.

BREMARRE (Jean-Baptiste), rue St-Bernard. — 1777.

BREMEL (Jean-Pierre). — Paris, XVIIIe siècle, rue du Faubourg-St-Antoine.

BREUVERS (Pierre), rue de Verneuil. — 1781.

BRIDAULT (Jacques), rues Neuve-St-Roch, d'Argenteuil, et Tiron Chaussée d'Antin. — 1768.

BRIOIS (Jean-Claude), Faubourg-St-Antoine. — 1766.

BRISSET (Joseph), rue des Maçons. — 1760.

BRIZARD (Pierre), rues de Cléri et d'Hautefeuille. — 1772 (marque).

BRIZARD (Sulpice), rue de Cléri. — 1762 (marque). Voir au garde-meubles, ses sièges en bois doré.

BROCHET (Jean-Baptiste), rues des Postes et de Contrescarpe. — 1741.

BROCHET (Pierre), rue St-Lazare et Chaussée d'Antin. — 1788.

BROSCOLLE (Louis), rues St-Nicolas-du-Chardonnet et de la Corne. — 1755.

BROSCOLLE (Guillaume-Louis), enclos St-Jean-de-Latran. — 1787.

BROSCOLLE (Jean-Denis), rue Bordet. — 1786.

BRON (François), rue du Faubourg-St-Antoine. — 1786.

BRUN (Henri-Julien), rue du Bacq. — 1781.

BRUNEL (Henri), rue et barrière de Sève, Sèvres. — 1763.

BRUNS (Jean-Antoine), rue St-Nicolas, Faubourg-St-Antoine. — 1782.

BRUNS (fils). — XVIIIe et XIXe siècles, rue du Faubourg-St-Antoine. Il fit de beaux meubles, entr'autres une table pour la maison du roi.

BRUYANT (Saturnin), rues du Grenier-St-Lazare et de la Réunion. — 1786.

BUCHETTE (François-Henri), rue des Orties, Butte-St-Roch, d'Argenteuil et les Quinze-Vingts. — 1770.

BUFFETEAU (Jean-Louis), rues du Paon, St-Victor et des Fossés-St-Bernard. — 1776.

BUGNIET (Pierre-Roze-Joseph), rue de Sèvres. — 1783.

BUISSON (Jean), Cour du Commerce, rues St-André-des-Arts, de la Contrescarpe, et Faubourg St-Germain. — 1782.

BULTÉ (Nicolas-Jean-Baptiste), rue d'Enfer, en la Cité. — 1744.

BUNEL (Pierre-Paul), rue Chapon. — 1778.

BUNIASET ou BUNISSET (Jean), rue Montmartre. — 1774.

BURETTE. — Époque du Premier Empire, rues Chapon-au-Marais, de l'Échelle et St-Victor. Il fut récompensé pour ses meubles en orme noueux et autres bois du pays.

BURY (Ferdinand), « au fond de Tarabie ». — 1774 (marque). Il travailla pour Frost et signa des meubles avec Riesener. Il signait : *Ferdinand* ou *F. Bury*, ou *Bury*.

BUTIN, rues Jean-St-Denis-de-Jouy et de Gravilliers. — 1763.

BUTIN (Guillaume), rues de la Ville-l'Évêque et de la Madeleine. — 1777.

BUTTE (Benoît), rues des Fossés-Montmartre, Coquillière et des Saints-Pères. — 1767.

BUTTE (Pierre-François), rue Coquillière. — 1776.

B.V.R.B., ébéniste du règne de Louis XV.
Créateur de petits meubles cambrés aux fines marqueteries, d'exécution parfaite. Auteur d'une belle commode de l'ancienne collection Josse. Voir Musée, à Londres, de South Kensington et les collections privées Doucet (Jacques), Ganay (Marquise de), Kann (Rodolphe), Vindé (Mme), Vogüé (Marquis de). Il signait : *B. V. R. B.*

C

CABANIS (Pierre-François), rues du Champ-Fleuri, de l'Égoût, St-Nicolas et Chaussée-d'Antin. — 1787.

CABOUR (Joseph), rues Montorgueil et Jean-Pain-Mollet, 1777.

CAFIER (Louis-Joseph), rue St-Jacques. — 1779.

CAGNART (Bernard). — Paris, XVIIIe siècle, rue du Faubourg-St-Antoine.

CAGNART (Jean). — XVIIIe et XIXe siècles, Cour du Bras-d'Or, rue du Faubourg St-Antoine. Frère du précédent.

CAHAIS (Nicolas-François), rue de Vaugirard. — 1775.

CAILHOT (Gilbert), rue du Poirier-St-Jacques. — 1788.

CAILLON (Jean), rue des Vieilles-Tuileries. — 1739.

CAILLON (Edme), rue des Rats. — 1763.

CAILLON (Jean), rue de Ménard. — 1763.

CAILLON (Guillaume), rue Taitbout. — 1785..

Il y eut d'autres Caillon ébénistes.

CAMBIER. — Paris, XVIIIe siècle, rue de Charenton.

CAMUS (Barthélemi), rue de Longpont. — 1774.

GENGENBACH dit CANABAS (Joseph), rue du Faubourg-St-Antoine. — 1766. Voir Collection privée Ledoux Lebard. Il signait : *Canabas*.

CANABAS (François-Antoine Gegenbach dit), rue de Charonne. — 1779.

CANABAS (François-Jean Gegenbach dit). — Paris, XVIIIe siècle, rue de Charonne.

CANABAS (Pierre-Joseph Gegenbach dit), fils de Joseph. — Paris, XVIIIe siècle, rue de l'Étoile.

CANAGUIER (Pierre), rues Beautreillis et du Chaume. — 1759.

CANNY (Jean-Baptiste), Barrière blanche et rue Traversière, Faubourg Saint-Antoine. — 1767.

CAPELLE (Antoine-François), rue de Bourbon-St-Germain. — 1767.

CAPITAIN (Guillaume-Nicolas), rue St-Laurent. — 1776.

CAPRON (Jean-Henri), rue St-Lazare, près le Château-du-Coq. — 1781.

CARBILLET (Nicolas), rues St-Martin et des Petites-Ecuries-du-Roi. — 1769.

CARDIN (Claude). — Paris, XVIIIe et XIXe siècles, rues de Beaujolais, du Temple, et des Filles-St-Thomas. — 1786.

CARDIN (Jean-Baptiste-Bernard), rue du Faubourg-St-Jacques. — 1757.

CARDONNEL (Remy), rues des Fossés-St-Germain-des-Prés et des Roziers-St-Germain. — 1779.

CAREL. — Fin du règne de Louis XV. Voir Collection privée Topenas-Brunet. Il signait : *Carel*.

CARETTE (Jacques), rue et île St-Louis, des Boucheries, butte St-Roch et Faubourg Montmartre. — 1785.

CARETTE (Pierre), rue des Boucheries-St-Germain. — 1785.

CARLIN (Étienne), rue du Vert-Bois et Notre-Dame-de-Nazareth. — 1753 (marque).

CARLIN (Martin), Faubourg-St-Antoine. — 1766 (marque). Ébéniste du Roi et des Menus-Plaisirs. Ses meubles sont souvent ornés de panneaux de laque de Chine, de plaques de porcelaine de Sèvres et de cuivres ciselés. Voir collections privées : Rothschild (Alfred de), à Londres. Rothschild (Edmond de), à Paris. Musées : Arts et métiers : régulateur; Louvre : commode avec panneaux de laque, encoignures, meuble-étagère, régulateur, etc., etc. En Angleterre, château de Windsor : commode avec plaques de porcelaine de Sèvres, South Kensington (Legs Jones) : Table pupitre, table à ouvrage, table d'ébène à panneaux de laque, table à musique. Collection Richard Wallace : cabinet bois de rose avec cuivres ciselés et plaques de Sèvres ; divers petits secrétaires, table à ouvrage, armoire-commode, etc., etc. Il signait : *M. Carlin* ou *Carlin et J. Pafrat.*

CARON (André). — Paris, xviiie siècle. Voir collection privée Guigne (C.), Lyon : secrétaire bois sculpté et doré signé : « composé et exécuté par *André Caron*, ex-ébéniste, Faubourg St-Antoine, 33 ».

CARPENTIER (Louis-Charles), rue de Cléry. — 1772. Il travailla pour le prince de Condé au Palais Bourbon et aux Petits Appartements. Il signait : *L.-C. Carpentier.*

CARRÉ (Pierre-Nicolas), au Gros-Caillou. — 1776.

CARRÉ (Nicolas), Cour St-Joseph et rue St-Nicolas, Faubourg St-Antoine. — 1777.

CARRÉ (L.-C.). — Paris, xviiie siècle. Il signait : *L.-C. Carré.* Il y eut plusieurs autres Carré ébénistes.

CARTÉ (Pierre). — Paris, xviiie siècle, rue de la Madeleine.

CARTRY (Louis), rues de la Voirie, Porte-St-Martin et de Bondy. — 1769.

CASAN (Antoine), dit aussi CASAU ou CAZOT, rue Boucherat. — 1764.

CASAQUE (Pierre-Louis), rues Bergère et Saint-Lazare. — 1765.

CASAU, rue du Puits-de-Rome. — 1769.

CASAU (Antoine), rue Boucherat. — 1764.

CASIER (Louis-Joseph), rue St-Jacques. — 1779.

CATELIN (Jean-Philippe), rue du Ponceau, St-Germain-l'Auxerrois et Faubourg St-Denis. — 1768.

CATELIN (Philippe), rues St-Germain-l'Auxerrois, Neuve-du-Luxembourg et St-Honoré. — 1758.

CATHERINE (Alexandre). — 1781.

CATHERINET (Jean-Baptiste), rue du Faubourg St-Antoine. — 1776.

CAUMONT (Jean), rue Traversière-St-Antoine. — 1774. Voir Mobilier National : console bois doré. Il signait : *J. Caumont.*

CAUTHION (Nicolas). — Paris, xviiie siècle, rue de la Tableterie.

CAUTIN. — Paris, xviiie et xixe siècles.

CAUVIN (Jean-Joseph), rue Amelot. — 1726.

CAUVIN (Joseph), rues Boucherat, Ménilmontant et Amelot-au-Pont-aux-Choux. — 1760.

CERCUEIL (Joseph), rue du Faubourg St-Antoine. — 1787.

CERF (Joseph-Nicolas), rues du Faubourg-Montmartre et Thiroux. — 1780.

CHABAULT (Jacques), rue des Vieilles-Tuileries. — 1777.

CHAINGUET, rue de la Pelleterie. — 1770.

CHALIER (Michel), rue des Prêtres-St-Paul. — 1767.

CHALLE (Michel), rues du Bout-du-Monde, de Bourbon-Villeneuve et du Faubourg-St-Denis. — 1746. Machiniste des Menus-Plaisirs du Roi.

CHAMOUILLET (François), rues Grange-Batelière et Taitbout. — 1777.

CHAMPION (Denis), rues du Colombier et de Grenelle-St-Germain. — 1779.

CHANON (Antoine-François-Joseph) dit aussi CHANOU, rue Basse, derrière les Capucines. — 1768.

CHANTEREAU (Jean-Charles), rues des Canettes, St-Denis-du-Cygne, Maubuée-de-Seine et Château-Bourbon. — 1772.

CHANTILLY. — Paris, XVIIIᵉ siècle.

CHANVIN (Esprit-Michel), rues St-Landry et de la Juiverie. — 1778.

CHANVIN (Edme), rue de la Juiverie. — 1773.

CHAON (Jean-Baptiste), rue de la Harpe. — 1780.

CHAPELET (Bernard), rues Bertin-Poirée et de la Vacherie. — 1774.

CHARIOT (Nicolas). — Paris, XVIIIᵉ siècle.

CHARLES (Jean-Henri), rues de Marivaux et de la Corderie. — 1766.

CHARLES (Pierre-Ange), rue des Rosiers-St-Germain, près la Porte-St-Honoré. — 1781.

CHARLIER (Antoine), rues de la Calandre et Jean-l'Épine. — 1778.

CHARPENTIER (Louis). — Paris, XVIIIᵉ siècle, rue des Barres.

CHARPENTIER (Pierre). — Paris, XVIIIᵉ siècle, rue des Canettes.

CHARRIER. — Paris, XVIIIᵉ siècle, rue de Charenton.

CHARRIÈRE. — Paris, XVIIIᵉ siècle.

CHARTIER (Étienne-Louis), rue Neuve-des-Petits-Champs. — 1781. Voir collection privée Delahante : consoles et petites encoignures bois de rose et bronze doré ciselé. Il signait : *Chartier*.

CHARTRAIN (Jean-Isaac). — Paris, XVIIIᵉ siècle, rue de la Rapée.

CHASTELLIER (Michel). — Paris, XVIIᵉ siècle. Ébéniste-marqueteur. Il travailla chez André-Charles Boulle.

CHATEAU (Louis), rue des Anglais. — 1785.

CHATELET. — Paris, XVIIIᵉ et XIXᵉ siècles.

CHAUMONT (Bertrand-Alexis), rue de Charonne. — 1767.

CHAUMONT (Gabriel-Philippe). — Paris, XVIIIᵉ siècle, rue de la Croix.

CHAUVIN (Edme), rues de la Vieille-Draperie, cul-de-sac St-Martial et de la Juiverie. — 1773.

CHAUVIN (Esprit-Michel), rue St-Landry. 1778.

CHAVÉE (Emmanuel), rue des Fossés-Monsieur-le-Prince. — 1787.

CHAVÉRIAT. — Paris, XVIIIᵉ et XIXᵉ siècles.

CHAVIGNAN ou CHAVIGNEAU (Victor-Jean-Gabriel), rue de Charonne. — 1785.

CHAYÈRE (Pierre). — Paris, XVIIIᵉ siècle, rue de Reuilly.

CHAZAL (Antoine), rues de la Harpe, de Poitou et St-Louis. — 1764.

CHAZERET. — Paris, XVIIIᵉ siècle.

CHAZO, rues Montmartre, Grange-Batelière, au Maire et Buffault. — 1769.

CHELU (Pierre). — Paris, XVIIIᵉ siècle, rue du Faubourg-St-Honoré.

CHÉRÉ (Benoît). — Règne de Louis XV.

CHERPITEL, rues Basse, derrière les Capucines et Faubourg-St-Martin-sur-l'Égout. — 1760.

CHESNEAU (Jacques), rue du Bout-du-Monde. — 1757.

CHEVALIER. — Paris, XVII° et XVIII° siècles. Travailla au château de Bellevue, puis à Potsdam. Le roi Frédéric lui fit construire une maison à Montbijou pour ses ateliers; il y exécuta des meubles et des voitures en vernis Martin.

CHEVALIER (Adrien). — Paris, XVIII° siècle.

CHEVALIER (Anatole), rues du Grenier-St-Lazare et de la Cossonnerie. — 1784.

CHEVALIER (Charles), rue du Bacq. — Paris, XVIII° siècle.

CHEVALIER (Jacques-Antoine). — Paris, XVIII° et XIX° siècles, rue du Faubourg St-Antoine.

CHEVALIER (Jean-Étienne). — Paris, XVIII° et XIX° siècles, rue du Faubourg St-Antoine.

CHEVALIER (Jean-François). — Paris, XVIII° siècle, rue l'Isle-Notre-Dame.

CHEVALIER (Jean-François), rue et Faubourg St-Denis et rue Transnonain. — 1783. On a des meubles de lui, signés : *Boudon* et *Chevalier*.

CHEVALLIER. — XVIII° siècle. — Il signait : *Chevallier*.

CHEVALLIER (Claude-Louis). — Paris, XVIII° et XIX° siècles.

CHEVASSUT (Laurent), rue de la Savonnerie. — 1772.

CHEVEROT (Jean-Marie), Hôtel des Arts, rue du Faubourg St-Martin. — 1786.

CHEVET (Jean), rue Marché-d'Aguesseau. — 1756.

CHEVIGNON. — Règne de Louis XVI. Il signait : *Chevignon*.

CHEVIGNY (Claude), rues Poissonnière et de Cléri. — 1768.
Voir : Tours, Chambre de Commerce : mobilier de salon, provient du Château de Chanteloup et du duc de Choiseul. Collections privées : La Ruë du Can (M. de) et Château de Modave. Il signait : *C. Chevigny*.

CHEVILLON (Jean). — Paris, XVII° siècle. Il travailla pour la Grande Mademoiselle.

CHICOT. — Paris, XVIII° siècle. Il travailla pour les Chevaliers de Malte et pour l'Abbaye St-Antoine.

CHOPARD (Jean-François), rue des Petites-Écuries-du-Roi et Faubourg Saint-Denis. — 1759.

CHOQUET (Claude). — Règne de Louis XV. Ébéniste du Roi et du duc d'Orléans. Il travailla au Palais du Luxembourg.

CHOSSET (Jean-Antoine), rue Guénégaut. — 1776.

CHOTEPOT (Simon). — Paris, XVII° siècle. Ébéniste-marqueteur de l'atelier de Boulle.

CHOUDEY (François), rue de la Petite-Truanderie. — 1771.

CHOUILLIER (Jean-François), rues du Bouloi et du Coq-Héron. — 1787.

CHOURE (Jean-Baptiste), dit aussi SCHURE, rue du Faubourg Montmartre. — 1775.

CHRISTIAN. — Paris, XVIII° siècle, grande rue du Faubourg St-Antoine.

CHRISTOPHE (Ignace). — Paris, XVIII° et XIX° siècles, rue de la Cerisaie.

CIMETHIÈRE (François). — Paris, XVIIIᵉ siècle, grande rue de Reuilly.
CLAIRE (Blaise-Alexis), au parc Vaugirard et plaine de Grenelle. — 1765.
CLAIRIN (René-Noël), rue Dauphine et Cour du Commerce. — 1767.
CLAROT (Jean-Charles-Joseph), rue Marivaux. — 1782.
CLAUDE (Jean-Baptiste), rue St-Nicolas, Faubourg St-Antoine. — 1780.
CLAVEL (Étienne), rue des Petits-Champs-St-Martin. — 1739. Menuisier
    du Prince de Condé.
CLAVELLE (Jean-Nicolas), rues Montorgueil et St-Martin. — 1759.
CLEF (Dominique), rue de Sèvres. — 1782.
CLÉMENT (Antoine), rue Mouffetard. — 1752.
CLÉMENT (Pierre). — Paris, XVIIIᵉ siècle, rue d'Anjou.
CLÉMENT (Pierre-Prudent), rues de Sèvres et St-Dominique-St-Germain. —
    1788.
CLÉMENT (Simon), rues Charlot et Notre-Dame-de-Nazareth. — 1757.
CLIER (Jean-Pierre), rue Grange-Batelière. — 1771.
COCHET (Jean-Antoine), rue de la Pépinière. — 1787.
COCHOIS (Jean-Baptiste). — Paris, XVIIIᵉ siècle. Il fit aux Menus-Plaisirs
    pour le Dauphin un corps de clavecin.
COCHOIS (Jean-Baptiste), rue St-Honoré. — 1770.
COCHOIS (Jean-Charles). — Paris, XVIIIᵉ et XIXᵉ siècles.
COCHOIS (Sébastien), rue Neuve-St-Eustache. — 1758.
CODOT (Louis-Médéric), rue Buffault. — 1773.
COËLEN (Sébastien), rue Neuve-St-Eustache. — 1758.
COIGNARD (Paschal), rue de Charenton. — 1777.
COLANGE (Jean-Claude), rues de Sèvres et des Canettes. — 1781.
COLBAULT (Pierre-Barthélemi), rue de la Tixéranderie. — 1770.
COLÈRE. — Paris, XVIIIᵉ et XIXᵉ siècles.
COLIN (Pierre), rues de l'Ourcine et Bordet. — 1773.
COLLARD (Louis-Pierre). — Paris, XVIIIᵉ et XIXᵉ siècles, rue St-Martin :
    division des Amis de la Patrie.
COLLARD (Pierre-Claude). — Paris, XVIIIᵉ et XIXᵉ siècles, rue Grenala.
COLLET (Edmond). — Paris, XVIIIᵉ siècle, rue de Lappe, au Cygne rouge.
COLLET (Isaac), fils du précédent, rue de Lappe.
COLLIN (André). — Paris, XVIIIᵉ siècle.
COLLIN (Jean-Baptiste), rue de Grenelle-St-Honoré. — 1747.
COLLIRE. — Paris, XVIIIᵉ et XIXᵉ siècles.
COLLOT (François). — Paris, XVIIIᵉ siècle. — 1712. Ébéniste-marqueteur,
    travailla à la Manufacture royale des Gobelins.
COLMANT (Gilles), rue Grange-Batelière. — 1786.
COLOMBET, rue de Sèvres. — 1743.
COLOMBET (Jean-Baptiste). — Paris, XVIIIᵉ siècle. S'associa avec Frost.
COLSON (Guillaume), rue du Faubourg St-Honoré. — 1777.
COLSON (Jean-Aubert). — Paris, XVIIIᵉ siècle, rue Traversière, Faubourg
    St-Antoine.

COMBORD. — Paris, XVIIe siècle. Il travailla pour le Louvre.

COMER (Jacques). — Paris, XVIIe et XVIIIe siècles.

COMMEU (Henri). — Paris, XVIIIe siècle, rue de Charenton.

COMMEU (Mathias). — Paris, XVIIIe siècle. Frère du précédent, rue du Faubourg St-Antoine.

COMPIÈGNE (Nicolas), rue des Petits-Carreaux. — 1768.

CONTAT (Pierre-Antoine), rues de Bondy et de Montmorency. — 1765.

COPPYN. — Paris, XVIIIe et XIXe siècles. Il travailla dans l'atelier de Jacob.

COQUEREAU (Jacques-Marie), rue de Verneuil. — 1758.

Il y eut d'autres Coquereau, ébénistes.

CORBISSIER, rue Notre-Dame-de-Bonne-Nouvelle, cul-de-sac de la rue Tévenot et rue des Petits-Carreaux. — 1768.

CORDIÉ (Guillaume), rue de Charonne. — 1766. Il signait : *G. Cordié M. E.*

CORDIER (Guillaume-Jean). — Paris, XVIIIe siècle, Cour du Commerce.

CORDIER (Michel), rue de la Corne. — 1782.

CORNETTE (Denis-Joseph), rues St-Denis et du Vertbois. — 1766.

CORNETTY (Jean-Baptiste), rues de Paradis et de Bourbon-Villeneuve. — 1784.

CORRADI (Guillaume). — Paris, XVIIIe siècle, rue Ste-Marguerite.

CORTON (Jean). — Paris, XVIIIe siècle, enclos St-Germain.

COSSARD. — Paris, XVIIIe siècle, rue du Faubourg St-Antoine.

COSSARD (Jean-Baptiste). — Paris, XVIIIe siècle, rue de Contrescarpe.

COSSON (Jacques-Laurent), rue de Charonne. — 1765. Il signait : *J.-L. Cosson. M. E.* Voir Musée Londres : South Kensington (Legs Jones), petite table ornée de marqueterie bois et ivoire signée : *Georges, Janson-Daniel Deloose et Jacques-Laurent Cosson* (marque).

COSTE (Charles-Louis), rue St-Nicolas. — 1784.

COTET (Charles), rue de Poitou. — 1784.

COTTÉREAU (Julien), rue du Vieux-Colombier. — 1786.

COUART. — Paris, XVIIIe siècle, rue Gît-le-Cœur.

COUET (Louis-Jacques), rue de Bussy. — 1774.

COULERU (Abraham-Nicolas), Montbéliard (Doubs), XVIIIe et XIXe siècles, né à Bart, reçu maître en 1750. Ébéniste marqueteur. Voir Musée de Montbéliard : coffret. Voir Collections privées Couleru (Edmond), secrétaire marqueterie. Couleru, coffrets. Roux (Mme), commodes. Il signait : *A. N. Couleru.*

COULERU (Marc-David), Montbéliard — XVIIIe et XIXe siècles. Fils du précédent. — 1750.

COULERU (Georges-David), XVIIIe et XIXe siècles, Montbéliard, fils du précédent. Il y eut plusieurs autres Couleru à Montbéliard.

COULON (Jean-François), rues des Marais et des Petits-Augustins. — 1752.

COULON, rue Princesse. — 1760.

COULON, rue Princesse. — 1766.

COULON, rue Plâtrière, au bureau de l'Isle. — 1751.

COULON — Paris, xviiie siècle, rue Princesse. A la déposition de son bilan, on peut constater qu'il avait une grande et aristocratique clientèle. Il y eut plusieurs autres ébénistes du nom de Coulon.

COURDIN (J.). Règne de Louis XV. Voir au Château de Windsor ses fauteuils. Il signait : *J. Courdin.*

COURTOIS (Nicolas-Simon), rue de Charonne. — 1766.

COUSIN (Jean), rue de Bièvre. — 1781.

COUTELLIER (François), rues des Fossés-St-Bernard et Têtebout. — 1781.

COUTELOT (Antoine), rues des Prêcheurs et des Vieux-Augustins. — 1767.

COUTIER (Pierre), dit aussi COUSTIER, rues des Deux-Portes-St-Sauveur et Beaurepaire. — 1756.

CRAISSON. Voir CRESSON.

CRAMAILLE (Pierre-Joseph), rue St-Lazare, près la Pologne. — 1787.

CRAMER ou KRAMER (Mathieu-Guillaume), rue et Faubourg St-Antoine et rue du Bacq. — 1771. Il signait *Cramer* ou *G. M. Cramer.*

CRAMET (Jean-Joseph), rues Fontaine-au-Roi, du Temple et de la Croix, — 1774.

CRAPÉE (Jean-Baptiste), Cour de Lamoignon. — 1752.

CRÉDILLON (François), rue Baillif. — 1749.

CREMER ou KRÄMER (Ernest-Louis-Jean), rue de la Roquette. Il signait : *Cremer.* Voir Mobilier National, commode marqueterie.

CRÉPIN (André). — Paris, xviiie et xixe siècles, rue Jean-Beausire.

CRÉPY (François-Barthelemi), rue de la Pelleterie. — 1778.

CRESSENT (Charles II). — Paris xviie et xviiie siècles. Il fit durant sa vie des ventes importantes de ses collections de tableaux. Les meubles de Cressent sont célèbres et représentent bien le style de la Régence. Il fit de la marqueterie de bois des îles et ornait volontiers ses compositions de figures animales ou humaines. Il travailla pour le Régent, pour la duchesse d'Orléans et pour leur fils Louis d'Orléans. Voir Musées : Paris : Bibliothèque Nationale : Médailler à deux corps. Louvre : divers bureaux plats. Ministère de la Marine : bureau, grand buffet. Ministère des Affaires Étrangères : cartonnier bois d'amarante orné de bronzes. Londres, collection Richard Wallace : cartel-commode. Munich, Palais Royal : cartel-commode.

CRESSON (Louis), règne de Louis XV. Rue Traversière, Faubourg St-Antoine. — 1772.

CRESSON (Nicolas-Michel), rues des Vieilles-Tuileries, des Deux-Ecus, Aubry-le-Boucher et St-Martin. — 1770.

CRETON (Jean-Baptiste), rue de l'Égoût près de la barrière de la petite Pologne. — 1775.

CREVEL (Christophe), au Marché-Neuf et rue de la Coutellerie. — 1775.

CRIARD (Antoine-Mathieu), rues de Richelieu, de-Grenelle-St-Germain et du Bacq. — 1747.

CRIARD (Mathieu). — Paris, XVIIIe siècle. Rue Traversière, Faubourg Saint-Antoine.

CROCHARD (Louis), rue Gros-Caillou. — 1764.

CROSSE (François), vieille rue du Temple. — 1753.

CROUILLEBOIS (Germain-Nicolas). — Paris, XVIIIe et XIXe siècles.

CRUSSY (Aimé), rue de la Ferme-des-Mathurins. — 1786.

CUCCI (Domenico). — Paris, XVIIe et XVIIIe siècles. Venu d'Italie, il travailla à la Manufacture royale des Gobelins pour les palais royaux. Cabinets et armoires dans le genre de Boulle ou incrustés de pierres de couleur dans le genre italien.

CUDOT (Louis-Médéric), à la Courtille, au quai d'Orléans et rue Buffault. — 1773.

CUJAUBERT (Jean-Baptiste), rues Cossonnerie et Joquelet. — 1767.

CURIAU. — Paris, XVIIIe et XIXe siècles. Rue du Faubourg St-Antoine.

D

DADOUMONT (Guillaume-Joseph), rue Vieille-du-Temple. — 1768.

DAGUERRE. — Paris, XVIIIe siècle. Rue St-Honoré. Il travailla pour les Châteaux de Versailles et de Fontainebleau.

DAIX (Pierre), rue de Sèvres. — 1759.

DALENCOURT (François-Antoine), rues Poirée et St-Jacques. — 1772.

DALLOT (Louis-Honoré), rues St-Gilles, Forest et du Faubourg-St-Martin. — 1769.

DAMAS (Etienne), rue Hautefeuille. — 1747. Syndic en 1779.

DAMAS (François), rues des Saints-Pères et de Vaugirard. — 1780.

DAMAS (Sébastien-André), rue des Saints-Pères. — 1763.

DAMOUR (François), rue des Vieux-Augustins. — 1782.

DANIEL (Jean), rues St-Louis-au-Palais, d'Anjou, Guénégaud, d'Enfer et St-Jacques. — 1762.

DANJEAN. — Paris, XVIIIe siècle, rue de Viarmes. Inventa des tables pour le jeu du quadrille.

DANNEL (Jean-Ernest-Louis). — Paris, XVIIIe siècle, rues Beauregard et de la Lune. Originaire du Brunswick, en Allemagne.

DANNINVAL (Claude-François-Xavier-Nicolas), rue St-Honoré. — 1788.

DANSSE, appelé aussi DAUSSE (Jean-Baptiste), rue de la Chaussée-d'Antin. — 1762.

DARCIS. — Paris, XVIIIe siècle.

DARDENNE (Jacques-Louis), rues du Temple, Aubry-le-Boucher et Sainte-Croix-de-la-Bretonnerie. — 1772.

DARDENNE (Louis-Antoine), rue Ste-Croix-de-la-Bretonnerie. — 1743.

DARRAC. — Paris, xviiie et xixe siècles. Il travailla pour les Menus-Plaisirs et inventa des chaises et fauteuils élastiques.

DAULY (Pierre), rues Bertin-Poirée, des Lavandières-Ste-Opportune et des Orfèvres. — 1778.

DAUPRAT (Jean), rue de la Grande-Truanderie. — 1749.

DAUSSEL (Jean-Ernest-Louis). — Paris, xviiie siècle, rue Beauregard.

DAUTRICHE (Jacques van Voostunryck dit d'Autriche), règne de Louis XV. Maison du Vinaigrier près les Enfants trouvés, rue du Faubourg Saint-Antoine. Il travailla pour le palais du Temple. Voir Musées : Mobilier National, commode marqueterie en bois d'amarante. Il signait : *J. Dautriche.M. E.*

DAUTRICHE (Thomas-Jacques), fils du précédent. — Paris, xviiie siècle, rue du Faubourg St-Antoine.

DAUTRUY (Israël). — Paris, xviie siècle. Il fut attaché à la maison de la Reine.

DAVAUX (Louis-Simon). — Paris, xviiie siècle.

DAVAZE (Antoine-Louis), Montagne-Ste-Geneviève et rue des Vieilles-Étuves-Saint-Martin. — 1767.

DAVID (Guillaume-Louis), rue Mouffetard. — 1775.

DAVID (Jean). — Paris, xviiie et xixe siècles, rue du Faubourg du Temple.

DAVID (Pierre), rues Verte, Faubourg St-Honoré, Petite-Rue-Verte. — 1768.

DAVID (Pierre-Louis), rue du Vieux-Marché-d'Aguesseau. — 1780.

DAVY (Jacques), rue d'Enfer, place St-Michel. — 1787.

DEBAUVE (Mathieu), rue de Cléry. — 1754.

DEBEDÉ (Jean-Baptiste), cul-de-sac de l'Étoile, rues Thevenet et Jean-Robert. — 1780.

DEBETTE (Lucien), rue de la Croix. — 1782.

DEBIERRE. — Paris, xviiie siècle.

DEBLOIS (Charles-François-Anselme), rues St-Denis et du Petit-Hurleur. — 1786.

DECAULT (Jean), rue Férou. — 1763.

DECAURES (L.-Jean-François), rue de la Joaillerie. — 1781.

DECAUT (Denis), rue des Ménétriers et Marché-St-Martin. — 1764.

DECHANEST (Jean-François), rues des Arcis et des Gravilliers. — 1767. Syndic en 1786.

DECHANET (Jacques), rue du Faubourg-Montmartre. — 1772.

DECOURT (Laurent). — Paris, xviiie et xixe siècles.

DEFFEU (André), rues Bettizy et de Champfleury. — 1779.

DEFFOUX (Jean-Jacques). — Paris xviiie et xixe siècles.

DEFORGE (Michel). — Paris, xviiie siècle.

DEFRICHE (Pierre), rue Ste-Marguerite. — 1766.

DEGRA (Maurice). — Paris, xviie siècle. Il travailla à l'atelier de Boulle.

DEGUERNON. — Paris, xviiie siècle.

DEHM. — Paris, xviiie et xixe siècles, rue de la Grande-Truanderie. Inventa une sorte de placage sur métal et des mosaïques à la mécanique. Fournisseur du duc d'Orléans et de la duchesse de Berry.

DEJARDIN (Claude-Antoine), rues des Ménétriers, des Gravilliers et St-Honoré — 1782.

DEJOB (Antoine). — Paris, xviiie siècle, Vieille-rue-du-Temple.

DELACOUR (Jean-François), rue du Faubourg St-Antoine. — 1768.

DELACROIX (François-Vandercruse dit Lacroix). — Paris, xviiie siècle. Originaire des Flandres; beau-père de Simon Œben.

DELACROIX (Pierre-Jean), au Gros-Caillou. — 1780.

DELACROIX (Roger-Vandercruse dit Lacroix), fils de François, rue du Faubourg St-Antoine. — 1755. Ses meubles sont parfaits d'exécution, il y emploie la marqueterie en losanges et souvent des fleurs de bluets sur fond blanc. Signa souvent des initiales $R + V + L + C. M. E.$ Voir collections privées : Godchaux (Michel), petite table de style chinois. Grefuhle (comtesse de), grand bureau. Rothschild (Gustave de), grand bureau.

DELAHAYE (Simon), rue des Filles-Dieu. — 1765.

DELAISTRE (L.), rue des Arcis. — 1741.

DELALANDE (Jean), rue et Porte St-Jacques. — 1778.

DELANOIS (Louis dit Lanoix), rue du Petit-Carreau. — 1761. Il travailla pour la comtesse du Barry et pour Louveciennes, pour le roi de Pologne, la duchesse de Bourbon et nombre d'autres clients illustres. Voir ventes diverses.

DELAPORTE (Antoine-Nicolas), rue de Cléry. — 1762.

DELAPORTE (Martin-Nicolas), rue des Filles-Dieu. — 1765.

DELAROUE (Claude). — Paris, xviiie siècle. Travailla pour le Roi.

DELARUE (Edme). — Paris, xviiie siècle, rue St-Nicolas.

DELASSON. — Paris, xviiie siècle, rue de Breteuil.

DELATTRE (Luc). — Paris, xviiie et xixe siècles, rue Montmartre.

DELAUNAY, rues Transnonain, Grenier-St-Lazare et des Petits-Carreaux. — 1764.

DELAUNE (André), rues des Fossés-du-Temple et de Saintonge. — 1769.

DELBONNE. — Paris, xviiie siècle.

DELENONCOURT (Joseph), rues de la Croix-Neuve-St-Laurent et de Charonne. — 1764.

DELETTRE (Jean-Jacques), rues Basse-Villeneuve, du Faubourg St-Denis et passage du Bois-de-Boulogne. — 1782.

DELFOSSE (Aimé), rues du Sabot et du Sépulcre. — 1732.

DELGOSSE (Jérôme), rue des Vieilles-Tuileries. — 1786.

DELION (François), rue du Chantre. — 1785.

DELION (Louis-Hyacinthe), rue St-Sauveur. — 1766.

DELISLE (Honoré-Nicolas). — Paris, xviiie siècle.

DELLANDES (Bernard), rue Quincampoix. — 1777.

DELMONT. — Paris, xviiie et xixe siècles.

DELOOSE (Daniel), rue St-Nicolas. — 1767. Ébéniste marqueteur. Voir Musée South-Kensington (Legs Jones), petite table marqueterie.

DELOR. — Paris, XVIIIe siècle, rue du Faubourg St-Antoine.

DELORME, rue du Temple. — 1766.

DELORME (Guillaume), rue St-Sébastien. — 1786.

DELORME-FAIZELOT, rue Tiquetonne. — 1763.

DELORME-FAIZELOT (Adrien), rue du Temple. — 1748. Il signait : *Delorme.*

DELORME-FAIZELOT (Alexis), rue Tiquetonne. — 1772.

DELORMEL (Antoine), rue de la Licorne. — 1769.

DELORMEL (Jean-Louis), rue du Faubourg St-Martin. — 1771.

DELORMEL (Jean-Nicolas). — 1786. Il fut juge au Tribunal révolutionnaire.

DELORMEL (Louis), rues des Bons-Enfants et Baillif. — 1759.

DELORMEL (Louis-François), rue du Faubourg St-Antoine.

DELORMEL (Louis-Jacques). — Paris, XVIIIe et XIXe siècles, rue de la Ferronnerie.

DELSOUQUE (Joseph). — Paris, XVIIIe siècle, rue de Charenton.

DELVALLÉE (Ferdinand-François-Alexandre), rue Baillif. — 1784.

DEMANGE (Jacques), rue des Vieux-Augustins. — 1784.

DEMAY (Jean-Baptiste-Bernard), rue de Cléry. — 1784. Il signait *J.-B. Demay.*

DEMAZEAUX (Louis). — Paris, XVIIIe et XIXe siècles.

DEMAZEAUX (Vincent), rues Tirechappe et de Provence. — 1773.

DEMBREVILLE (Jean-Baptiste), rue de la Sourdière et de Choiseul. — 1777.

DEMEUSE (Remacle), rue de Saintonge. — 1784.

DENIAU. — Paris, XVIIIe et XIXe siècles. Il travailla l'Acajou sous la Restauration.

DENIAU (Pierre-Louis), rue de Sèvres. — 1775.

DENIS (Jean-Balthazar), rue du Faubourg St-Jacques. — 1749.

DENIZE (Nicolas), cul-de-sac de la Corderie et rue St-Honoré. — 1770.

DENIZOT (Pierre), rue Neuve-St-Roch. — 1740. Il travailla pour le Palais du Temple, pour Bagatelle. Voir Musée South Kensington (Legs Jones), commode acajou et sycomore et autre commode marqueterie. Il signait *P. Denizot* ou *Denizot.*

DENYS (Léonard-Joseph). — Paris, XVIIIe siècle, rue Charlot.

DEPLAYE (Edme-Pierre), rues Ste-Anne, du Mont-Blanc et d'Hauteville. — 1786.

DEPOID (Antoine), rues du Parc-Royal, Grange-Batelière et de l'Arsenal. — 1767.

DERUELLE (Nicolas), rue Mouffetard. — 1782.

DESCHAMPS (Pierre-Charles), rues Guisarde et Mazarine — 1744.

DESCHAMPS (Pierre-Toussaint), rue de la Corne. — 1773.

DESEINE (Claude), rue Montagne-Ste-Geneviève. — 1754.

DESEBAT (Fritz), rue des Canettes. — 1788.

DESHAIES (Jacques), rue de Bondy. — 1784.

DESHAYE-DHAUTECOU (Jean-Charles). — Paris, XVIIIe siècle, rue Neuve-St-Augustin.
DESHAYES (Louis), rue des Vieux-Augustins. — 1756.
DESIER. — Paris, XVIIIe siècle. Il eut la spécialité de faire des vitrines. Il signait *Desier*.
DESJARDIN (Jean). — Paris, XVIIe siècle. Fut attaché à la maison du Roi. Proche la basse-cour du Louvre.
DESJARDIN (Jean), rues de Bourbon-St-Germain et de Varennes. — 1755.
DESJARDIN (Jean-Baptiste), rue des Deux-Hermites. — 1783.
DESJARDIN (Pierre). — Paris, XVIIIe siècle. Il travailla à la Manufacture des Gobelins.
DESLANDES. — Paris, XVIIIe siècle.
DESMARQUET (François). — 1776.
DESORMEAUX. — Paris, XVIIIe siècle.
DESTER (Adrien). — Paris XVIIIe et XIXe siècles, rue du Faubourg St-Antoine.
DESTER (Godefroy), rue et Faubourg St-Antoine. — 1774.
DETERTRE. — Paris, XVIIIe siècle.
DETROULLEAU (Jean-Baptiste). — Paris, XVIIIe siècle.
DEVAUX (Adam). — Paris, XVIIe siècle. Ouvrier de l'atelier de Charles Boulle.
DEVAUX (Augustin). — Paris, XVIIIe siècle, rue Chantereine.
DEVIF. — Paris, XVIIIe et XIXe siècles. Il faisait des fauteuils de genre anglais.
D. F. — Monogramme d'un ébéniste de Louis XV. Il signait : D. F.
DICOP (Jean-Nicolas). — Paris, XVIIIe et XIXe siècles, rue de la Victoire.
DIDOT (Charles-Gérard), rue Chapon. — 1766.
DIEBOLD (Christian-Gottlieb). — Paris, XVIIIe siècle. Originaire de Saxe.
DIELTIENS (Cornelis-François), rue et Faubourg St-Antoine. — 1782.
DIETZ (Jean-Bernard). — Paris, XVIIIe et XIXe siècles, rue Traversière. Originaire d'Allemagne.
DIETZ (Jean-Isaac). — Paris, XVIIIe siècle.
DIEUDONNÉ (Jean). — Paris, XVIIIe et XIXe siècles.
DIEUDONNÉ (Claude). — Paris, XVIIIe siècle (marque).
DIEUDONNÉ (Étienne), rues St-Dominique, St-Jacques, du Poirier et Geoffroy-l'Angevin. — 1768.
DIJON (Jean-Nicolas). — Paris, XVIIIe siècle.
DIMANCHE (Jean). — Paris, XVIIIe siècle, rue du Faubourg St-Antoine.
DIMANCHE (Jean-Pierre). — Paris, XVIIIe et XIXe siècles, rue St-Antoine.
DINOIR (Hyacinthe), rue Meslay. — 1786.
DOLLI. — Paris, XVIIIe siècle, rue Perdue.
DOMAILLE (Henri-Gilles), rue Verte. — 1778.
DOUBLÉ (Nicolas), rues de Beaujolais et de Normandie. — 1777.
DRAIN (Claude), rue Thevenot. — 1776.
DRANCY (Pierre), barrière de la Courtille. — 1774.
DREUX (Pierre-Joseph), rue Ste-Croix, Chaussée d'Antin. — 1787.
DRIESSIN (Godefroy), rue Boucherat. — 1776.

DROIN (Claude), rue des Petites-Ecuries-du-Roi et Faubourg St-Denis. — 1785.

DROUILLARD (Alexandre), rues de la Vannerie, du Vertbois, Monsieur et Plumet. — 1772.

DROUIN (Armand-Jean), rue Notre-Dame-de-Nazareth. — 1760.

DROUIN (Jean-Baptiste). — Paris, xviiie siècle, rue de la Roquette.

DROUIN (Nicolas), rues de Sèvres et des Vieilles-Tuileries. — 1772.

DUBAR (Pierre-Charles-Joseph), rue Meslay et Faubourg du Temple. — 1781.

DUBOIS. — Paris, xviiie siècle, rue Traversière.

DUBOIS (Jacques).— Paris, xviiie siècle, règne de Louis XV, rue de Charenton. Fit des meubles dans le genre chinois. Voir expositions rétrospectives. Musée : Collection Richard Wallace : bureau plat, exécuté pour Catherine II de Russie; écritoire, cartonnier, commode dite coffre de mariage de Marie-Antoinette. Voir collections privées: Gontant Biron (comte de), petit bureau, Greffulhe (comtesse de), encoignures. Lelong: petite étagère à pharmacie. Rothschild (Nathaniel), encoignure bois de rose avec étagère et horloge. Il signait : *J. Dubois.*

DUBOIS (Pierre), rue de la Tour. — 1787.

DUBOIS (René), rues Montmartre et de Charenton. — 1754. Ebéniste de la Reine. Il signait : *Dubois.*

DUBOIS (René), rues de la Verrerie et des Orfèvres. — 1757 (marque).

DUBOUT (Pierre), rue des Vieilles-Tuileries. — 1785.

DUBREUIL (Pierre), rues du Colombier et St-Martin. — 1758.

DUBROMEL (Firmin), Cour de l'Orme, à l'Arsenal. — 1787.

DUBUISSON (Charles-Claude). — Paris, xviiie siècle, rue du Faubourg Saint-Antoine. Il y eut plusieurs autres Dubuisson, ébénistes.

DUBUT (Gilles-Ambroise), rues Grande du Faubourg St-Antoine, Princesse et des Cordeliers. — 1783.

DUCHEMIN (Henri-Joseph), rues St-Louis-au-Marais, Thorigny et à l'Arche-Pépin. — 1745.

DUCHESNE (Jean), rue du Cherche-Midi. — 1776.

DUCHESNE (Tobie), rue des Canettes. — 1788.

DUCOURNEAUX (Jean), rue de Bondy, à la Pompe. — 1782.

DUFAULT (Ph.-A), rue St-Joseph. — 1774.

DUFFAUT (Pierre), rue Troussevache. — 1780.

DUFEU (Jean-Louis), rue du Faubourg St-Honoré. — 1779.

DUFLOCQ (Louis-Jean), cul-de-sac St-Martial et rue du Faubourg St-Martin. — 1747.

DUFOUR (François), rues de Montpensier et Papillon, barrière Ste-Anne. — 1787.

DUFOUR (Louis), rue de Vaugirard. — 1764.

DUFRESNE, rue Mercière. — 1764.

DUFRESNE (Nicolas), rue Michel-Le-Comte. — 1785.

DUGUERS. — Paris, xviiie siècle, Boulevard des Italiens.

DUHAIT (René), rue des Deux-Ponts-St-Sauveur. — 1786.
DUHAMEL (Martin), rue de la Calandre. — 1741.
DUHAMELLE (François), rue du Faubourg St-Antoine. — 1750.
DUHAMELLE (Jacques-François). — Paris, XVIIIe siècle, Faubourg St-Antoine.
DULIN, rues des Filles-du-Calvaire et Boucherat. — 1749.
DULIN (Antoine), rues de l'Université et du Bacq. — 1763.
DULIN (Louis), rue de Grenelle-St-Germain. — 1761.
DUMARCHE (Pierre-Nicolas), rue Guérin-Boisseau. — 1786.
DUMARCHEZ (Pierre), rue St-Joseph. — 1777.
DUMAY (Bon-Sébastien). — Paris, XVIIIe siècle, rue Necker.
DUMONTE (François), rue Mouffetard. — 1788.
DUMOTIEZ (Pierre-François-Théodore), Faubourg St-Jacques. — 1778.
DUPAIN (Adrien-Pierre), rue de Charonne. — 1772. Il signait : *V. F. A.*
    P. Dupain (marque).
DUPERRON. — Paris, XVIIIe siècle. Il travailla pour les Menus-Plaisirs.
DUPLAY (Jacques-Mathieu), rue Basse, derrière les Capucines, et Faubourg
    St-Honoré. — 1786.
DUPLAY (Justin), rues de la Pépinière, d'Anjou et St-Honoré. — 1781.
DUPONT (Claude), rue d'Arras-St-Victor. — 1782.
DUPONT (Jacques), rue de la Chanverrerie. — 1776.
DUPONT (Jean-Baptiste), butte des Moulins, près de la place Vendôme. —
    1785.
DUPREZ (Pierre), rues de Charenton, du Faubourg St-Germain et Lenoir. —
    1766.
DUPRIER (Nicolas-Michel), rues Beaubourg et Michel-Lecomte. — 1767.
DUPUIS (Jean-Théodore), rues Pont-aux-Choux et du Vertbois. — 1772.
DUPUIS (Pierre). — Paris, XVIIIe et XIXe siècles, rue de Charenton.
DUPUIS (Jacques-Philippe), rue de Jouy. — 1788.
DURAND (Alexandre-François), rue Ste-Marie. — 1784.
DURAND (Antoine-Clément). — Paris, XVIIIe siècle, rue de Charenton.
DURAND (Bon), rue de Charenton. — 1761.
DURAND (Philippe-Michel), rues Quincampoix et du Ménil-Montant. — 1782.
DURAND (Pierre), Chaussée-d'Antin. — 1776. Il signait : *Durand.*
DUROCHER (Jean), Cloître des Bernardins. — 1776.
DUSAULT (Philippe-A.), rue St-Joseph. — 1774.
DUSAUTOY. - Paris, XVIIIe et XIXe siècles, rue de Charonne.
DUSAUTOY (Jean-Pierre), Cour St-Joseph. — 1779. Voir Musée : Stockholm,
    Château royal : deux armoires marqueterie. Il signait : *J. P. Dusautoy.*
DUSSAUT (François), rue de la Touraine. — 1785.
DUSSAUT (Pierre), rues de la Vieille-Orangerie et Troussevache. — 1780.
DUTERTRE (Guillaume), Petits Piliers des Halles. — 1767.
DUTILLET (Charles), rue au Maire. — 1753.
DUVAL, Faubourg St-Antoine. — 1755.
DUVAL (Antoine). — Paris, XVIIIe siècle, rue de Charenton.

DUVAL (Jacques-Charles). — Paris, XVIIIe siècle, rue de Charonne.

DUVAL (Jean-Jacques), rue du Haut-Moulin et Pont-Notre-Dame. — 1778.

DUVAL (Nicolas), rue du Faubourg St-Antoine. — 1743. Il y eut d'autres Duval, ébénistes.

DUVIVIER. — Paris, XVIIIe et XIXe siècles, rue de Charenton.

DUVIVIER (Nicolas), rues St-Dominique et de l'Université. — 1769. Il y eut d'autres Duvivier, ébénistes.

E

EBERHARDT (Jean-Nicolas). — Paris, XVIIIe siècle. Originaire de la Saxe.

EBERHARDT (Georges-Christophe). — Paris, XVIIIe siècle, rue de Charonne. Il était originaire de la Saxe. Fils du précédent.

EBERHARDT (Henri-Gottlieb), rue Nicolas. Fils aussi de Jean-Nicolas.

EGELEZ (Nicolas). — Paris, XVIIIe et XIXe siècles, rue du Faubourg-St-Antoine, à la « grande Pinte ».

EGGMANN (Jacques). — Paris, XVIIe siècle. Il fut attaché à la maison du Roi.

EGGMANN (Jean). — Paris, XVIIe siècle. Il fut attaché à la maison du Roi et exécuta pour ses cabinets des sujets d'histoire en marqueterie.

ELLAUME, rue Traversière. — 1755.

ELLAUME (Jean-Charles), rue Traversière. — 1774. Il signait : *J.-C. Ellaume.*

EMERY (Antoine). — Paris, XVIIIe siècle, rue St-Martin.

ENIX (Denis), rue Mauconseil. — 1782.

EPAULARD (Etienne), rues du Faubourg St-Martin et St-Bernard. — 1772.

ERARD (Louis-François), Strasbourg, XVIIIe siècle. Père des fabricants d'orgue et de piano : Jean-Baptiste et Sébastien.

EROUARD (Gilles). — Paris, XVIIe siècle. Il fut attaché à la maison de la Reine.

ERSTER (Jean-W.), dans les Célestins, puis rue des Jardins. — 1774.

ERTET (Joseph). — Paris, XVIIIe siècle, rue St-Honoré.

ETIENNE (Georges). — Paris, XVIIe siècle. Il fut attaché à la Maison du Roi.

ETIENNE (Jean-Baptiste-Martin), rues de Beaujolais, Traversière, Boucherat et du Faubourg St-Denis. — 1762.

EVALDE. — Paris, XVIIIe siècle, rue du Bacq.

EVALDE (M.-B.), rues St-Dominique et du Bacq. — 1766. Il travailla au coffret à bijoux offert par Louis XV à Marie-Antoinette lors de son mariage. Il signait : *M.-B. Evalde.*

E. V. L. C. — Monogramme de deux ébénistes associés. Règne de Louis XVI.

F

FABREGUETTE (Jean-Pierre), rues Grenier-St-Lazare et des Vieilles Étuves-St-Martin. — 1769.

FABRY. — Paris, XVIIIe siècle.

FAGE (Mathieu), rues de la Verrerie, de la Poterie et Beaubourg, cul-de-sac Berthault. — 1778.

FAIVRET. — Paris, XVIIIe siècle. Il travailla pour l'amiral Nelson.

FALCONNET (Louis). — Paris, XVIIIe siècle.

FALK (Wolfgang). — Paris, XVIIIe siècle. Rue St-Nicolas.

FAUDÉE (Jean-Claude), rues des Moineaux, du Faubourg Montmartre et Bon-Conseil. — 1760.

FAUVEZ (François-Joseph), cour St-Joseph, rue de Charonne. — 1766.

FAYARD (Joseph), rue du Four-St-Germain. — 1782.

FAYOLLE (Éloi), rue Serpente. — 1785.

FÉLIX (Laurent), rues de la Clef, du Puits-de-l'Hermite et St-Victor. — 1755.

FÉLIX (Pierre-Charles), Faubourg St-Jacques. — 1785.

FENOT (Dominique). — Paris, XVIIIe et XIXe siècles. Rue de Cotte, Faubourg St-Antoine.

FENOUX (Jean-Baptiste). — Paris, XVIII et XIXe siècles. Rues de la Michodière, de Paradis-St-Lazare et Faubourg St-Denis.

FERANT (Claude-Étienne). Rue de la Joaillerie. — 1783.

FÉRET (Louis), rues des Gravilliers, de la Tixéranderie, du Mouton, Geoffroy-l'Asnier. — 1758.

FERGMANN (Augustin), à la Trinité. — 1773.

FERLIER (Pierre-Joseph), rues de l'Arbre-Sec et de la Vieille-Monnaie. — 1774.

FERMÉ, rue de Seine. — 1754.

FERRY (Michel), rue des Mauvais-Garçons-St-Germain. — 1775.

FEUERSTEIN (Jean-Philippe), rue St-Nicolas. — 1785. Originaire du Tyrol. Voir collection privée : Joyant (Eugène), console à étagère. Il signait : *Feuerstein.*

FEUERSTEIN (Joseph), rue du Faubourg St-Antoine. — 1767. Voir ventes et collection privée : Ganay (Marquise de) : commode en bois de rose et bronzes dorés. Il signait : *Joseph Feuerstein M. E.*

FÈVE (Jean-Claude), rue du Vertbois. — 1776.

FEUTREL (Denis-Guillaume), rue Pagevin 1764.

FILLEUL. — Paris, XVIIIe siècle. — Garde du mobilier du château de Choisy. Il fit quatre fauteuils de toilette pour le Roi pour les châteaux de Fontainebleau, Versailles, Marly et Compiègne.

FILON (Gabriel-Cécile), rue Mauconseil. — 1750.

FILON (Gabriel-Isidore), fils du précédent, rue Mauconseil.

FLAHAUT (Jean-Nicolas), Cloître des Jacobins-St-Honoré. — 1778.

FLAMAND (Louis-Michel), rues de Sèvres, des Vieilles-Tuileries-St-Jacques et de Bagneux. — 1766.

FLÉCHY. — Paris, XVIIIe siècle. Rue du Faubourg St-Antoine. Il y eut d'autres Fléchy, ébénistes.

FLEURY (Adrien), rues Hyacinthe et Pont-aux-Choux. — 1751.

FLEURY (René-Charles), rue Ste-Foy. — 1755.

FLOQUET (Louis), rue de Savoie. — 1786.

FLORENCE (Marc), rues St-Jacques et St-Étienne-du-Grès. — 1758.

FOISY (Louis), rue de la Calandre. — 1776.

FOLIOT (Nicolas-Quinibert). — Paris, XVIIIᵉ siècle. Rue de Cléry. Voir collection privée Vertheimer (Charles), deux fauteuils Louis XV. Il signait : *Foliot* (marque).

FOLIOT (Toussaint-François), rue de Cléri. — 1773.

FONBONNE (François), rue Ste-Anne-au-Palais. — 1762.

FONSON (J.-Charles). — Paris, XVIIIᵉ siècle. Rue Montorgueil.

FONSON (Louis-Joseph), rue Neuve-St-Eustache. — 1767.

FONTAINE (Jean-Michel), rue de la Grande-Truanderie. — 1767.

FORCE (Joseph), rue de la Voirie, Porte St-Martin, rue de Bondy et du Faubourg-St-Martin. — 1764.

FORCHER. — Paris, XVIIIᵉ et XIXᵉ siècles. Rue St-Nicolas. Il était originaire de Barrière. Il y eut deux Forcher, ébénistes.

FORESTIER (Nicolas), rue St-Pierre. — 1773.

FORGET (Pierre), rue de Charonne. — 1765.

FORSTER (Richard), rues des Fossoyeurs et de Normandie. — 1788.

FORTIN (Germain), rue de la Perche-au-Marais. — 1750.

FOUCHÉ (Jean), rue Neuve-St-Denis. — 1766.

FOULET (Jean-Baptiste), fin du règne de Louis XV. Voir Musée: collection Richard Wallace : secrétaire en bois de rose signé : *Claude-Charles Saunier* et *J.-B. Foulet*.

FOULLET (Pierre-Antoine), 1756.

FOULON (Jean-Baptiste), rue St-Denis. — 1786.

FOUQUET (Nicolas-Jean), rue du Vertbois. — 1781.

FOUREAU (Gervais), rue Frépillon. — 1758.

FOUREAU (Louis), rue du Faubourg-St-Denis. — 1755. Voir ventes et collection privée : Halphen (F.) : commode laque rouge et or, décorée de personnages. Il signait : *L. Foureau M. E.*

FOURNIER (Alexis), rues Rochechouart et de Bellefond. — 1786.

FOUROT (Nicolas-Gervais), rues au Maire et du Faubourg-St-Denis. — 1788.

FOUSON (Louis-Joseph), rue Neuve-St-Eustache. — 1767.

FRADIEL (François), rue du Sentier. — 1756.

FRANCK (François), rues de Charenton, St-Nicolas et Moreau. — 1756.

FRANCKWOHL (Louis). — Paris, XVIIIᵉ siècle, rue de Charonne.

FREGÉ (Jean-Simon), rue des Mathurins. — 1742.

FREMIOT (Claude), rue St-Lazare. — 1787.

FRÉZET (Jean-Pierre), rue Gervais-Laurent. — 1750.

FRITSCH (Jacques). — Paris, XVIIIᵉ siècle.

FROMAGEAU (Jacques-André), rues Bergère et Grange-Batelière. — 1765.

FROMAGEAU (L.-D.). — Paris, XVIIIᵉ siècle. Faubourg St-Antoine. Voir collection privée Pourtalès (Comtesse de) : table de nuit. Il signait L.-D. *Fromageau*. Il y eut d'autres Fromageau, ébénistes.

FROMANTIN (André-Jean-Léon), rue des Boucheries-St-Germain. — 1786.

Frost (Jean-Gottlieb), rue Croix-des-Petits-Champs. — 1785. Il succéda
à Rœntgen et fit partie de plusieurs associations. Il employa de nombreux ouvriers allemands et avait un atelier important. Il signait :
J.-B. Frost.

Fröttel. — Paris, xviiie siècle.

Fröttel (Bastien), rue St-Nicolas. — 1782.

Funck. — Paris, xviiie et xixe siècles. — Rue de Charonne.

G

Gabilliaud (Nicolas-François), rue des Mauvaises-Paroles. — 1788.

Gaillard (Antoine), rue St-Nicolas. — 1781 (marque).

Galand ou Galland (Jacques), rue des Juifs. — 1771.

Galand (Louis-Julien), rue St-Denis. — 1750.

Gallois (Jean-Baptiste), rues des Anglais et du Plâtre. — 1767.

Garat (Martin), rue de la Verrerie. — 1756.

Gabard. — Paris, xviiie siècle. Rue Dauphine. Il travailla pour les Menus-
Plaisirs.

Garde (Gilbert), rue St-Victor. — 1788.

Garet (Jean-Baptiste), rue Jacob. — 1785.

Garion (Jean-Louis-Adrien). — Paris, xviiie et xixe siècle. Passage du
Caire.

Garnaud (Jean), passage de l'Hôtel Lesdiguières. — 1740.

Garnier (Dominique), rue du Bacq. — 1779.

Garnier (Jacques-Emmanuel), rue St-Honoré. — 1779.

Garnier (Jean), rue de la Chanvrerie. — 1777.

Garnier (Jean-Claude), rue St-Dominique et de Grenelle. — 1785.

Garnier (Pierre), rue Neuve-des-Petits-Champs. — 1742 (marque).
Il meubla l'hôtel du marquis de Ménars. Voir Musée South Kensington (legs Jones) : table carrée avec dessus en porcelaine de Sèvres. Il
signait : *P. Garnier* ou *Garnier M. E.*

Garnier (Prudent), rue de Bailleul. — 1763.

Garnier (Sébastien), rue Taitbout. — 1788.
Il y eut plusieurs autres Garnier, ébénistes.

Garriaux, rues Boutebrie et Fossés-St-Victor. — 1774.

Gary (Martin), rue des Francs-Bourgeois, place St-Michel. — 1764.

Gaspard. — Paris, xviie et xviiie siècles.

Gaspard (Joseph). — Paris, xviiie siècle. Rue du Faubourg-St-Antoine.

Gassaux. — Paris, xviiie et xixe siècles.

Gauchi (Étienne), rue Plumet. — 1776.

Gauchi (Jean-Baptiste), rue Perdue. — 1782.

Gaudereaux ou Gaudreau (François-Antoine et Robert), ébénistes de
Louis XV, travaillèrent pour les Menus-Plaisirs, et fournirent à la Cour

des meubles simples ou de luxe. Auteurs de l'ébénisterie du célèbre médailler composé par les frères Slodtz en 1739 et qui se trouve à la Bibliothèque Nationale et d'une table de campagne en noyer, garnie d'argent, probablement offerte par Louis XV à sa fille, Madame Infante, duchesse de Parme, épouse de Don Philippe. Ils firent pour le château de Choisy des tables à jeu, des encoignures, des commodes, des tables de nuit, des chaises et fournirent divers meubles aux châteaux de Versailles, Marly, la Muette, Fontainebleau. Parmi leurs clients figurent le Roi, Mesdames de France, la Dauphine, Madame Infante, Madame Henriette, Madame de Pompadour, Mademoiselle de Clermont, etc., etc. Voir Bibliothèque Nationale : Médailler; Ministère des Affaires étrangères : grand bureau dit de Monsieur de Vergennes.

GAUDEREAUX (François-Antoine). — Paris, xviiie siècle.

GAUDEREAUX (Robert). — Paris, xviiie siècle. Rue de Reuilly.

GAUDRON (Auburtin). — Paris, xviie siècle. Répara les marqueteries des chambres du Dauphin et de la Dauphine à Versailles.

GAUDRON (Regnaud). — Paris, xviie siècle.

GAULTIER, rue des Fossés-du-Temple. — 1747.

GAUTIER, rue des Fossés-du-Temple. — 1774.

GAUTIER (Jacques-François), rue Barre-du-Bec. — 1731.

GAUTIER (Jean), rue d'Argenteuil. — 1779.

GAUTIER (Jean-François), rue Couture-St-Gervais. — 1772.

GAUTIER (René), rue Guérin-Boisseau. — 1786.

Il y eut d'autres Gautier ou Gautié, ébénistes.

GAUTRON (Marc), rue de Cléry. — 1785.

GAUTRUCHE (Charles-Auguste). — Paris, xviiie siècle. Rue du Faubourg-St-Denis.

GAUTRUCHE (Jean-Pierre), rues de la Perle, du Parc-Royal et de Jarente, marché Ste-Catherine. — 1772.

GAUTRUCHE (Pierre). — Paris, xviiie siècle.

GAUTRUCHE (Pierre-Claude), rues St-Étienne, Ville-Neuve, Basse et Porte St-Denis. — 1771.

GAVERELLE (André), rue de la Cossonnerie. — 1769.

GAVERELLE (François), rue de Charonne. — 1767.

GAVERELLE (Mathieu-Michel). — Paris, xviiie siècle.

GAVERELLE (Noël-Jacques), rue Geoffroy-l'Asnier. — 1782.

GAY (Georges). — Paris, xviiie siècle. — Inventeur de la table soleil à transformations (marque).

GAY (Jacques), rue de Cléry. — 1779.

GEANTET (Alexis), rue des Poitevins. — 1785.

GEBHAUER (Jean-Baptiste), cul-de-sac Taitbout. — 1786.

GENCEL (Joseph), rue Tiquetonne et Faubourg St-Denis. — 1780.

GENDÉ (Claude), rue de la Roquette. — 1786.

GENEST (Antoine-François), rues de la Corne et de Mézières. — 1788.

GENGENBACH (François-Antoine), rue de Charonne. — 1779.

GENISSON (Charles), rue du Temple. — 1759. Syndic en 1785.

GENISSON (Jean-Marie). — Paris, XVIIIe et XIXe siècles. Rue du Temple. Fils du précédent.

GENISSON (Jean-Charles), fils de Charles Genisson, rue du Temple. — 1788.

GENTY (Daniel). — Paris, XVIIIe siècle. Rue de l'Échelle. Voir collections privées : Doucet (Jacques) : table ornée d'un jeu de l'Oie en marqueterie. Gourgue (Marquis de) : cabinet marqueterie; Rothschild (Adolphe de) : table ronde, la tablette de dessus en porcelaine de Sèvres. Il signait : *D. Genty* ou *Genty*.

GEORGE (Joseph-Benoît), rue de la Verrerie et de Haut-des-Ursins. — 1785.

GÉRARD. — Paris, XVIIIe siècle. Fit partie de l'atelier de Charles Boulle.

GÉRARD (Noël). — Paris, XVIIIe siècle.

GÉRARD (Ponce), Cour de la Juiverie. — 1778.

GILARDIN (Pierre-Joseph), rue du Faubourg-St-Martin. — 1780.

GILBERT (André-Louis), rue Traversière. — 1774. Il fit figurer l'ivoire dans ses marqueteries et inventa un secrétaire roulant surmonté d'une bibliothèque. Il signait : *A.-L. Gilbert*.

GILBERT (Louis). — 1782.

GILLAN (Jean-Louis-François), rues du Comte-d'Artois, St-Augustin et Montmartre. — 1784.

GILLARD (Claude-Gabriel), rue du Faubourg Montmartre. — 1786.

GILLET (Louis), rues Thevenot et Guérin-Boisseau. — 1766.

GIRARD (François), rues Notre-Dame-de-Nazareth et d'Astorg. — 1765.

GIRARD (André), fils du précédent.

GIRARDOT (Jean-Baptiste), rue Feydeau. — 1776.

GIRAUD (Pierre), Faubourg-St-Denis. — 1760.

GIRAUDEAU (Louis), rue de la Pépinière. — 1786.

GIROLET (Pierre-Denis), rues Ste-Marguerite, Beauregard, St-Joseph, de Bourbon-Villeneuve, des Vieux-Augustins. — 1758.

GIROT (Charles-François-Vincent), rue de l'Université. — 1784.

GIROUX (Jacques), rue Traversière et Faubourg St-Antoine. — 1766.

GLEITZ (André). — Paris, XVIIe et XVIIIe siècles, rue St-Nicolas.

GOBERT (Jean-Baptiste), rue des Vieilles-Tuileries. — 1758.

GOFFINET (Jean-François), rue de Touraine. — 1768.

GOLD (Joseph). — Paris, XVIIIe et XIXe siècles.

GOLLE (Corneille). — Paris, XVIIe siècle. Ébéniste-marqueteur.

GOLLE (Pierre). — Paris, XVIIe siècle. Ébéniste-marqueteur, originaire de Hollande. Il travailla d'abord à la manufacture des Gobelins. Plus tard, avec Charles Boulle et Massi, il fit des meubles pour le château de Versailles et pour les Menus-Plaisirs. Voir expositions rétrospectives et Musées, Paris, Arts décoratifs : dessin au lavis pour un parquet en marqueterie.

GONÉ (Louis), rue de la Limace. — 1786.

GONIN (Gilbert), rues Guisarde et des Canettes. — 1783.

GONON (Jean-François), rue des Vieilles-Tuileries. — 1768.

GONTIER (Pierre), rues du Cherche-Midi et du Regard. — 1763.

GORJU (Claude), rues de Charenton, Notre-Dame-de-Nazareth, du Gindre. — 1770.

GOSSELIN (Adrien-Antoine), à Versailles. — 1772.

GOSSELIN (Antoine), rue et Faubourg St-Antoine. — 1752. Syndic en 1778. Il signait : *Gosselin*.

GOSSELIN (Jean-Baptiste). — Paris, XVIIIe siècle, rue de Charenton.

GOSSELIN (Josse), rue de la Verrerie. — 1768.

GOSSELIN (Nicolas), rue du Faubourg-St-Antoine. — 1772. Il y eut plusieurs autres Gosselin, ébénistes.

GOSSINET (Jean-François), rue de Touraine — 1766.

GOTTINIAUX (Louis-Alexis-Joseph), rue Geoffroy-l'Asnier. — 1781.

GÖTZ (Gaspard-François), rue Mâcon. — 1787.

GÖTZ (Martin), rue du Faubourg St-Antoine, à la Boule-Blanche, et rue Amelot. — 1784.

GOULET (Étienne), rue et Faubourg St-Jacques. — 1778.

GOULET (Jean-Baptiste), rue Oblin. — 1786.

GOURDAIN (Michel), rue de Cléry. — 1752. Il travailla pour la maison royale. Il signait : *Gourdin* ou *Gourdain* (marque).

GOURIÉ (René), rue du Cimetière St-Nicolas. — 1787.

GOURLET (Thomas), rue des Mathurins. — 1785.

GOURLIAU (François), rues Basse-du-Rempart, derrière les Capucines, et des Barres, à l'Hôtel de Sens. — 1779.

GOUX (Louis), rue du Petit-Hurleur. — 1785.

GOYER (François). — Paris, XVIIIe siècle, rue de Charonne, à « l'Eau qui dort ».

GRAILLOT (Jean-Louis), rue St-Honoré, ancienne cour du Coche. — 1788.

GRANDFILS (Jacques-Laurent), rue St-Germain-l'Auxerrois. — 1765.

GRANDJEAN, rue de Charonne, Faubourg St-Antoine. — 1766.

GRÉBERT (Georges), rue du Bacq. — 1764.

GRÉBERT (Louis-Claude), rue des Moulins, Butte St-Roch. — 1767.

GRÉBOIS (Pierre-Charles), rue Pierre-au-Lard. — 1786.

GRÉHOME (Nicolas), rue Bourg-l'Abbé. — 1754.

GRÉMONT (Jean), rue Jean-St-Denis. — 1777.

GRENEVIGH (Nicolas), rue du Bacq. — 1768. Voir ventes et collection privée Doucet (A.) : table-bureau. Il signait : *A Grenevich* ou *Grenvigh M. E.*

GRÉPAT (Claude), rues au Maire et du Faubourg Montmartre. — 1772.

GRIFFET (Jean-François), rue Perdue. — 1779.

GRUYÈRE (Pierre-François), rue de la Roquette. — 1786.

— 255 —

GUÉDÉ (François), rue des Filles-du-Calvaire. — 1759.

GENEBAULT, rue de Perpignan. — 1760.

GUÉRARD (Joseph), Versailles. — 1784.

GUÉRIN. — Paris, XVIIIe siècle. Ébéniste-mécanicien, en 1756, il fit une table mouvante de douze couverts et quatre buffets-servantes pour le château de Marly; il créa aussi l'armoire volante du château de la Muette.

GUÉRIN (Jean-Louis), rues Couture-St-Gervais et de la Poterie. — 1778.

GUÉRIN (Pierre). — Paris, XVIIIe et XIXe siècles.

GUERNE (Abraham), Boulevard de la Porte-St-Martin. — 1737. Nommé menuisier du Roi et de la ville en 1782. Il travailla à la salle de l'Opéra de Versailles.

GUÉROU (Thomas), Faubourg Montmartre et rue Ste-Foy. — 1778.

GUESNON (Jean-François), menuisier ordinaire du Roi. Il travailla au château de Crécy pour Mme de Pompadour.

GUIART (Adrien-Antoine), rue des Lavandières-St-Opportune. — 1777.

GUICHARD (Pierre-Guillaume), rue du Faubourg St-Jacques. — 1785.

GUICHEMER. — Paris, XVIIIe siècle. Place de l'Indivisibilité.

GUIGNARD (Pierre-François), rue de la Roquette. — 1767.

GUILBERT (Éloy), rues Mercière, d'Orléans, St-Honoré et de Sartine. — 1774.

GUILLARD (Pierre), rue de Charenton. — 1777.

GUILLARD (Pierre-Nicolas), rue Notre-Dame-de-Nazareth. — 1764.

GUILLAUME (Simon). — Paris, XVIIIe siècle, rue St-Nicolas.

GUILLEMARD (François). — Paris, XVIIe et XVIIIe siècles, rue Princesse. Il travailla pour les châteaux de Chantilly et de Marly.

GUILLEMARD (Jean-Baptiste-Georges), rue Neuve-des-Mathurins. — 1783.

GUILLEMARD (Louis), rues des Moineaux, Basse-du-Rempart, derrière les Capucines, de la Ville-l'Évêque et du Faubourg-St-Honoré. — 1765.

GUILLET (Pierre), rues Poissonnière et d'Angoulême. — 1776.

GUIMARD (Joseph), rues des Petits-Champs-St-Martin et des Vieilles-Haudriettes. — 1786.

GÜLLER (François), rue du Vertbois. — 1786.

GUNSBERG (David). — Paris, XVIIIe et XIXe siècles, Faubourg St-Antoine.

GUNTHER (Georges-Louis). — Paris, XVIIIe siècle. Il était originaire d'Allemagne.

GUYOT (Jacques), rue de Verneuil. — 1782.

GUYOT (Nicolas), rue du Faubourg-St-Antoine. — 1775.

H

HACH (François). — Paris, XVIIIe siècle.

HACH (Sébastien), rue du Gros-Chenet. — 1778.

HACHE (Thomas). — Grenoble, XVIIe et XVIIIe siècles.

HACHE (Jean-François). — Grenoble, XVIIIe siècle. Ébéniste du duc d'Orléans. Place Clavayson. — 1771. Voir collections privées : Fould Sprenger

(Baron): petit bureau dos d'âne. Granet (Mme) : grand bureau à cylindre. Latrobe : grand bureau à cylindre. Roman (J.) : boîte de tric-trac. Il est connu pour la pureté du style et la perfection de ses meubles. Il signait : *Hache de Grenoble* ou *Hache fils à Grenoble*; et quelquefois *Hache, ébéniste de M. le duc d'Orléans, à Grenoble, place Clavayson.*

HACHE (Christophe-André), dit LAGRANGE ou HACHE BIBI. — Grenoble, XVIIIe et XIXe siècles.

HACHE (Pierre). — Grenoble, XVIIIe siècle. Fils de Thomas Hache.

HAIMARD (Jean-Louis), Place de la Porte-St-Antoine. — 1784.

HAIMARD ((Louis-Jacques), rues du Pont-aux-Choux et de Popincourt. — 1756. On a un meuble signé : *Haimard et Delaunay*. M. E.

HAIZEAUX (Jean-Baptiste), rue du Martroy. — 1788.

HAIZEAUX (Pierre), rue des Gravilliers. — 1777.

HALIÉ (Louis), rue Guérin-Boisseau. — 1753.

HALLET (Jean-Baptiste), rue Perpignan. — 1781.

HALLEUX (Jean-Christin), rue de l'Arcade. — 1782.

HALLOT. — Paris, XVIIIe et XIXe siècles.

HALLOY (Jean-Mathias), rues Poissonnière et des Orties-au-Louvre. — 1768.

HAMAR (Toussaint), rue St-Étienne-des-Grès. — 1786.

HAMEL (Jean), rues de la Harpe et Serpente. — 1774.

HAMMERS. — Paris, XVIIIe et XIXe siècles, Faubourg St-Antoine.

HAMSTERLE (Jean), rues de Berry et Poissonnière. — 1781.

HANNERON (Antoine-François-Joseph), rue de Savoie. — 1780.

HANNIÉR (Louis), rues Baillette et St-Honoré. — 1763.

HANNOT (Nicolas), rue du Cimetière-St-Nicolas. — 1762.

HARAUT (Jean), rues St-Antoine, du Pourtour-St-Gervais, de la Poterie, de la Tixéranderie. — 1758.

HARDELLE (Jean-Louis-Antoine), rue de Sèvres. — 1764.

HARDY (Henri-Louis). — Paris, XVIIIe siècle, rue St-Nicolas.

HARMAND (Antoine-L.), rue du Chaume. — 1785.

HARMAND (Jean). — Paris, XVIIe siècle. Ébéniste-marqueteur. Il travailla pour le Roi au Louvre, à Versailles, à Fontainebleau, aux Tuileries, à St-Germain, surtout aux parquets et aux estrades.

HARSCHER (François), rue Guisarde. — 1786.

HARMS. — Voir HAMSTERLE.

HATOY (Jean-Baptiste), rue Chapon. — 1782.

HAUMONT. — Paris, XVIIIe et XIXe siècles.

HAUPT (G.), à Paris, puis en Suède. Voir Musées : Chantilly ; Muséum minéralogique en forme de secrétaire. South Kensington (Legs Jones) : commode. Château Royal : lit en forme de bureau, style Gustave III: bureau et pupitre, même style. Il signait : *G. Haupt* ou *fait par G. Haupt*.

HAY (Joseph), rue des Saints-Pères. — 1746.

HAY (Pierre-Joseph-Augustin), rue Marivaux. — 1781.

HECKEL. — Paris, XVIIIe et XIXe siècles.

HÉDOUIN (Jean-Baptiste), rue Traversière. — 1738. Ébéniste-marqueteur.

HEHL (François), rues de la Croix et Neuve-St-Laurent. — 1782.

HEILIGSBERG (Jean-Guillaume), Faubourg St-Martin. — 1766.

HEIM (François-Guillaume), Paris, XVIIIe siècle, originaire d'Alsace.

HEMON (Pierre-Alexis), rue de la Vacherie. — 1724.

HÉMON (Blaise-François), rue de Charenton. — 1785.

HENNEQUIN. — Paris, XVIIIe et XIXe siècles.

HÉNON (Louis), rues St-Martin « à la Croix-de-Fer », Beaubourg et de la Lanterne. — 1776.

HENRI (Jean-Baptiste), rues de Charonne et St-Nicolas, Faubourg Saint-Antoine. — 1777.

HENRI (Nicolas), rue Tiquetonne. — 1773.

HENRIET (Claude-Chrétien), rue Grenata. — 1771.

HENRY (Barthélemy). — Paris, XVIIIe siècle.

HENRY (Jean), enclos du Temple et rue de Charenton. — 1779.

HENRY (Jean-Baptiste), rue des Vieux-Augustins. — 1784.

HENRY (Louis-Alexandre), rue Bergère. — 1784.

HERICHÉ (Jean-Baptiste), cour des Coches, Faubourg St-Honoré. — 1772.

HÉRICOURT (Antoine), Faubourg St-Honoré. — 1773. Syndic en 1786. Voir collections privées : Gasnault : petite commode. Il signait : *A. Héricourt M. E.*

HÉRICOURT (Nicolas). — Paris, XVIIIe siècle, Faubourg St-Antoine. Il faisait travailler Œben.

HÉRISSÉ (Antoine), rue de Charenton. — 1787.

HERSTEL, rue des Vieux-Augustins, près la Place des Victoires. — 1740.

HERTEL (Georges), rue et Faubourg St-Antoine. — 1779.

HERTZOG (Hubertus), rues Beurrière et du Ponceau. — 1776.

HERVIER (Jean-Baptiste), rues Jean-Tisson et Barre-au-Bec. — 1787.

HEURTEAUX (Pierre-Nicolas), rues du Faubourg-Montmartre, Neuve-des-Petits-Champs, d'Antin, Basse-du-Rempart, Coquenard, au bâtiment de l'Église Notre-Dame-de-Lorette. — 1781.

HILGER (Jean-Henri), rue Française. — 1786.

HIPP (Michel), Faubourg St-Antoine. — 1782.

HOCHE (Pierre). — Paris, XVIIIe et XIXe siècles, rue Chapon.

HOFFMANN (Abraham), rue St-Thomas, quartier St-Jacques. — 1765.

HOFFMANN (Jean-Diebold), Passage des-Petits-Pères. — 1785. Il était originaire d'Autriche.

HOKAW, rue du Bacq. — 1754.

HOLENDE. — Paris, XVIIIe et XIXe siècles, Faubourg St-Antoine.

HOLLINGER (Jean-Jacques), rue Montorgueil. — 1786.

HOLTZHEIM (Jean-Guillaume), rue du Vieux-Colombier. — 1786.

HONGENARD (Jean-Joseph), rue Ste-Marie. — 1767.

HORNS (Jean-Henri), rues du Faubourg-St-Martin et St-Merry. — 1780.

HOUARD (François-Marie), rues des Grands-Degrés et Mouffetard. — 1785.

Houart (Germain-Pierre), rue des Trois-Chandeliers. — 1774.
Houdry (Charles), rue Mazarine. — 1760.
Houelleux (Julien-Pierre), Faubourg St-Denis. — 1787.
Houry (François-Vincent), rue de l'Arbalète. — 1788.
Housseau (Jean-Baptiste), Marché d'Aguesseau. — 1743.
Houtoire. — Paris, xviie siècle. Il travaillait à l'atelier de Charles Boulle.
Huef (Jean-Georges). — Paris, xviiie siècle. Il était originaire du Palatinat.
Huet (Gilbert-Alexis), rues St-Paul et des Nonnains-d'Hyères. — 1783.
Huguet (Joseph-Simon), rues de Buci et des Barres. — 1780.
Hugueville (Marc), rues Pavée et des Deux-Portes-St-Sauveur. — 1755.
Hullin (Gabriel-Louis), rues Mazarine et Cerutti. — 1766.
Humbert (Mansuy), rues d'Argenteuil et l'Evêque, Butte St-Roch. — 1767.
Hurtrel (Louis), Boulevard de la Porte-St-Antoine. — 1756.
Huyot, rues Neuve-St-Etienne et Charlot. — 1759.
Huyot (Nicolas), rue Charlot. — 1737.

I

Infroit (Claude), rues de la Roquette et Amelot. — 1777.
Infroit (Etienne-Louis), rues de Charonne et Amelot. — 1768.

J

Jabodot. — Paris, xviiie siècle. Règne de Louis XV. Il travailla pour les Menus-Plaisirs.
Jacob (Georges), rue Meslée. — 1765. Syndic en 1789. Il travailla à Bagatelle pour le comte d'Artois, fournit le Palais du Temple pour la Reine et les Menus-Plaisirs. Il exécuta, d'après les dessins de David et de Charles Moreau, des meubles de style gréco-romain et pompéien et fut appelé à décorer de nombreux hôtels, en particulier pour le duc de Chartres. Il fut un des créateurs du style Directoire. Voir Musées : Palais de Compiègne : chaise-longue en bois doré. Louvre : fauteuils. Arts décoratifs : fauteuil. Mobilier National : siège d'acajou en forme d'X, lit de repos, consoles d'applique, canapé, etc. Château de Windsor : mobilier de salon et de chambre à coucher. Voir collections privées : Doucet (Jacques) : canapé Louis XVI, bois sculpté et doré. Marquet de Vasselot (J.J.) : deux fauteuils. Greffulhe (comte de) : mobilier de salon. Ventes diverses (marque). Il signait : *G. Jacob.*
Jacob (Georges II), rue Meslée. Fils du précédent. Il reprit avec son frère François-Honoré l'atelier paternel sous la raison sociale Jacob frères, rue Meslée, entreprise importante par le nombre de ses ouvriers et qui devint célèbre par la perfection du travail. Ils exécutèrent des meubles sur les dessins des architectes Percier et Fontaine et s'adjoignirent des artisans de talent entre autres les ciseleurs Thomire, Delafontaine, etc.

Ils employèrent beaucoup les bois indigènes et quelques bois étrangers : ébène, acajou, etc. Les frères Jacob travaillèrent sous la Révolution et sous le Premier Empire. Après la mort de son frère, François-Honoré prit la raison sociale de Jacob-Desmalter du nom d'une terre qu'il possédait en Bourgogne. Sous le Consulat puis sous l'Empire il travaille pour Bonaparte. Il exécuta le mobilier de la Malmaison, celui du Sacre, de Compiègne, de St-Cloud, des appartements de Fontainebleau et de plusieurs résidences impériales à l'étranger, les cabinets à bijoux de Joséphine et de Marie-Louise, le berceau du Roi de Rome, etc., etc. Sous la Restauration, Jacob changea une troisième fois de manière, tous les emblèmes impériaux étant devenus suspects ou détestés. Voir Musées : Palais de Compiègne : sièges bois doré et sculpté, armoire acajou; Fontainebleau : trône de Napoléon, armoire à bijoux de Marie-Louise, armoires, commode, corbeille à ouvrage, berceau du Roi de Rome. Malmaison : trône de Napoléon; Bibliothèque Nationale : vitrine; Versailles : buffets bas; Grand Trianon : sièges divers, table à thé, lit, commodes; Vienne : trésor impérial : berceau d'apparat du Roi de Rome. Signature : *Jacob frères, rue Meslée* ou *Jacob* ou *Jacob D., rue Meslée.*

JACOB (François-Honoré), frère du précédent et fils de Georges I. Ses travaux se confondent avec ceux de son frère. Il travailla pour les châteaux de Neuilly, Rambouillet, Saint-Cloud, Versailles, les Tuileries et pour la duchesse de Berry. Voir Collections privées : Lebaudy (salon de la Duchesse de Berry).

JACOB (Henri), rue de Bourbon-Villeneuve. — 1779. Il signait : *H. Jacob.*

JACOB (Jacques-Louis), rue Verderet. — 1764.

JACOT (Antoine-Pierre), rue de la Madeleine. — 1766.

JACOT (Isaac), rue Basse-du-Rempart. — 1762.

JACOT (Isaac), Faubourg St-Honoré. — 1786.

JACQUELINE (Gilles), rue de la Tannerie. — 1788.

JACQUEMART (T.-Pierre), rue de Charenton. — 1761.

JADOT (Jean-François), rues du Pot-de-Fer et de Vaugirard. — 1747.

JANSEN (Georges). — Paris. — 1767. Voir Musée : South Kensington (Legs Jones), 2 petites tables, marqueterie bois et ivoire, table à métier.

JANSON (Nicolas), Marché d'Aguesseau, rue de la Madeleine. — 1778.

JARRIÉ (Jean-Nicolas), rue de la Harpe. — 1742.

JAVOY (Claude), rue d'Argenteuil. — 1779.

JEAN (Honoré), rue St-Séverin. — 1772.

JEAN (Nicolas). — Paris, XVIIe siècle. Ebéniste du Roi.

JEAN (Paul-François), « Au Saint-Esprit », Faubourg St-Antoine. — 1784.

JEAN (Simon), rue Amelot. — 1787.

JELPKA (Albert-Henri). — Paris, XVIIIe siècle, rues de Charenton et de la Lune.

JOBERT (Michel-Simon), rue St-Dominique. — 1762.

Jolibois (Mathieu), cul-de-sac du Coq et rue du Bout-du-Monde. — 1763.

Joliffier (Joseph), rue de la Mortellerie. — 1781.

Jollain (Adrien-Jérôme), dans St-Jean-de-Latran. — 1763.

Jolliot (Michel), rue des Mauvais-Garçons-St-Jean. — 1784.

Joly (Claude), rue Jean-Beausire. — 1781.

Jonnard (Jean-Baptiste-Hubert), rues d'Orléans et St-Denis. — 1756.

Jordan (Salomon). — Paris, XVIII\u00e9 siècle, rue du Faubourg du Roule.

Joseph. — Règne de Louis XV et de Louis XVI. Musées : Louvre, Meubles d'appui avec mosaïques de pierre; Versailles : secrétaire en acajou; South Kensington (Legs Jones) : commode forme tombeau avec panneaux de laque. Château de Windsor : commode du même genre. Il signait : *Joseph.*

Jouanne (Pierre-Michel), rue Couture-St-Gervais. — 1781.

Jouard (Jean-Jacques), rue Neuve-St-Sauveur. — 1788.

Joubert (Gilles), rue Ste-Anne. — 1749. Syndic en 1771, exécuta les deux encoignures qui vont avec le Médailler de Gaudereaux à la Bibliothèque Nationale (fait pour le cabinet du Roi à Versailles). Il fut un des grands fournisseurs de la Cour. Voir Musées : Ministère de la Justice : bureau Louis XV.

Joubert (Mathieu-Dieudonné), rues des Vieilles-Tuileries et de la Parcheminerie. — 1786.

Jourdain (Pierre), rue de Charonne. — 1779.

Jouvet (Jacques-Louis), rues de Bièvre, St-Nicolas, St-Bernard et Basfroi. — 1758.

Jovenet (François), rue St-André-des-Arts. — 1785.

Jovenet (Michel-Joseph). — Paris, XVIII\u00e9 siècle, rue du Petit-Lyon.

Jullien (Martin), rues des Petits-Carreaux et de la Poissonnerie. — 1777.

Jumel (Barthélemy), rue de Seine. — 1750.

Jundt, rue St-Antoine. — 1757.

Juty (Jean-Claude), rues d'Aguesseau et du Rat. — 1777.

K

Kaffa (Jean-Baptiste), rues des Barres et Phelippeaux. — 1771.

Kardt (Jean-Bernard), rue de Bourgogne. — 1759.

Kassel (Georges), rue des Vieilles-Tuileries. — 1775.

Kaos (Jean), Cour St-Joseph. — 1783.

Kemp (Guillaume), rue de la Roquette. — 1764. Il marqueta un meuble de Beneman, destiné au Roi.

Kindermans (Michel), rues de Verneuil, de Grenelle-St-Germain, de-Sèvres, des Vieilles-Tuileries. — 1764. Syndic en 1787.

Kindermans (Paul), rue St-Dominique-St-Germain. — 1787.

Kintz (Georges), rue Daval. — 1776.

Kirchenbach (J.-Adam), Faubourg St-Antoine. — 1774.

KIRCHENBACH (Jean-Jacques), Faubourg St-Antoine. — 1778. Il y eut
d'autres Kirchenbach, ébénistes.
KIRSCHHOFF. — Paris, XVII° siècle. Il fut attaché à la Maison du Roi.
KOECHLY ou KOCHLY (Joseph), Cour St-Joseph. — 1783.
KOHL (Pierre-Nicolas). — 1779.
KOLBING. — Paris, XVIII° et XIX° siècles, Cour de la Juiverie.
KOPP (Maurice), rue de la Sourdière. — 1780. Il signait : *Kopp*.
KRANEN (Louis-Jacques), rue des Prouvaires. — 1780.
KRIER (Charles), rue du Bacq. — 1774.
KUTTEN (Jean), rues des Nonnains-d'Hyères et St-Méry. — 1789.

L

LABADYE (Toussaint-Charles), rues du Four-St-Germain et de Sèvres. — 1761.
LABATUT (Jacques-Nicolas), rue St-André-des-Grès. — 1777.
LABOUREZ (Claude), Aile du Pont-Marie et Montagne Ste-Geneviève. — 1781.
LABRIQUE (François-Joseph), rue St-Nicolas. — 1777.
LABRY (François). — 1777.
LACROIX (Jean), Faubourg St-Jacques. — 1751.
LACROIX (P.). — Paris, XVIII° siècle. Il était fournisseur du mobilier de la
couronne. Il signait : *P. Lacroix*.
LAFOND (Philippe), rues de la Harpe, St-Jacques et de la Sorbonne. — 1776.
LAFONT (Joseph), cul-de-sac St-Martial, rues des Marmouzets et du Haut-
Moulin. — 1784.
LAFOSSE (Bertrand), Place Maubert et rue St-Jacques. — 1784.
LAGNITRE (François-Nicolas), rue Ste-Avoye. — 1787.
LAGOUTTE (Mathieu), rue de Sèvres. — 1774.
LAGRANGE (Antoine). — Paris, XVIII° siècle, rue St-Nicolas.
LAINÉE (Nicolas), rue Geoffroy-l'Asnier. — 1768.
LAIR (François), avenue de Ménilmontant et rue de la Fontaine-au-Roi. —
1787.
LALANDE (François), Faubourg St-Antoine. — 1770.
LAMAIN (Pierre-François), rue St-Paul. — 1780.
LAMANT (André), rue de la Bûcherie. — 1783.
LAMARTINE (Jean-François), rue de la Corderie. — 1776.
LAMBERT (André), rues de Lappe et Traversière. — 1783.
LAMBERT (Antoine). — Paris, XVIII° siècle. Il partit pour St-Pétersbourg où
il travailla pour le tzar Pierre-le-Grand.
LAMIN (Pierre-François-Fiacre), rue St-Paul. — 1780.
LAMY (Marin), rues Barre-du-Bec et de Paradis. — 1784.
LANCELIN (Louis-Joseph), « Académie de Vandeuil », rue du Vieux-Colombier.
— 1763. Syndic en 1778.
LANCELIN (Nicolas), rue St-Denis. — 1766.

LANEIVE (Nicolas). — Paris, XVIIe siècle, ébéniste de la Maison du Roi.
LANDRIN (Germain), Couvent des Carmes-Billettes. — 1788. Il signait :
  Landrin.
LANGELIN (Louis), rue Poissonnière. — 1754.
LANGLADE (Jean-Antoine), rue de Verneuil. — 1779.
LANGLOIS. — Paris, XVIIIe siècle.
LANGLOIS, père. — Paris, XVIIe siècle. Faubourg-St-Antoine.
LANGLOIS, fils aîné. — Paris, XVIIe siècle.
LANGLOIS, cadet. — Paris, XVIIe siècle. Cloître Ste-Catherine-de-la-Couture,
  puis rue de la Tixéranderie.
  Les trois Langlois père et fils fabriquèrent des paravents et des cabinets
  dans le genre chinois.
LANGLOIS (Pierre-Éloi), rue de Lappe, puis cour de la Juiverie. — 1774.
LANGLOIS (Simon), rue de l'Évêque. — 1774.
LANGOU (Jean-François-Marcou), place des Carrosses, Faubourg St-An-
  toine. — 1769.
LANGUILLE (Pierre), cul-de-sac des Peintres, puis dans la Trinité. — 1768.
LANNUIER (Nicolas-Louis-Cyrille), rue St-Thomas-du-Louvre. — 1783.
LANOA (François-Antoine), rues des Fossés-St-Germain-l'Auxerrois et de
  l'Arbre-Sec. — 1773.
LANTÉ (Louis), rue et Faubourg St-Denis. — 1786.
LANTÉ (Louis-Auguste), rue et Faubourg St-Denis. — 1743.
LAPIE (Jean-François), rues de Charenton et du Faubourg St-Antoine. —
  1763. Il signait : *J.-F. Lapie.*
LAPIE (Charles), grande rue du Faubourg St-Antoine. — Fils du précédent.
LAPIE (Jean), rue de Charenton. — 1762.
LAPLANCHE. — Paris, XVIIIe siècle. Rue du Faubourg-St-Martin.
LARAUT (Jacques), rue St-Jacques. — 1785.
LARDIN (André-Antoine), rues de Charenton et St-Nicolas. — 1750.
LARDIN (Louis-François), rue St-Nicolas. — Fils du précédent.
LAROQUE (Pierre), rue St-Nicolas. — 1766.
LAROSE (Dominique-Prudent), rues de Braque et St-Louis-au-Marais. —
  1778.
LAROUE. — Paris, XVIIIe siècle. Il travailla pour le comte d'Artois.
LARTAUT (Philibert), rue Royale. — 1776.
LARUE (Nicolas), rues Baffroy, St-Bernard et de Charonne. — 1773.
LARUE (Jean-Baptiste), rues des Lavandières-Ste-Opportune et Poissonnière.
  1777.
LASSERRE (Antoine), rues du Faubourg-Montmartre et Cadet. — 1768.
LATHUILLE (Pierre), rue l'Évêque. — 1747.
LATHUILLE (Jean-Pierre), rue d'Argenteuil. — 1755. Voir Musée : Garde-
  Meuble, commode en acajou, signée : *J.-P. Lat...*
LAURENT (Jacques), rue du Faubourg Montmartre. — 1768.
LAURENT (Pierre), rues St-Sauveur et de Paradis-St-Lazare. — 1772.

LAURENT (Nicolas), rues du Faubourg Montmartre, Neuve-St-Denis et du Faubourg St-Denis. — 1768. Syndic en 1787. Il y eut d'autres Laurent, ébénistes.

LAVAUX (Barthélemy), Cloître-Ste-Opportune. — 1783.

LAVELLE (Antoine), rues St-Joseph et du Bout-du-Monde. — 1779.

LAVENNE (Nicolas). — Paris, XVIIe siècle. Il fut attaché à la maison du Roi.

LAVENU (Antoine), rues Boucherat et de Normandie. — 1776.

LAVY (Jean-Baptiste). — Paris, XVIIIe siècle. Rue de la Verrerie.

LAVY (Louis), rue de la Verrerie. — 1765.

LE BAS (Barthélemy). — Paris, XVIIIe siècle. Rue de Cléry.

LE BAS (Jean-Baptiste). — Paris, XVIIIe siècle. Rue de Cléry.

LE BAS (Jean-Jacques). — Paris, XVIIIe siècle. Rue de Cléry (marque). Ces trois ébénistes travaillèrent ensemble signant sans prénom ou *J. Lebas*, travaillèrent à Louveciennes pour Mme du Barry.

LE BAS (Jean-Baptiste), rue de Cléry. — 1756.

LE BAS (Barthélemy), rue de Cléry. — 1771. Il était le fils du précédent.

LE BAS (Jean-Jacques), rue de Cléry. — 1772. Il était fils aussi de Jean-Baptiste.

LEBÈGUE (Jean), rues de Bercy-St-Jean et Vieille-du-Temple. — 1777.

LEBESGUE (Claude-Pierre), rue St-Nicolas. — 1750.

LEBESGUE (Robert-Claude), rues Culture-Ste-Catherine, du Four-St-Germain et de la Poterie. — 1771.

LEBIN (Jean-Claude), rue Thévenot — 1785.

LEBLANC. — Paris, XVIIIe siècle. Auteur d'une commode en bois des Indes et mosaïques pour Mme Infante, au château de Versailles.

LEBLANC (Charles), rues des Fontaines et du Pont-aux-Choux. — 1777.

LEBLOND (Jean-François), Cloître-St-Germain-l'Auxerrois. — 1751. Il y eut plusieurs Leblond, ébénistes.

LEBOSSÉS (Jacques), rue de Suresne. — 1779.

LE BRUN (Antoine I). — Paris, XVIIe siècle. Ébéniste-marqueteur.

LE BRUN (Antoine II). — Paris, XVIIe siècle. Ébéniste-marqueteur. — Fils du précédent.

LE BRUN (Claude), rue St-Pierre-au-Pont-aux-Choux. — 1779.

LE BRUN (François-Julien), rue de Beauvais. — 1780.

LE BRUN (Gilles). — Ébéniste-marqueteur. Il était le fils d'Antoine I Le Brun.

LÉCHAPTOIS (Samson), rues de Lourcine et Mouffetard. — 1768.

LECHARTIER (Jacques), rue de Charenton. — 1773.

LECHAUDÉ (Barthélemy). — Paris, XVIIIe siècle. Il travailla à la table mouvante de Choisy.

LECHIEN (Alexandre-François), rues Meslay, de Vendôme, de Bondy et du Faubourg St-Martin. — 1768.

LECLERC (Jacques-Antoine). — Paris, XVIIIe siècle. Cour de la Juiverie.

LECLERC (Charles-Michel), rue du Faubourg St-Antoine. — 1786.

LECLERC (Claude), à l'« Agneau pascal », rue de Charenton. — 1785.

LECLERC (Jacques), rue des Ciseaux. — 1787.

LECLERC (Jacques-Antoine), rue et Faubourg St-Antoine. — 1779.

LECLERC (Jean), rues du Four et de l'Égoût-St-Germain. — 1763.

LECLERC (Nicolas-Martin), rue de la Verrerie. — 1787.

LECŒUR (Joseph), rues de Verneuil, de Sèvres et Hyacinthe. — 1780.

LECOINTRE (François), rue Serpente. — 1727.

LECOMTE (Nicolas-Toussaint), rues d'Argenteuil et Traversière. — 1781.

LECOMTE (Simon-Samuel), rue du Faubourg Montmartre. — 1787.

LECOQ (Jean-Jacques), rue St-Martin. — 1777.

LECREUX (Adrien-Joseph), rue des Jeûneurs. — 1776.

LEDOUX (Simon-François). — Paris, XVIIIᵉ siècle. Grande rue du Faubourg St-Antoine.

LEDRU (Alexis), rues de l'Hirondelle et de la Huchette. — 1753.

LEDUC (Pierre), rues St-Martin, Neuve-St-Laurent, de la Croix et du Vert-Bois. — 1778.

LEFEBURE (Joseph), rue de Périgueux. — 1787.

LEFEBVRE (Charles-Joseph), rue de Charenton. — 1787.

LEFEBVRE (Jean-Jacques), rue des Cinq-Diamants. — 1785.

LEFEBVRE (Jean-Louis). — Paris, XVIIIᵉ siècle. Rues du Faubourg-St-Jacques et Neuve-Ste-Geneviève.

LEFEBVRE (Roch), rue du Faubourg-St-Martin. — 1788.

LEFÈVRE (Charles-Antoine), rues des Fossés-St-Germain-du-Roi et des Mauvais-Garçons-St-Germain. — 1777.

LEFÈVRE (Charles-Nicolas), rues de la Bucherie et des Postes. — 1764.

LEFÈVRE (François), Rue du Marais-St-Germain. — 1779.

LEFÈVRE (Jean-Baptiste), rue de Bourbon-Villeneuve. — 1743.

LEFÈVRE (Joseph), rue Neuve-St-Augustin. — 1729.

LEFÈVRE (Louis), rue de Beauregard. — 1780.

LEFÈVRE (Philippe), rue de la Mortellerie. — 1788.

LEFÈVRE (Pierre-Jean), rues de l'Égoût-St-Martin et de Bourbon-Villeneuve. 1773.

LEFORT (Jean-Denis), rue des Sept-Voies. — 1787.

LEFRESNE (Sébastien). — 1777.

LEGALLOIS (Gilles), rues Phelipeaux et de Limoges. — 1766.

LE GASPERN (Louis), carré St-Landry et rue des Fossés-St-Germain-l'Auxerrois. — 1753.

LE GASPERN (André), enclos St-Denis-de-la-Chartre. — 1771.

LEGRAND (Charles-Christophe), rue Rousselet. — 1783.

LEGRAS (François), rue Notre-Dame-de-Nazareth. — 1733.

LEGRAS (Jean-Laurent). — Paris, XVIIIᵉ et XIXᵉ siècles. Rue de Bondy.

LEGROS, Cour du Marché-des-Quinze-Vingts. — 1763.

LEGRY (Jean-Louis-François), rue de Charenton. — 1799. Il signait : *J.-L.-F. Legry*.

LEHAENE, père. — Paris, xviiie et xixe siècles. Rues Traversière, des Tournelles et boulevard St-Antoine.

LEHAENE, fils. — Paris, xixe siècle. S'associa à son père sous la Restauration.

LEIRIS (Jean), rue de Lancry. — 1780.

LEJEUNE (Jean), passage de la Marmite. — 1788.

LELARGE (Jean-Baptiste), rue de Cléry. — 1775. Voir Musées : Petit Trianon : canapé et fauteuils. South Kensington (legs Jones) : fauteuil en bois sculpté et doré. Collections privées : Doucet (Jacques) : mobilier de salon bois sculpté et doré. Il signait : *Lelarge* ou *J.-B. Lelarge*.

LELEU (Jean-François), rues de la Contrescarpe et Royale. — 1764. Syndic en 1776. Créateur de meubles simples en acajou et de très beaux meubles en marqueterie. Il fut fournisseur des rois Louis XV et Louis XVI et de Mme du Barry. Voir Musées : Trianon : petite commode en marqueterie ; Londres, collection Richard Wallace : grande commode et secrétaire en marqueterie. Collections privées : Camondo (comte Isaac de) : commode Louis XV ; Doucet (Jacques) : commode Louis XVI ; Ganay (marquise de) : bureau plat ; Goudchaux : commode en marqueterie ; Klotz (Mme) : secrétaire à abattant ; La Beraudière (comtesse de) : petite table à pieds cambrés ; Luce-Laduré : petite commode en marqueterie à fleurs de lys, signature accompagnée d'un timbre à fleurs de lys surmonté de la couronne royale ; vient de Louveciennes. Il signait : *J.-F.-L.* ou *J.-F. Leleu*.

LE LORRAIN (Charles), rues des Boucheries, du Gindre, Guizarde, Férou et Carpentier. — 1761.

LEMAIRE (Jean). — Paris, xviie siècle. Fut attaché à la Maison du Roi.

LEMAIRE (Louis-Nicolas), rue du Marché-St-Honoré. — 1788.

LEMAIRE (Pierre-Remy), rues St-Antoine et Couture-Ste-Catherine. — 1765.

LEMAÎTRE (Charles), rue Traversière. — 1782.

LEMAÎTRE (François-Noël). — Paris, xviiie siècle. Rue St-Nicolas.

LEMARCHAND (Geoffroy), rues de l'Égout, Chaussée d'Antin et Caumartin. — 1775.

LEMARCHAND (L.-E.). — Paris, xviiie et xixe siècles. Rue du Faubourg St-Antoine. Ébéniste du mobilier de la Couronne sous l'Empire et sous la Restauration. Il exécuta le cercueil en ébène de Napoléon Ier.

LEMARCHAND (Michel-Charles-Jacques-Urbain), rues St-Louis et des Tournelles. — 1777. Il exécuta les stalles du chœur de la cathédrale de Chartres et une chaire épiscopale. Il travailla pour le mobilier de la Couronne sous l'Empire et la Restauration. Voir Musées : Palais de Compiègne : grande console en acajou. Il signait : *Lemarchand*.

LEMARCHAND (Pierre). — Paris, xviie siècle. — Il fut attaché à la maison du duc d'Anjou.

LEMARIÉ (Pierre). — 1761.

LEMÉE (Jean). — xviiie siècle. Il signait : Fait par *Jan Lemée*.

LEMBELLE (Jean-François), rue des Trois-Maures. — 1779.

LEMBELLE (Jean-Jérôme-Christophe), rue de la Heaumerie. — 1775.

LEMELLE (Romain-Victor), rues de la Heaumerie et St-Denis. — 1782.

LEMIRE (Edme), rue des Rosiers, au Marais. — 1782.

LEMOINE (Jacques), rue des Deux-Ponts. — 1757.

LEMOINE, rue Thibautodé et Couture-Ste-Catherine. — 1765.

LEMOINE (Joseph), rue St-Denis. — 1784.

LEMONNIER (Pierre-Jean), rues du Bout-du-Monde et Tournon, Hôtel de Tournon et du Petit-Lion-St-Germain. — 1767.

LEMPÉRIÈRE (Pierre-Jean), au Pont-au-Change, puis rues des Mathurins, Aubry-le-Boucher et des Vieilles-Étuves. — 1783.

LENEUF (François), rue des Égouts-St-Martin et Notre-Dame-de-Recouvrance. — 1772.

LENGELÉ (Jacques-Antoine), enclos St-Martin, rue de Breteuil. — 1766.

LENGELÉ (Jean-Pierre, père). — Paris, XVIIIe siècle, rue du Faubourg Saint-Denis.

LENOIR. — Paris, XVIIIe et XIXe siècles.

LÉONARD (Louis-Alexandre), rues du Roi-de-Sicile et de la Mortellerie. — 1781.

LEPAGE (Guillaume-Joseph), rues des Bourdonnais et des Mauvaises-Paroles. — 1777.

LEPANDU (Jean-Baptiste), rue du Ponceau. — 1782.

LE PAYEN. — Paris, XVIIIe siècle, « Maison de France », rue de Cléry.

LEQUINT (Charles), rue de Suresne. — 1777.

LERAT (Claude), rue Ste-Marguerite. — 1785.

LEROND (Pierre), rue du Faubourg-St-Honoré. — 1786.

LERONDEAU (Jean-Baptiste-Claude), rue St-Sauveur. — 1752.

LEROUX (Nicolas), rues des Moineaux et Coquenard. — 1779.

LEROUX (Nicolas-François), rue de Miromesnil. — 1787.

LEROY (Jean-Baptiste), rues Guérin-Boisseau, de l'Égout, chaussée d'Antin et Beauregard. — 1781.

LEROY (Louis-Gabriel), rue et Faubourg St-Denis et rue Basfroi. — 1754.

LEROY (Noël), rue des Vieilles-Étuves-St-Honoré. — 1771.

LEROY (Pierre-Joseph), rues Taitbout et des Capucines. — 1784.

LEROY (Renaud), rue St-Sauveur. — 1767. Il y eut plusieurs autres Leroy, ébénistes.

LERPSHER. — Paris, XVIIIe et XIXe siècles. Créa, sous l'Empire, des couchettes à panneaux peints en gris.

LESAGE (Antoine), rue des Deux-Anges. — 1771.

LESCŒUR (Louis), rue Poissonnière. — 1788.

LESEUR (Jacques), rue de Lappe et cul-de-sac St-Sébastien. — 1752.

LESTRADE (Louis), rue de la Parcheminerie. — 1750.

LETANNEAUX (René-Edme). — Paris, XVIIIe siècle, rue de Ménilmontant.

LE TARDIF (Jean-Baptiste), rue de Jouy. — 1785.

LETELLIER (Jean-Baptiste), rue de Charenton. — 1747.

LETELLIER, rue Payenne. — 1752.

LETELLIER (François), rue Christine. — 1772.

LETELLIER (Jacques), rue de Seine. — 1775.

LE TELLIER (Jacques-Pierre), rues de Charenton et du Faubourg St-Antoine. — 1707.

LETONNÉ (Henri), quai d'Orléans, près le Pont-Rouge et rue St-Louis. — 1773.

LETOUZÉ (Jean-Charles), rues de la Verrerie et de Limoges. — 1779.

LEULLET (Antoine), rues St-Nicolas et des Récollets. — 1788.

LEVALLOIS (Pierre), rues de Suresne et Caumartin. — 1779.

LEVASSEUR (Étienne), rue du Faubourg-St-Antoine. — 1766 (marque). Il travailla dans l'atelier d'un des fils de Boulle, exécuta des meubles pour Fontainebleau et pour le Petit-Trianon. Ses meubles sont d'une exécution parfaite. Il fut le premier à employer l'acajou plein et à l'orner de filets de cuivre. Créateur du style Empire. Voir Musées: Fontainebleau: encoignures; Louvre : bureau acajou à voûte et cartonnier, grande commode à trois corps. Mobilier National : encoignures, table à ouvrage. Château de Windsor : cabinet dans le genre Boulle. Collections privées : Aubigny (baron d') : commode marqueterie cuivre et étain sur ébène. Luce : table acajou et cuivre doré, table Louis XVI citronnier et érable. Il signait : *Levasseur M. E.* ou *E. Levasseur M. E.*

LEVASSEUR (Pierre-Étienne), rues Martel, du Faubourg-St-Martin et du Faubourg St-Antoine. Fils du précédent.

LEVASSEUR (Jeune). — Paris, XVIIIe siècle. Fils du précédent. Auteur d'une commode et d'un secrétaire orné de lapis lazuli, de nacre, d'ébène et de bronzes dorés pour la Reine d'Espagne.

LEVASSEUR (Nicolas-Louis), rues du Ponceau, des Capucines, puis au Gros-Caillou et dans l'enclos du Temple. — 1785.

LEVERT (Antoine), dans St-Jean-de-Latran. — 1774.

LEVESQUE (Pierre), rues St-Martin-de-la-Vieille-Monnaie et de la Mortellerie. — 1773.

LEVOL (Pierre-Nicolas), rues de la Croix et St-Martin. — 1775.

LEXCELLENT. — Paris, XVIIIe et XIXe siècles.

LEXCELLENT (Nicolas), dans St-Jean-de-Latran. — 1764.

LHERMITTE (Jean-Baptiste-Louis), rue du Sépulcre. — 1779.

LHERMITTE (Jean-Baptiste-Simon), rue St-Martin. — 1743.

L'HEUREUX (Jean-Henri), rue du Coq-St-Honoré. — 1779.

LHEUREUX (Jean-Nicolas), rue des Fossés-Monsieur-le-Prince. — 1775.

L'HOSTE (Mathieu), rues St-Martin et Meslay. — 1757.

LIBERDE (Jacques), rue de l'Échaudé. — 1774.

LICHTEMBERG. — Paris, XVIIIe siècle.

LIDONS (Louis), rues des Petits-Champs-St-Martin et Guérin-Boisseau. — 1777.

LIBBSCHIGEN (François), dit GIGUN, rue des Boucheries-St-Germain. — 1786.

LIEUTAUD (Charles). — Paris, XVIIIe siècle.

LIEUTAUD (Balthazar), rues de la Pelleterie et d'Enfer. — 1748. Voir Musées : Versailles : régulateur ébène et bronzes dorés. South Kensington (Legs Jones) : gaine de régulateur. Il signait : *B. Lieutaud.*

LIGNEREUX. — Paris, XVIIIᵉ et XIXᵉ siècles. Il était le beau-frère de Jacob-Desmalter. Il créa sous l'Empire, les lits en nacelle et exécuta sur les dessins de Percier et Fontaine des meubles de style Égyptien.

LIMONNE. — Paris, XVIIIᵉ siècle. Il travailla pour Versailles.

LOBSTEIN (Michel). — Paris, XVIIIᵉ siècle. Il était originaire de la Hesse.

LOCRE. — Paris, XVIIᵉ siècle. Il fut créancier de Molière et d'Armande Béjard.

LOECKLIN (Martin). — Paris, XVIIIᵉ et XIXᵉ siècles, rue des Petits-Carreaux.

LOEVER (Jean-Charles), rue du Faubourg-Montmartre. — 1785.

LOMBARD (Pierre-Antoine-Joseph), rues Neuve-St-Paul et Saint-Antoine. — 1763.

LOMBARD (Philippe), rues des Saints-Pères et de Verneuil. — 1782.

LOMBOIS (François), au Puit-de-Rome et rue Jean-Robert. — 1771.

LONSAIN (Jean-Simon), rue et faubourg Saint-Denis et rue d'Orléans. — 1771.

LORET. — Paris, XVIIIᵉ et XIXᵉ siècles, rue de Charenton.

LORIOT (Antoine-Joseph). — Paris, XVIIIᵉ siècle, aux galeries du Louvre. Il fut le constructeur des tables mécaniques du Petit Trianon sur le modèle de la table mouvante de Choisy. Il inventa d'autres mécaniques du modèle en bois de machines à élever l'eau et un procédé pour fixer le pastel.

LORMIER (Denis), rues des Deux-Écus et des Mauvaises-Paroles. — 1775.

LORRAIN (François), rue Charlot. — 1752.

LOUASSE (Nicolas), rue et Faubourg-St-Antoine. — 1781.

LOUET (Pierre-François), rue des Francs-Bourgeois, Place St-Michel. — 1755.

LOUIS (Charles-Boromée), rues du Jour et du Faubourg-Montmartre. — 1757.

LOUIS (André-Nicolas), rue Neuve-St-Laurent. — 1775. Voir Musée : Fontainebleau : fauteuils Empire. Il signait : *Louis.*

LOUIS (Jean-Pierre), rue du Jour. — 1787. Il était le fils de Charles Boromée (marque).

LOUVET (Jean-François). — Paris, XVIIIᵉ siècle, rue du Faubourg-St-Denis.

LOUVET (Pierre), rue et Faubourg St-Antoine. — 1766.

LOVIAT (Jean-François), rue du Vert-Bois. — 1779.

LUBRA (Jean-Baptiste), rues Taitbout et Phelippeaux. — 1775.

LUCE (Jean-André), rue Neuve-St-Martin. — 1753.

LUCE (Jean-Baptiste-Gervais), rue Notre-Dame-de-Nazareth. — 1773.

LUCIEN (Jacques), rue Traversière. — 1774.

LUCIEN (Philippe-François). — Paris, XVIIIᵉ siècle, rue St-Maur.

LURIAU (Julien), rue St-Victor. — 1760.

LUTIER (Joseph). — Paris, XVIIᵉ siècle. Il travailla à l'atelier d'André-Charles Boulle.

LUTZ (Gérard-Henri). — 1766. Il était originaire de la Prusse.

LUTZ (Ph.-Jacques). — Paris, XVIIIᵉ siècle. Il était originaire de Strasbourg.

LUZURIER (Gabriel), rues du Forez et des Gravilliers. — 1749.

M

MACHAUF (Michel), rue Quincampoix. — 1785.

MACLARD (La Veuve Jean-Baptiste), enclos du Temple.

MACRET. — Règne de Louis XV.

MACRON (Pierre), rue St-Étienne-des-Grès. — 1776.

MAGINOT (François), rue de Cluny. — 1766.

MAGISSON (Nicolas), rue des Prouvaires. — 1770.

MAGNIEN (Claude-Mathieu), Faubourg St-Antoine. — 1771.

MAIGROT (Guillaume-Pierre), Montagne Ste-Geneviève. — 1781.

MAILLARD (Alexandre), rue de la Vieille-Draperie. — 1784.

MAILLE (Michel-Pierre), rue de la Pelleterie. — 1763.

MAILLE (Nicolas), rue du Faubourg St-Antoine. — 1779.

MAILLET (Étienne), rue et Porte St-Jacques. — 1784.

MALLE (La Veuve Louis-Noël), rue et Faubourg St-Antoine. — 1785.

MALTEN (Antoine), rue du Four-St-Eustache — 1752

MANGIN (Jean), rue du Pot-de-Fer. — 1765.

MALTESTE (Silvain), rue des Jardins. — 1778.

MANSARD (Jean-Guillaume), rue du Jardin-du-Roi. — 1784.

MANSEL (Jean-Baptiste), rue de Vendôme. — 1745.

MANSION (Sim.), rue St-Nicolas, Faubourg St-Antoine. — 1780.

MANSION (Simon), Faubourg St-Antoine. — 1780. — Règne de Louis XVI
    et Premier Empire.

MANTÉL (Pierre), rue de Charenton. — 1766.

MARBRE, rue St-Honoré. Ébéniste des Menus-Plaisirs. Fin du règne de
    Louis XV.

MARCEL (Joseph), rue de Tournon. — 1745.

MARÉCHAL (Antoine), rue Chantereine, au coin de celle de St-Georges. — 1762.

MARCHAND. — 1756.

MARCHAND (Richard), rue de la Vannerie. — 1779.

MARCION (P.). — Premier Empire (marque).

MARCON (Pierre), rue Chapon. — 1780.

MARIETTE (Nicolas-Louis). — 1770.

MARQUE (Charles), rue du Dragon. — 1767.

MARTIN (Claude), rue du Faubourg du Temple. — 1766.

MARTIN (Jean-Pierre), rue et Faubourg Montmartre. — 1767.

MARTIN (Julien), rue de Grenelle, au Gros-Caillou. — 1734.

MARTINCOURT (Pierre), rue de Sève. — 1767.

MARVILLE (Pierre-Marie), rue du Faubourg-St-Denis. — 1769.

MASSE (Paul), cul-de-sac Baffour. — 1776.

MASSÉS (Jacques), rue de Limoges. — 1765.

MASSET (Nicolas), rue du Crucifix-St-Jacques. — 1775.

MASSON (Jacques-Urbain), rue St-Sébastien. — 1770.

MATHIEU (Gaspard), rue de Cléry. — 1778.
MATHIS (Dieudonné), rue St-Nicaise. — 1780.
MATIFAT (François-Gabriel), rue de la Mortellerie. — 1777.
MATRANT (Louis-Antoine), rue du Four-St-Honoré. — 1784.
MAUDUIT (Jacques), rue de la Mortellerie. — 1775.
MAUDUIT (Jean-Baptiste), rue des Barres. — 1757.
MAUR (Jean-Georges), rue du Sépulcre. — 1781.
MAUTER (Conrad), rue du Faubourg-St-Antoine. — 1777.
MAYOT (Louis-Étienne), rue et Faubourg St-Antoine. — 1785.
MAZURAY (Étienne-Jean), rue des Fossés-de-Monsieur-le-Prince. — 1759.
MEIGNEUX (Pierre-François), rue Montmartre. — 1780.
MELZ (Mathias), rue Bergère. — 1785.
MENAGEOT (Jean-Baptiste), rue et Porte St-Martin. — 1751.
MENUDEL (Guillaume), rue des Filles-Dieu. — 1763.
MERCIER (Jean-Louis), rue de Cléri. — 1779.
MERCIER (Louis-Joseph), rue Neuve-St-Paul. — 1782.
MERET (Nicolas), rue du Faubourg St-Antoine. — 1769.
MESANGLE (Pierre), rue de la Sourdière. — 1776.
METZINGER (Pierre), rue Neuve-Ste-Catherine. — 1766.
MEUNIER (Antoine-Luc), rue de Cléry. — 1782.
MEUNIER (Pierre), rue du Faubourg-St-Antoine, puis rue de la Roquette.
  — 1767.
MEWESENT (Pierre-Hary), rue du Faubourg St-Antoine. — 1766.
MEYNIAL (Jean-Étienne), rue Oignard. — 1776.
MICHARD (Claude-Étienne), rue du Faubourg St-Denis. — 1757.
MICHEL (François-Agille), rue des Sept-Voyes. — 1766.
MICHEL (Frédéric), rue de Charenton. — 1777.
MIGEON. — Ébéniste du roi. Milieu du XVIIIe siècle, au Faubourg St-Antoine.
MIGEON (Antoine), rue des Francs-Bourgeois, au Marais. — 1769.
MILES (Jean-Jacques), rue et Porte St-Honoré. — 1757.
MILET (Jean-Baptiste), rue et Porte St-Honoré. — 1772.
MILET (La Veuve Pierre-François), rue Ste-Marguerite, Faubourg Saint-
  Antoine.
MINTIER (René), rue des Deux-Portes-St-Sauveur. — 1772.
MOLITOR (Bernard), rue de Bourbon-St-Germain. — 1787.
MONDON (François-Adrien), rue de Charenton. — 1757.
MONGENOT (François), rue Traversière, Faubourg St-Antoine. — 1761.
MONTEGUT (Pierre), rue Geoffroy-l'Asnier. — 1769.
MONTIGNY (Philippe-Claude), cour de la Juiverie. — 1766.
MOREAU (Charles-Louis), rue St-Pierre-aux-Bœufs. — 1774.
MOREAU (Louis), rue de l'Échelle. — 1764.
MOREL (La Veuve Gilbert), rue St-Victor.
MORIZET (Louis-Antoine), rue de Charonne. — 1774.
MOULIN (Guillaume-Michel), rue du Cimetière-St-André. — 1784.

MOULLINET (Gilles), rue Traverse. — 1779.
MOUZARD (Antoine), cour St-Louis. — 1755.
MULLOT (Jean-Baptiste), rue Ste-Croix-de-la-Bretonnerie. — 1774.
MUTEL (La Veuve Charles), rue Guérin-Boisseau.
MUZARD (Jacques-André), rue et barrière de Sève. — 1776.
M. W. — Monogramme d'un marqueteur en ivoire travaillant pour Tricote ébéniste de la fin du règne de Louis XV.

N

NADAL (Henri), rue de Cléry. — 1756.
NADAL (Michel), rue de Cléry. — 1765.
NADREAU (Jean-Baptiste), rue St-Thomas-du-Louvre. — 1782.
NAGY (Thomas), rue des Vieilles-Tuileries. — 1777.
NAPOLY (Antoine), rue de Vaugirard. — 1781.
NAUROY (La Veuve Étienne), rue de la Tixéranderie. — 1785.
NEVEU (Firmin), rue Jean-Robert. — 1783
NICOLAS (J.-B.), au Pont-Rouge. — 1758.
NOEL (Charles), rue des Enfants-Rouges. — 1764.
NOIRMAIN (Philippe-Jacques), sur le Boulevard des Invalides. — 1770.
NORMAND (G-F.). — Commencement du règne de Louis XVI.

O

ŒBEN (J.-F.), aux Gobelins. — 1764.
OHNEBERG (Martin), rue Traversière, Faubourg St-Antoine. — 1773.
OLIVIER. — Règne de Louis XV.
ORTALLE (Charles), rue St-Avoye. — 1756.
OSMONT (Jacques-Antoine), au Roule. — 1763.
OTHON (Pierre), rue des Vieux-Augustins. — 1760.

P

PAFRAT (Jean), rue de Charonne. — 1785.
PAGNIEZ (T.-Claude-Joseph), rue du Mont-St-Hilaire. — 1765.
PAILLET (Jean-Claude), rue des Juifs. — 1743.
PAILLET (J.-P.). — 1770.
PAINCHON (Antoine-Nicolas), rue du Faubourg St-Martin. — 1761.
PAPE (Jean-Baptiste), rue d'Angiviller. — 1785.
PAPE (Pierre-Claude), rue de Sève. — 1778.
PAPST (François-Ignace), rue de Charenton. — 1785. Règne de Louis XVI et Premier Empire.
PARISON (Antoine-Claude), rue Croix-des-Petits-Champs. — 1779.

Parmentier (Nicolas-Louis), rue du Faubourg-St-Denis. — 1756.

Parquin (Jean-Baptiste), dans l'Arsenal. — 1770.

Pascal (François), rue du Regard. — 1782.

Pasquier (P.-N), rue des Fossoyeurs. — 1760.

Pasquier (Dame P.-N., veuve du précédent, tenait boutique). — 1789.

Passmar (Jean), rue St-André-des-Arts. — 1774.

Paturaux (Gilbert), rue des Capucins, Chaussée-d'Antin. — 1777.

Peche (Guillaume), rue du Vert-Bois. — 1784.

Pelicier (Louis), rue des Fossés-St-Victor. — 1769.

Pelisié (Jean), rue Feydeau. — 1767.

Pelleport (Pierre), rue des Fossés-du-Temple. — 1771.

Pelletier (Denis-Louis), rue des Vieux-Augustins. — 1760.

Periac (Jean-François), rue des Marais, Faubourg du Temple. — 1769.

Peridiez (Gérard), enclos du Temple. — 1761.

Perinet (Jacques-André), rue de la Harpe. — 1751.

Perinet (Jean-Henri), rue de la Harpe. — 1784.

Perreve (Étienne), rue d'Orléans-St-Marcel. — 1764.

Perrin (Louis), rue Fromenteau. — 1767.

Perrin (Louis-Georges), rue Jean-Tison. — 1777.

Petit (Gilles), rue Princesse. — 1752.

Petit (Jean-Marie), rue et Faubourg St-Antoine. — 1777.

Petit (Nicolas), rue du Faubourg St-Antoine, près le Trône. — 1765.

Petit (Nicolas), Faubourg St-Antoine. — 1761. Syndic de la Communauté en 1784.

Petit (Nicolas-Gilles). — 1784.

Petit (Richard-Alexandre), rue du Faubourg-Montmartre. — 1777.

Petitbled (Charles), rue Cassette. — 1743.

Petit-Pas (Pierre), rue St-Florentin. — 1780.

Picard (Jacques), rue St-Honoré. — 1777.

Picard (Jean-Baptiste-Michel), rue St-Thomas-du-Louvre. — 1781.

Picard (Louis), rue de la Madeleine, Faubourg St-Honoré. — 1784.

Pichot (Dominique), rue Chartière. — 1785.

Picqueret (La Veuve René-Nicolas), rue St-Julien-Le-Pauvre. — 1785.

Piel (Jean-Baptiste), rue de la Roquette. — 1777.

Pierre (Louis-Claude), rue de Reuilly. — 1767.

Pierron (François), rue Beaubourg. — 1774.

Pigal (Nicolas), rue du Faubourg-St-Martin. — 1769.

Pignit (Jean-Baptiste), rue St-Nicolas, Faubourg St-Antoine. — 1777.

Pinson (La Veuve Barthélemi-Jean), rue Ste-Marguerite, Faubourg Saint-Antoine. — 1785.

Pinson (François), rue Contrescarpe. — 1758.

Pionniez (Pierre), rue Michel-le-Comte. — 1765.

Pissart (La Veuve Pierre), cour de la Juiverie. — 1785.

Pitois (Joseph), rue Geoffroy-l'Asnier. — 1777.
Pitsch (Laurent), rue du Faubourg du Temple. — 1764.
Pivot (Jean-Nicolas), rue du Faubourg St-Denis. — 1777.
Planchon (Claude), rue de la Pelleterie. — 1761.
Planchon (Louis), rue de la Poterie. — 1779.
Planque (Pierre), rue de la Monnoie. — 1776.
Plantar (Jean-Jacques-Nicolas-Hub.), rue du Faubourg St-Antoine. — 1769.
Plée (Pierre), passage de l'Hôtel-de-Lesdiguières. — 1767.
Pleney, menuisier de la Chambre du roi. — Règne de Louis XV.
Pluvinet (Philippe-Joseph), rue de Cléry. — 1754.
Pochard (Pierre), rue de Seine. — 1780.
Poinot (La Veuve Claude), vis-à-vis les grands degrés au coin de la rue de
    Bièvre. — 1785.
Poirié (Philippe), rue de Charenton. — 1765.
Popsel (Jean), rue St-Nicolas, Faubourg St-Antoine. — 1755.
Porain (René), rue de Valois. — 1779.
Porrot (Noël-Toussaint), rue du Pont-aux-Choux. — 1761.
Postweiller (Jean), rue du Bacq. — 1784.
Potelle (Jean-Baptiste), rue du Four-St-Germain. — 1777.
Potier (Antoine), rue de Grenelle-St-Germain. — 1767.
Poupar (Abel-François), rue de la Tacherie. — 1764.
Poupar (Louis-Antoine), rue Neuve-St-Médéric. — 1757.
Poussain (Marc-Antoine-Jean), rue du Bout-du-Monde. — 1772.
Preuvost (Albert-François-Joseph), rue Pavée-St-André. — 1782.
Prevost (Jean-Baptiste-Guillaume), rue du Faubourg-St-Antoine. — 1764.
Proche (Antoine), rue du Coq-St-Jean. — 1778.
Prudon (Jos.), rue Perpignan. — 1784.
Przirimbel (Godefroi), rue des Canettes. — 1766.
Pupin (Pierre), rue d'Aguesseau. — 1784.

Q

Quentin (Jacques-Michel), rue du Ponceau. — 1775.
Quitton (Jacques-Joseph), vieille rue du Temple. — 1778.

R

R couronné au-dessus de deux palmes. Fin du règne de Louis XV et com-
    mencement du règne de Louis XVI.
Raffet (Jérôme), rue St-Honoré. — 1775.
Raimond (Jean), rue des Jardins. — 1757.
Ranc (Laurent), rue Mouffetard. — 1774.

RATIÉ (Frédéric), rue Le Noir, Faubourg St-Antoine. — 1783.
RAYMOND (Louis), rue Ste-Avoye. — 1784.
REBILLARD (François), rue Ste-Anne. — 1781.
REBOUL (Jean-Pierre), rue Neuve-St-Martin. — 1766.
REBOUR (Isaac-Simon), rue de Charonne. — 1767.
REBOUT (Jacques-Augustin), rue du Bout-du-Monde. — 1754.
RECH (Jacques), rue des Roziers-au-Marais. — 1777.
RECH (Jean-Louis), Montagne Ste-Geneviève. — 1771.
REGNAULT (La veuve Robert), rue et Faubourg St-Antoine. — 1785.
REINAUD (Jean-Baptiste), rue des Vieilles-Tuileries. — 1768.
REIZELL (François), rue du Petit-Lion-St-Germain. — 1764.
REMI (Jean-Nicolas-Pascal), rue Poissonnière. — 1783.
REMY (Pierre), rue Poissonnière. — 1750.
RENARD (Jean-Baptiste), rue Postière, Isle St-Louis. — 1775.
RENAUD, rue des Vieilles Tuileries, ébéniste de la rue de Penthièvre. — Règne
    de Louis XVI.
RENAUD (Jean-Marie), rue et Porte St-Jacques. — 1776.
RENAULT (La veuve Charles-Louis), rue de Berry. — 1785.
RENAULT (Nicolas-Mathias), rue Hyacinthe. — 1768.
RENAULT (Pierre-Denis), rue du Bacq. — 1777.
RENIÉ (André), rue Basse-du-Rempart, derrière les Capucines. — 1751.
    Syndic en 1782.
RENIÉ (Pierre-François), rue des Fossés-du-Temple. — 1782.
REUSE (François), rue de Cléry. — 1743.
REVIRON (Pierre-Pascal), rue des Petites-Écuries-du-Roi. — 1780.
REYNIER (Antoine), rue des Fossés-St-Victor. — 1774.
REYNIER (Simon), rue St-Bon. — 1773.
RIBERT (Léger), rue de Charonne. — 1781.
RICHARD (Pierre), rue des Deux-Écus. — 1777.
RICHTER (Charles), rue Moreau, Faubourg St-Antoine. — 1784.
RICK (Michel), cul-de-sac de la rue St-Claude. — 1784
RIESENER (Jean-Henri), dans l'Arsenal. — 1768.
RIOLANT (Jean-Claude), rue de Richelieu. — 1783
ROBELIN (Claude-Jacques), rue des Nonains dHyères. — 1743.
ROBERT (Henri-Jean), rue Grenéta. — 1771
ROBERT (Michel), rue du Faubourg St-Denis. — 1781.
ROBINEAU (Jean-Claude), rue de la Lune. — 1785.
ROBINEAU (Jean-Louis), rue Montmartre. — 1785.
ROCHAT (Charles), rue et Porte St-Martin. — 1781.
ROCHERY (Louis), rue de la Coutellerie. — 1765.
ROENTGEN (David), de Neuwied, près de Coblentz, ébéniste mécanicien de
    la Reine Marie-Antoinette, rue de Grenelle-St-Honoré. — 1780.
ROGER (Antoine-Simphorien), Vieille rue du Temple. — 1779.
ROGNET (Michel), rue du Plâtre. — 1785.

Rohault (Barthélemi), à la Villette. — 1772.
Roht (Michel-François), rue Zacharie. — 1773.
Romignac (Léonard), rue du Colombier. — 1779.
Roubo (André-Jacob), rue du Faubourg St-Jacques. — 1774.
Roucy (Claude-Pascal), rue Beautreillis. — 1777.
Rousin (La veuve Claude), rue et Faubourg St-Denis.
Rousseau (Pierre-Charles), rue du Faubourg St-Martin. — 1781.
Roussel (Hubert), rue Ste-Barbe. — 1754.
Roussel (Pi.), rue St-Honoré. — 1766.
Roussel (Pierre), rue de Charenton. — 1771.
Roussel (La veuve Pierre), rue de Charenton.
Rouyer (Charles-Joseph), rue de la Huchette. — 1778.
Roux (Hubert), rue St-Nicolas, Faubourg St-Antoine. — 1777.
Roze (Jean-Jacques), cour du Commerce. — 1784.
Rozier (Jacques-Joseph), rue et Faubourg St-Jacques. — 1748. Syndic
    en 1780.
Rubestuck (François), rue de Charenton. — 1766.
Ruelle (Claude-François), rue de l'Isle-St-Louis. — 1779.
R. V. L. C. Marque d'un ébéniste du règne de Louis XV.
R + V + L + C + M (Robert-Victor La Croix), fin du règne de Louis XV.

S

Sabatier (Pierre-Basile), rue Poissonnière. — 1774.
Sainte-Marie (Antoine-Jean-Baptiste de), rue de Sève. — 1782.
Saint-Georges (Jean-Étienne), rue de Cléry. — 1747.
Saint-Jean (Firmin de), rue Neuve-St-Gilles. — 1777.
Saint-Maurice (Philippe-François), rue de Charonne. — 1755.
Saint-Pierre (Jacques), rue de la Michaudière. M. — 1778.
Salle (Gaspard), rue des Fossés-St-Germain-l'Auxerrois. — 1773.
Sandemoy (Jean-Baptiste), rue des Gravilliers. — 1774.
Sandrin (Jean-Louis), rue Hyacinthe. — 1778.
Sapin (Jean), rue du Champ-Fleury. — 1776.
Sar (Jean-Gérard-Théodore), rue de Lappe. — 1766.
Saulier (Jacques), rue St-Sauveur — 1780.
Saulnier (Jacques), rue Charlot. — 1755.
Saunier (Claude-Charles), rue du Four-St-Antoine. — 1752.
Saunier (J.-B.), ébéniste. — Règne de Louis XV.
Saunier (Louis-Jacques), rue des Prêtres-St-Germain-l'Auxerrois. — 1782.
Sautron (Joseph), rue du Cœur-Volant. — 1780.
Sauvage — Règne de Louis XV.
Sauvé (Edme-Louis). — 1782.
Sauvé (Jean-Alexandre), rue Neuve-St-Augustin. — 1782.
Sauvé (Louis). — 1758.

SAVARD (Dieudonné-Grég), cour de la Juiverie. — 1763.
SAVARY (Pierre), rue Galande. — 1758.
SAVOYE (Gabriel), rue St-Honoré. — 1782.
SCHARFF (François), rue Phelippeaux. — 1781.
SCHARFF (Jacques), rue et Porte St-Martin. — 1765.
SCHEFFER dit Bergé (François), rue de Richelieu. — 1782.
SCHEY (Fedely), rue et Faubourg St-Antoine. — 1777.
SCHILDER (Jean-Henri), rue du Ponceau. — 1781.
SCHILER (Jean-Martin), rue St-Nicolas, Faubourg St-Antoine. — 1781.
SCHLICHTIG (G) — Règne de Louis XVI.
SCHLICHTIG (La Veuve Jean-Georges), rue St-Nicolas, Faubourg St-Antoine.
    — 1785.
SCHMIDT (Antoine-Marie), rue Chabanois. — 1784.
SCHMITZ (Jean), rue du Faubourg-St-Antoine. — 1782
SCHMITZ (Pierre), rue Neuve-St-Martin. — 1778.
SCHNEIDER (Gaspard), Faubourg St-Antoine. — 1786.
SCHNEIDER (Joseph), cour du Commerce. — 1782.
SCHUMAN (André), rue du Faubourg St-Antoine. — 1779.
SCHULER (Jean-Philippe), rue de la Petite-Truanderie. — 1767.
SCHWERDFEGER (Jean-Ferdinand), rue St-Sébastien. — 1786.
SCOUF (la veuve Luc), rue du Bacq.
SEDAINE (Jean-Baptiste), rue du Faubourg-St-Martin. — 1762.
SEDAINE (Pierre-Artus), cour de Lamoignon. — 1756.
SEFERT (Pierre-François), rue de Charenton. — 1780.
SEIGNEUR (Charles-Louis), rue Bordes. — 1775.
SENÉ (Claude), rue de Cléry. — 1743.
SENÉ (Claude), rue de Cléry. — 1769.
SENÉ (Jean-Baptiste-Claude). — 1769.
SENTUREL (Jean-Adrien), Chaussée-d'Antin. — 1750.
SERRURIER (Charles-Joseph), rue Traversière, Faubourg St-Antoine. — 1783.
SERVAIS (Jean-Baptiste), rue St-Landry. — 1779.
SÉVERIN (Nicolas-Pierre), rue Dauphine. — 1757.
SIMONOT (Alexandre-Pierre), cul-de-sac de la Brasserie, butte St-Roch.
SOBRE (Jean-Baptiste-Laurent), rue de Monceau-St-Germain. — 1783.
SOLTZER (la veuve Jean), rue et Faubourg St-Antoine.
SOMMERMONT (Claude), rue des Arcis. — 1777.
SORDET (Sigismond), rue Feydeau. — 1777.
SORELLE (Marc-Joseph), rue Crussolle. — 1772.
STADLER (Charles-Antoine), rue Royale. — 1776.
STOCKEL (Joseph), rue de Charenton. — 1775.
STOUF (Claude-Luc), rue du Bacq. — 1754.
STOUF (Laurent), rue du Bacq. — 1764. Syndic en 1776.
STUMPFF (Jean), rue St-Nicolas, au Faubourg St-Antoine. — 1766.
SUDANT (Claude-Marie), rue Boucherat. — 1782.

Sulpice. — Inventeur de la table mécanique de Choisy. Règne de Louis XV.
Susse (Jean), rue St-Julien-le-Pauvre. — 1762.

T

Tabary (Pierre-Charles), rue Neuve-St-Martin. — 1773.
Taboin (Nicolas), rue d'Avignon. — 1782.
Tassin (Joseph), rue des Marais, Faubourg St-Martin. — 1766.
Tel (Louis-Joseph), rue du Faubourg St-Martin. — 1780.
Termery (Augustin), rue de la Roquette. — 1760.
Tessier (Louis), rue Pastourelle. — 1747.
Teuné (F.-Gaspard), rue de Charonne. — 1766.
Theaux (J.-B.), rue des Petits-Carreaux. — 1757.
Thelot (Jean-Michel), rue et Porte St-Martin. — 1774.
Thevenin (Prix.), rue Mouffetard. — 1760.
Thibault (Antoine), cul-de-sac Berthault. — 1770.
Thiboust (J.-B.), à la Grande-Pinte, près Berry. — 1767.
Thiellement (Jean-Baptiste), rue Bordet. — 1734.
Thiellement (Jean-Baptiste), rue Bordet. — 1734
Thiellement (Jean-Ignace), rue St-Étienne-des-Grès. — 1765.
Thomelle (Agnan), rue des Boucheries-St-Honoré. — 1779.
Thuillier (Jean-François), rue du Faubourg St-Antoine. — 1752.
Thumereau (Germain), cour de la Juiverie. — 1784.
Tilliard (Jacques-Jean-Baptiste), rue de Clère. — 1752.
Topino (Charles), rue du Faubourg St-Antoine. — 1773.
Toupillier (Denis), rue des Tournelles. — 1764.
Tourrillo (Louis), rue Mazarine. — 1776.
Tramey (Jacques), rue du Faubourg-St-Antoine, puis rue de Charonne. — 1781.
Tremblol (Louis), rue Couture-St-Gervais. — 1772.
Tricadeau (Pascal-Simon-Antoine), rue de la Bucherie. — 1776.
Tricotel (Alexandre-Roch), rue Amelot. — 1767.
Trilliarga (Enemond), rue du Bacq, cour des Miracles. — 1782.
Triquet (Jean-Philibert), rue du Chantre. — 1764.
Trompette (Étienne), rue de Bourbon, Faubourg St-Germain. — 1776.
Trouvé (Martial). — 1753.
Tuard (J.-B.). — Seconde moitié du xviii° siècle.
Turcot (Pierre-François), rue St-Antoine. — 1771.

U

Upson (Jacques), Grande-rue de Chaillot. — 1782.

V

Vaflou (Jean-Baptiste), rue St-Nicolas, Faubourg St-Antoine. — 1767.
Vaillant (Jean), rue des Vieilles-Tuileries. — 1783.

VANDER CRUSE (Roger), rue et Faubourg St-Antoine. — 1775. Syndic en 1782. S'écrit aussi Vendercruse.
VANXWOLL (Jean), rue des Boucheries-St-Germain. — 1785.
VASTEL (François), rue de la Tannerie. — 1754.
VAUCLIN (Jean), rue de la Corderie. — 1760.
VAUDOUX (Claude-Michel), rue St-Martin. — 1780.
VAUTIER (Jacques), passage de la Marmite. — 1782.
VAZILLE (Jean-Baptiste), rue de Sève. — 1774.
VEAUX (Robert), rue et Faubourg St-Antoine. — 1785.
VENDERCRUSE (Pierre). — 1771.
VERNIER (Claude-Fortuné), rue St-Antoine. — 1775.
VERRON (la veuve Jean), rue du Foin-St-Jacques.
VEST (Augustin), rue du Haut-Moulin. — 1774.
VIALLA (Joseph), rue du Faubourg du-Temple. — 1782.
VIBERT (Jean-Baptiste), rue des Bourguignons. — 1776.
VIEZ (Joseph), cour du Commerce. — 1786.
VIGUIÉ (François), cul-de-sac Basfour. — 1763.
VIGUIER (Pierre-François), rue aux Fèves. — 1784.
VILLARD (André-Joseph), à la barrière du Roule. — 1784.
VILLEREZ (François), Marché St-Martin. — 1789.
VINCENT (Pierre-Jean-Claude), rue et Faubourg St-Martin. — 1784.
VIOLET (Thomas-Claude). — 1741.
VIRRIG (Nicolas), rue Traversière et Faubourg St-Antoine.
VOISIN. — Travaille pour Versailles de 1735 à 1756.
VOLF (Christophe), rue du Faubourg St-Denis. — 1755.
VORIS (Jean-Adelbert), rue Traversière, Faubourg St-Antoine. — 1767.
VUATTEBLED (Jean-Ja.), rue de Seine. — 1764.
VUATTEAUX (Louis-Antoine), rue du Roi-de-Sicile. — 1779.
VYLLAIN (Pierre), rue de Grenelle, Faubourg St-Germain. — 1775.

W

WAKNER (Tr.-Valentin), rue des Filles-du-Calvaire. — 1781.
WARTAIRE (François), rue de Sève. — 1773.
WATRIGANT (Jos.), rue de Savoye. — 1763.
WATTAIRE (Nicolas), rue de la Planche. — 1779.
WEISWEILER (Adam), rue et Faubourg St-Antoine. — 1778.
WIART (Jean-François-Marie), rue des Vieilles-Étuves-St-Martin. — 1781.
WILAME (Philippe-Joseph), rue du Gindre. — 1753.
WOLFF (Christophe), rue Neuve-St-Denis. — 1775.

Y

YVON (François-Antoine), rue du Faubourg-St-Antoine, «à la Main d'Or». — 1783.

BIBLIOGRAPHIE

LIVRES ET MANUELS

BIMONT (J.-F.). — *Principes de l'art du tapissier*. Paris, 1774, petit in-8º, 29 pl.

CHAMPEAUX (Alfred de). — *Le Meuble*. Paris, A. Quantin, 1885, 2 vol. in-8º.
  (Bibliothèque de l'Enseignement des Beaux-Arts.)
  II. — XVIIᵉ, XVIIIᵉ et XIXᵉ siècles.

CHAPLET (A.). — *Les Recettes de l'atelier*. Paris, Masson, 1913, in-12.

CLOUZOT (Henri). — *L'Ameublement français sous Louis XV*. Paris, Les Arts graphiques, 1912, in-4º.
  (Bibliothèque de l'Art décoratif.)

CLOUZOT (Henri). *La Manufacture de Jouy*. Paris, s. d., gr. in-fol., pl. en couleurs (en cours de publication).

CLOUZOT (Henri). — *Le Métier de la soie en France (1466-1815)*, suivi d'un *Historique de la toile imprimée (1759-1815)*. Paris, Devambez, 1914, in-fol.

CLOUZOT (Henri). — *Pierre Ranson, peintre de fleurs et d'arabesques...* Notice... et essai de catalogue de l'œuvre. Paris, H. Laurens, 1918, in-4º.
  (Les Grands Ornemanistes.)

COPPER (Édouard). — *L'Art et la loi, traité des questions juridiques se référant aux artistes et aux amateurs, éditeurs et marchands d'œuvres d'art*. Paris, A. Heymann, 1903, in-8º.

DIDEROT. — *Encyclopédie ou Dictionnaire raisonné des sciences, des arts et des métiers...* publié par Diderot... et quant à la partie mathématique par d'Alembert... Paris, Briasson, 1751, 35 vol. in-fol.

BIBLIOGRAPHIE

Dilke (Lady). — *French furniture and decoration in the XVIII*th *century*. London, G. Bell, 1901, in-4°.

Duvaux (Lazare). — *Livre-journal de Lazare Duvaux, marchand-bijoutier ordinaire du roy, 1748-1758*. Paris, Société des bibliophiles français, 1873, 2 vol. in-8°.
(Publié par L. Courajod.)

Eudel (Paul). — *Le Truquage. Les contrefaçons dévoilées*. Paris, E. Dentu, 1884, in-16.

Eudel (Paul). — *Trucs et truqueurs*. Paris, Librairie Molière, 1907, in-12.

Guérin (Jacques). — *La Chinoiserie en Europe au XVIII*e *siècle*. Paris, E. Lévy, 1911, in-fol.

Guilmard (D.). — *Les Maîtres ornemanistes, dessinateurs, peintres, architectes, sculpteurs et graveurs*. Paris, E. Plon, 2 vol. in-4°.

Havard (Henry). — *Dictionnaire de l'ameublement et de la décoration depuis le XIII*e *siècle jusqu'à nos jours*. Paris, Quantin, s. d., 4 vol. in-fol.

Havard (Henry). — *L'Ébénisterie*. Paris, Ch. Delagrave, s. d., in-8°.
(Les Arts de l'Ameublement.)

Hessling (Egon). — *Le Mobilier Louis XV au Musée du Louvre*. Paris, E. Hessling, 1910, in-fol.

Hessling (Egon et Waldemar). — *Le Mobilier Louis XVI au Louvre*. Paris, E. Hessling, 1908, in-fol.

Jacquemart (Albert). — *Histoire du mobilier, recherches sur les objets d'art qui peuvent composer l'ameublement et les collections de l'homme du monde et du curieux*. Paris, Hachette, 1876, in-8°.

Molinier (Émile). — *Histoire générale des arts appliqués à l'industrie du V*e *à la fin du XVIII*e *siècle*. Paris, E. Lévy, 1896, 5 vol. in-fol.
III. *Le Mobilier au XVII*e *et au XVIII*e *siècle.*

BIBLIOGRAPHIE

MOLINIER (Émile). — *La Collection Wallace. Meubles et objets d'art français des XVIIe et XVIIIe siècles.* Paris, E. Lévy, s. d., in-fol.

MOLINIER (Émile). — *Musée du Louvre. Le Mobilier français du XVIIe et du XVIIIe siècle.* Paris, E. Lévy, s. d., in-fol.

MANTZ (Paul). — *Les Meubles au XVIIIe siècle. (Revue des arts décoratifs, 1884.)*

Nouvelles collections de l'Union centrale des Arts décoratifs au Musée du Louvre, pavillon de Marsan. Paris, Guérinet, 1908-1919, 22 vol. in-8°.

RICCI (Seymour de). — *Le Style Louis XVI, mobilier et décoration.* Paris, Hachette, 1913, in-4°.

ROCHE (Denis). — *Le Mobilier français en Russie.* Paris, E. Lévy, 1914, 2 vol. in-fol.

ROUBO (A.-J.), le fils. — *L'Art du menuisier... (en meubles).* Paris, 1772, 4 vol. in-fol.

SAVARY DES BRUSLONS (Jacques). — *Dictionnaire universel de commerce..., ouvrage posthume..., continué par Philémon-Louis Savary...* Genève, chez les héritiers Cramer et frères Philibert, 1742, 3 tomes en 4 vol. in-fol.

SAVIGNY (G.-B. DE). — *L'Entretien et les petites réparations à faire soi-même dans l'habitation et le mobilier.* Paris, Librairie des Annales, s. d., in-8°.

STRANGE (Thomas-Arthur). — *An historical guide to french interiors, furniture, decoration, wood work and allied art during the last half of the seventeenth century, the whole of the eighteenth century, and the earlier part of the ninetienth.* London, C. Corquodale, s. d., in-4°.

WATIN. — *Art du peintre doreur et vernisseur.* Paris, Roret, s. d., in-8°.

BIBLIOGRAPHIE

RECUEILS DE PLANCHES

AUBERT PARENT. — *Cahier de meubles de différentes formes; cahier de douze meubles pour garnir les appartements dans le goût le plus nouveau et revêtus d'ornements de bronze doré ; cahier de meubles contenant six lits de différentes formes et dans le dernier goût.* Paris, Mondhare, s. d.

BABEL (P.-E.). — *Dessins de buffets, Babel inv., Charpentier sc.,* nos 67 et 81 du *Nouveau Livre ou Règles des cinq ordres,* etc. (par Blondel). Paris, Petit, 1767.

BÉRAIN (Jean). — *Œuvres de Jean Bérain.*
.Commodes, consoles.

BICHARD. — *Recueil de meubles ornés d'un très nouveau goût avec toutes leurs proportions et coupes, dessiné d'après les meubles de la Couronne.*

BLONDEL (Jacques-François). — *De la distribution des maisons de plaisance et de la décoration des édifices en général.* Paris, C.-A. Jombert, 1737.

BONNET (Louis-Marin). — *[Cahiers de meubles en couleur.]*

BOUCHER fils (Jules-François). — *Cahiers de modèles d'ameublement, de décoration intérieure et extérieure.* Paris, Le Père et Avaulez.
Lits, sièges, écrans, commodes, secrétaires, tables, bureaux, armoires, guéridons.

BOULLE (André-Charles). — *Nouveaux dessins de meubles et ouvrages de bronze et de marqueterie.* Paris, chez Mariette, s. d.

CABINET DES MODES (Le), *où les modes nouvelles décrites d'une manière claire et précise.* Paris, Buisson, s. d.
.Sièges, meubles, lits.

CUVILLIER (François de). — *Livre de tables de différens dessins...* Paris, chez l'auteur, 1745.
— Livre de pieds de tables, consoles.

Delafosse (Jean-Charles). — *Nouvelle iconologie historique ou attributs hiéroglyphiques...* Paris, chez l'auteur, 1768.

  10ᵉ cahier : consoles ; — 11ᵉ cahier : tables grecques.

Delafosse (Jean-Charles). — *Décorations, sculptures, orfèvreries et ornements divers qui complètent l'œuvre de J.-Ch. de la Fosse, et font suite à son Iconologie.*

  24ᵉ cahier : tables et consoles.

Delafosse (Jean-Charles). — *Recueil relatif à l'ameublement.* Paris, chez Daumont.

  Fauteuils, chaises, ottomanes, bergères, sophas, canapés, tabourets, banquettes, lits, écrans, etc.

Delafosse (Jean-Charles). — [*Recueil inachevé.*] Paris, Daumont.

  Lits, canapés, chaises, guéridons.

Delafosse. — *Œuvre. Dessins époque Louis XVI exposés au Musée des Arts décoratifs* (donation David Weill). Paris, A. Guérinet, 1920.

Fay (J.-B.). — [*Suites de meubles.*]

Gravelot (Hubert-François-Bourguignon). — *Œuvres*, 3 vol.

  Décors intérieurs et d'ameublement.

Huet (Jean-Baptiste). — *Œuvre de différents genres.* Paris, chez l'auteur, s. d.

  Lits, écrans, sièges.

Lalonde (de). — *Œuvres diverses de Lalonde, décorateur et dessinateur, contenant un grand nombre de dessins pour la décoration intérieure des appartements à l'usage de la peinture et de la sculpture en ornements des meubles du plus nouveau genre, etc.* Paris, Chereau, s. d.

  Pieds de meubles tables et consoles.

Lalonde (de). — *Iᵉʳ cahier de nouveaux lits.* Paris, Chereau, 1789.

Lalonde (de). — *Chaises et canapés.* Paris, Chereau, s. d.

Lalonde (de). — *Nouveau cahier de pieds de table.* Paris, Chereau, s. d.

BIBLIOGRAPHIE

LALONDE (de). — [*Cahiers d'ameublement.*]

> Lits, chaises, fauteuils, écrans, bergères, confidents, banquettes, tables de jeux, etc.

LALONDE (de). — [*Cahiers de meubles et d'ébénisterie.*]

> Secrétaires, commodes-bibliothèques, armoires, buffets, tables, etc.

LALONDE (de). — *Cahiers de meubles dessinés par de Lalonde, et gravés par Fay.* Paris, Jean, s. d.

> Sièges, meubles divers, lits garnis, lits antiques, etc.

LA RUE (L.-F.). — *Suites de vases, trepiés, autels, tables, chandeliers, etc., dans le goût antique.* Paris, Pariseau, 1772.

LIARD (Mathieu). — *Recueil de différens meubles garnies.* Paris, chez Liard, 1762.

LUCOTTE (J.-R.). — Planches de l'*Encyclopédie* de Diderot et d'Alembert.

> Menuiserie en meubles et sièges (VIIe vol.).

MAROT (Daniel). — *Œuvre du sieur D. Marot, architecte de Guillaume III, roy de la Grande-Bretagne.* Amsterdam, chez l'auteur, 1712.

> Lits garnis, intérieurs.

MEISSONNIER (Juste-Aurèle). — *Œuvre,* Paris, Huquier, s. d.

> Table de cabinet, table d'appartement, consoles.

NEUFFORGE (Jean-François de). — *Recueil élémentaire d'architecture.* Paris, 9 vol.

> Dans le Ve volume (1763), modèles de bordures, cadres, commodes, tables, bureaux, poêles et balustres.

PINEAU (Nicolas). — *Recueil des œuvres.* Paris, Rouveyre, s. d., in-4°.

PINEAU (Nicolas et Dominique). — *Les dessins du Musée et de la bibliothèque des Arts décoratifs... publiés par Léon Deshairs...* Paris, D.-A. Longuet, 1911, in-fol.

PRIEUR (L.). — *VIIIe cahier de meubles et trumeaux.* Paris, Mondhare et Jean, s. d.

BIBLIOGRAPHIE

PRIEUR (L.). — *XIIIe et XIV^c cahiers de vases et meubles*. Paris, Jenn.

RADEL. — *Suite de quatorze pièces, sièges et lits*. (Dans le IXe vol. de l'*Encyclopédie* de Diderot et d'Alembert, article TAPISSIER), 1767.

RANSON (Pierre). — 1er, 2e *cahiers de lits à la mode. Nouveau cahier de lits à la mode*.

RANSON (Pierre). — *Meubles à la mode*, [4 cahiers]. Berthaut, Juillet, Duhamel sculp. Paris, chez Esnault et Rapilly.

RANSON (Pierre). — *Lits à la mode*. Paris, chez les Campion frères, [2 cahiers.] Juillet sculp.

ROUMIER (François). — *Livre de plusieurs pieds de table ou de cabarets...* Paris, Chereau, 1750.

SALEMBIER. — *[Cahiers d'ornements.]*
Cartels, trophées, guéridons ; chandeliers, torchères, tables, etc.

TORO (J.-Bernard). — *Livre de tables de diverses formes...* Paris, Gautrot, s. d.

TABLE DES PLANCHES

ÉTUDE GRAPHIQUE DES MEUBLES DU XVIIIᵉ SIÈCLE

A. — ÉLÉMENTS CARACTÉRISTIQUES DES MEUBLES DU XVIIIᵉ SIÈCLE

Nᵒˢ   Pages

I. — 1, Pied de sièges Louis XIV. — 2-3, Pieds Régence. — 4-6, Pieds Louis XV. — 7-12, Pieds Louis XVI. — 13, Ceintures de sièges Louis XIV. — 14, Ceinture Régence. — 15-17, Ceintures Louis XV. — 18-22, Ceintures Louis XVI 160-161

II. — 23-24, Dossiers de sièges Régence. — 25-29, Dossiers Louis XV. — 30-36, Dossiers de sièges Louis XVI 162-163

III. — 37-43, Plans de sièges Louis XV. — 44-50, Plans de sièges Louis XVI 164-165

IV. — Plans de grands sièges : 51, Paphose. — 52, Canapé. — 53, Banquette. — 54, Confident. — 55, Marquise. — 56, Ottomane. — 57, Veilleuse. — 58, Sopha 166-167

V. — 59-60, Pieds de tables Louis XIV et Régence. — 61-63, Pieds de tables Louis XV. — 64-70, Pieds de tables Louis XVI. — 71-73, Pieds de consoles Louis XV. — 74, Console Louis XVI 168-169

VI. — 75, Dessus de console Louis XV. — 76-79, Dessus de console Louis XVI. — 80, Table rognon. — 81, Table Louis XV. — 82, Table-toilette 170-171

VII. — 83, Console Louis XV. — 84, Commode-toilette Louis XVI. — 85-86, Consoles Louis XVI. — 87-90, Commodes Louis XVI 172-173

VIII. — 91, Feuilles de refend. — 92, Feuilles d'eau. — 93, Rais de cœur. — 94, Postes feuillées. — 95, Grecque. — 96, Piastres. — 97, Entrelacs. — 98, Rubans tortillés. — 99, Chapelet de perles et fleurons. — 100, Baguette de lauriers. — 101, Rubans et feuilles de chêne. — 102, Baguettes à nœuds de rubans 174-175

19*

Nᵒˢ   Pages

IX. — 103-105, Motifs de sculpture Régence. — 106-108, Motifs de sculpture Louis XV. — Motifs de sculpture Louis XVI : 109, Panier. — 110, Vase d'ornement. — 111, Torche et carquois. — 112, Pomme de pin. — 113, Rosace. — 114, Nœud de Ruban . . **176-177**

X. — 115-116, Poignée Louis XV. — 117, Poignée Louis XVI. — 118-119, Sabot Louis XV. — 120, Sabot Louis XVI. — 122-123, Motifs d'angle Louis XVI. — 121, Poignée et entrée de serrure Louis XVI. — 124, Entrée de serrure Louis XV. — 125, Entrée de serrure Louis XVI **178-179**

B. — Exécution de meubles du XVIIIᵉ siècle d'après les documents de l'époque

XI. — 1-2-4, Pliant, tabouret, banquette Louis XV *(Roubo)*. — 3, Tabouret Louis XVI *(Lalonde)* . . **183**

XII. — 1, Chaise Régence *(Roubo)*. — 2, Chaise à la reine Louis XV *(Roubo)*. — 3, Chaise ovale Louis XVI *(Roubo)*. — 4, Fauteuil en cabriolet Louis XVI *(Lalonde)* **184**

XIII. — 1-2-3, Fauteuil carré, fauteuil à anse de panier, fauteuil à panneaux Louis XVI *(Lalonde)* **185**

XIV. — Fauteuil de cabinet Louis XV *(Roubo)*. — 3-4, Fauteuil de cabinet gondole et fauteuil sur pivot Louis XVI *(Lalonde)* **186**

XV. — 1-2-3-4, Bergère droite, bergère à la Turque, bergère en cabriolet, bergère à joue Louis XVI *(Lalonde)* . **187**

XVI. — 1. Bergère Louis XV-Louis XVI *(Lucotte)*. — 2, Demi-canapé Louis XV ou marquise *(Lucotte)*. — 3, Duchesse à bateau Louis XV-Louis XVI *(Lucotte)* **188**

XVII. — 1-2-3-4, Duchesse brisée, bergère à la turque avec porte-pieds, détails de pieds Louis XVI *(Lalonde)* . **189**

XVIII. — 1, Canapé Louis XV *(Roubo)*. — 2-3, Confident Louis XVI *(Lalonde)* **190**

TABLE DES PLANCHES

N^{os}   Pages

XIX. — 1, Sopha en cabriolet Louis XVI (*Lalonde*). — 2, Voyeuse Louis XV (*Radel*). — 3, Ottomane Louis XV (*Roubo*)   191

XX. — 1-2, Veilleuse à la turque et paphose Louis XV (*Roubo*). — 3, Veilleuse Louis XVI (*Roubo*) .   192

XXI. — 1, Lit de repos Louis XV (*Roubo*). — 2, Lit de repos à l'italienne Louis XV-Louis XVI (*Lucotte*)   193

XXII. — 1, Lit à trois dossiers Louis XVI (*Lalonde*). — 2, Lit de repos à la turque Louis XVI (*Lalonde*) . .   194

XXIII. — Lit à colonnes Louis XV (*Roubo*)   195

XXIV. — Lit à la duchesse Louis XVI (*Lalonde*)   196

XXV. — Lit à la polonaise Louis XVI (*Lalonde*)   197

XXVI. — 1-2, Lit à la turque et lit à la romaine Louis XV (*Radel*)   198

XXVII. — 1-2, Lit à double tombeau et lit à tombeau Louis XV (*Radel*)   199

XXVIII. — 1-2-3, Servantes et table volante Louis XV (*Roubo*)   200

XXIX. — 1, Table de brelan Louis XV (*Roubo*). — 2, Table de tric-trac Louis XVI (*Lalonde*)   201

XXX. — 1, Table à écrire Louis XV-Louis XVI (*Roubo*). — 2, Secrétaire à archives Louis XV (*Roubo*) . .   202

XXXI. — Bureau à cylindre Louis XVI (*Lalonde*)   203

XXXII. — Secrétaire en tombeau Louis XVI (*Lalonde*) . . .   204

XXXIII. — 1, Table de toilette ouvrante Louis XV (*Roubo*). — 2, Table de toilette Louis XV (*Lalonde*). — 3-4, Guéridons Louis XV (*Roubo*)   205

XXXIV. — 1, Table de nuit Louis XV (*Roubo*). — 2, Chiffonnière carrée Louis XV (*Roubo*). — 3, Table de nuit Louis XVI (*Lalonde*). — 4, Chiffonnière ronde Louis XVI (*Lalonde*)   206

XXXV. — 1-2, Paravent et écran Louis XV (*Roubo*). — 3, Paravent Louis XVI (*Lalonde*)   207

XXXVI. — 1, Pied de table (console) Régence (*Roubo*). — 2, Console Louis XV (*Roubo*)   208

TABLE DES PLANCHES

N°ˢ   Pages

XXXVII. — Consoles Louis XVI *(Delafosse)* **209**

XXXVIII. — 1, Armoire Louis XV *(Roubo)*. — 2, Armoire Louis XVI *(Lalonde)* **210**

XXXIX. — 1, Buffet Louis XV *(Roubo)*. — 2, Buffet Louis XVI *(Lalonde)* **211**

XL. — 1-2, Bas-de-buffets fixes Louis XVI *(Boucher)* . .   **212**

XLI. — 1-2, Bibliothèque et secrétaire à archives Louis XVI *(Lalonde)* **213**

XLII. — 1-2, Commode Louis XV *(Roubo)*. — 3, Encoignure Louis XVI *(Lalonde)* **214**

XLIII. — 1-2, Commode cintrée et commode en pied-de-biche Louis XVI *(Lalonde)* **215**

XLIV. — 1-2, Petite commode Louis XVI *(Roubo)*. — 2, Commode carrée ou garde-robes Louis XVI *(Lalonde)* **216**

XLV. — Secrétaire-armoire à abattant Louis XV-Louis XVI *(Roubo)* **217**

XLVI. — Motifs de marqueterie Louis XV-Louis XVI *(Roubo)* **218**

XLVII. — Motifs de marqueterie Louis XV-Louis XVI *(Roubo)* **219**

XLVIII. — Cannage de siège Louis XV *(Roubo)* **220**

XLIX. — Garnissage d'un siège Louis XV *(Radel)* **221**

PLANCHES HORS-TEXTE

FREUDEBERG. — *Les Confidences* **1**

LAWREINCE. — *Les Offres séduisantes* **155**

FREUDEBERG. — *L'Occupation* **181**

LAWREINCE. — *Le Billet doux* **223**

TABLE DES MATIÈRES

Pages

Avant-Propos V

Première Partie

ÉTUDE TECHNIQUE DES MEUBLES DU XVIIIe SIÈCLE

I. Les Sièges volants 1
    Pliants 5
    Tabourets 5
    Banquettes 6
    Chaises 7
    Voyeuse 12
    Fauteuils 12
    Fauteuil de cabinet 15

II. Les Grands Sièges et les Lits 17
    Bergères 17
    Chaises-longues et duchesses 19
    Canapés 19
    Sopha 21
    Ottomane et paphose 22
    Veilleuse 23
    Lit de repos et divan 24
    Lits 25
    Lits à la française 26
    Lits à la polonaise 28

III. Tables — Bureaux — Guéridons — Écrans 31
    Tables à manger 31
    Tables à jeu 32
    Tables à écrire 34
    Bureau à cylindre 35
    Secrétaire à abattant 36
    Tables de toilette 39
    Tables de nuit 40

TABLE DES MATIÈRES

	Pages
Guéridons	41
Chiffonnières	41
Athéniennes	43
Pupitres à musique	43
Paravents et écrans	44
Consoles	45
IV. MEUBLES FERMANTS	48
Armoires	48
Buffets	50
Bas-de-buffet	52
Bibliothèques	53
Commodes	54
Chiffonnières	58
Commodes-toilettes et bureaux-ministres	58
Secrétaires-armoires	59
Secrétaires-cabinets	61
Secrétaires à archives	61
V. LES BOIS D'ÉBÉNISTERIE	63
Polissage	63
Bois de placage et de marqueterie	65
Teinture des bois	69
Marqueterie	72
Marqueterie d'écaille et de cuivre	76
Polissage et vernissage	77
VI. PEINTURE, DORURE ET LAQUE	79
Peinture à la détrempe	80
Peinture à l'huile	81
Peinture au vernis	82
Dorure en détrempe	82
Or vert, fonds sablés et aventurinés	84
Dorure à l'huile	85
Laquage et vernis-Martin	86
Vernis-Martin	88
VII. BRONZES — MARBRES — PORCELAINES	91
Bronzes	91
Styles des bronzes	94

TABLE DES MATIÈRES

	Pages
Dorure des bronzes	95
Cuivres	97
Marbres	97
Marbres	97
Porcelaines	100

VIII. GARNITURES DE SIÈGES ET DE LITS 102

Cannage	102
Garnitures d'étoffe	103
Soieries	106
Toiles peintes	109
Tapisseries	111
Cuir	116

IX. VALEUR DES MEUBLES 117

État de conservation	118
Garnitures et dorures anciennes	119
Bronzes d'époques	120
Élégance et beauté de travail	121
Degré de rareté	123
Provenances célèbres	124

X. TRUQUAGE 126

Restaurations	126
Surdécoration	127
Transformations et assemblages	130
Le truquage intégral	132
Tours de passe-passe	135
Expertise préalable	137
Le truquage et la loi	137
Importance du reçu	139
Action judiciaire	140

XI. ENTRETIEN ET PETITES RÉPARATIONS 143

Soins à donner aux meubles	143
Peinture, dorure et laque	146
Nettoyage des cuivres et des bronzes	149
Réparation et nettoyage des marbres	150
Tapisseries de sièges	152

TABLE DES MATIÈRES

Deuxième Partie

ÉTUDE GRAPHIQUE DES MEUBLES DU XVIII⁰ SIÈCLE

Pages

Avertissement 157

A. Éléments caractéristiques des Meubles du XVIII⁰ siècle, planches I à X. 159

B. Exécution de Meubles du XVIII⁰ siècle, d'après les documents de l'époque, planches XI à XLIX 181

———

Troisième Partie

RÉPERTOIRE DES ÉBÉNISTES DU XVIII⁰ SIÈCLE.

Répertoire des Ébénistes du XVIII⁰ Siècle. 221

Bibliographie 283

Table des Planches 289

SADAG DE FRANCE. IMP. PARIS — 280

www.ingramcontent.com/pod-product-compliance
Lightning Source LLC
LaVergne TN
LVHW021138050726
842519LV00002B/429